英汉语言对比
与中西文化差异探索

杨 芊 ◉ 著

中国海洋大学出版社
·青岛·

图书在版编目（CIP）数据

英汉语言对比与中西文化差异探索 / 杨芊著 . -- 青岛 ：中国海洋大学出版社，2018.9
ISBN 978-7-5670-2075-7

Ⅰ . ①英… Ⅱ . ①杨… Ⅲ . ①对比语言学－英语、汉语②比较文化－研究－中国、西方国家 Ⅳ . ①H31②H1③G04

中国版本图书馆 CIP 数据核字（2019）第 018329 号

出版发行	中国海洋大学出版社	
社　　址	青岛市香港东路 23 号	**邮政编码**　266071
出 版 人	杨立敏	
网　　址	http://pub.ouc.edu.cn	
电子邮箱	chsbgs@ouc.edu.cn	
订购电话	0532-82032573（传真）	
责任编辑	吴欣欣	**电　话**　0532-8902533
印　　制	北京虎彩文化传播有限公司	
版　　次	2019 年 1 月第 1 版	
印　　次	2019 年 1 月第 1 次印刷	
成品尺寸	170mm×240mm	
印　　张	15.25	
字　　数	260 千	
印　　数	1-1000	
定　　价	48.00 元	

发现印装质量问题，请致电 010-84720900 由印刷厂负责调换。

前　言

　　语言是文化交流的载体和体现，人类正是有了语言，文化才得以更好地发展和继承。同时，由于各国文化的不同，语言也不同，它们的不同主要体现在描述角度和表达形式等方面。而翻译是两种文化之间沟通交流的纽带，英语和汉语存在诸多差异，在翻译全过程中，译者应全面予以考虑。这些差异与译者的思维、语言表达紧密相关，影响着翻译效果。

　　英语和汉语是两种语系不同、风格迥异、文化基础悬殊的语言体系。英语是世界上应用范围最广泛的语言，在中国拥有众多的学习者，它的学习和应用受到越来越多的重视；而作为我们母语的汉语具有悠久的发展历史，有着深厚的文化积淀，也有其自身独特的结构规则和审美特征。因此在两种语言的翻译转换过程中，常常会受到语言的符号体系、句法结构规则、语义表达方式、语言应用的环境以及文化习惯等方面的影响和制约，容易造成一些失误，从而影响到交际的效度。因此英汉语言的对比与中西文化差异的研究就变得越发重要。通过英汉语言的对比和中西文化差异分析，可以掌握两种语言和文化的特点，进而在翻译时有效辅助译者工作。

　　本书以英汉语言对比和中西文化差异分析两方面为中心，首先对语言、文化、英汉语言和英汉文化进行对比和探索，然后详细对比梳理了英汉词汇、句法、语法、语篇、修辞和语用几方面的内容。最后对中西动植物文化差异、中西方色彩词语文化差异以及中西习俗、节日、人名、习语文化、宗教文化差异进行分析和探讨。

　　本书在撰写过程中参阅了一些文献资料，借鉴了专家和学者的研究成果，在此对他们表示衷心的感谢。同时，本书力求语言朴实严谨、条理清晰，旨在为广大英语学习者提供理论与实践指导，同时也为英语教师的语言教学提供一定参考，也为对英汉语言文化感兴趣的人士提供些许可以借鉴的资料。

　　由于笔者水平所限，书中难免有缺陷和不足之处，敬请同行专家和读者批评指正。

目　录

第一章 语言及英汉语言对比探索

语言是人类生活中最为奇妙的现象之一，是人之所以为人的重要特征。语言在人类的沟通交流中发挥着不可替代的作用。不同的语言有其自身的特征。进行两种语言的对比研究，对语言能力以及理论水平的提高都极为有利。本章就对语言以及英汉语言对比进行研究，具体从语言的定义、特点、分类以及英汉语言对比研究的性质、目的与理论基础展开分析。

第一节 语言的定义

什么是语言？关于这一问题，当今语言学界还没有给出一个明确而统一的定义。

关于语言的定义，《韦氏新世纪词典》中给出了最常用的几个释义，具体如下。

（1）①人类言语（human speech）；②通过这一手段进行交际的能力（the ability to communicate by this means）；③一种语音和语义相结合的系统，用来表达和交流思想情感（a system of vocal sounds and combination of such sounds to which meaning attributed，used for the expression or communication of thoughts and system）；④该系统的书写形式（the written representation of such a system）。

（2）①任何一种表达或交流的手段，如手势、标牌或动物的声音（any means of expressing or communicating，as gesture，signs，or animal sounds）；②由符号数字及规则等组合成的一套特殊体系，用来传递信息，类似计算机信息传递（a special set of symbols，letters，numerals，rules，etc. used for the transmission of information，as in a computer）。

此外，不论是国外还是国内，都有很多权威人士以及语言学家对语言的定义有自己的看法。

萨丕尔（Sapir）认为，语言是人类特有的，非本能地利用任意产生的符号体系来表达思想感情和愿望的方法。

舒哈特（Schuchardt）认为，语言的本质就在于交际。

索绪尔（Saussure）认为，语言是表达思想的符号体系。

乔姆斯基（Chomsky）认为，语言是一种能力，是人脑中的一种特有的机制。

叶姆斯列夫（Hjemslev）认为，语言是纯关系的结构，是不依赖于实际表现的形式或公式。

施坦塔尔（Steinthal）提出，语言是对意识到的内部心理的和精神的运动、状态和关系的有声表达。

洪堡特（Humboldt）认为，语言是构成思想的工具。

上述关于语言的论述侧重点有所不同，如有的是从语言功能的角度来定义的，有的是从语言与人类精神活动关系的角度来定义的，有的则是从语言的结构特点来定义的等。但是，这些定义却都在人类语言的重要特征方面达成了共识，即语言是一个具有任意性、用于人类交流的语音符号系统。

（1）语言是一个系统，即语言要素的组合需要依据一定的规则。

（2）语言具有任意性，语言符号和符号所代表的事物之间没有内在的必然联系。

（3）语言是有声的，声音是所有语言的首要媒介。儿童在学会读与写之前就已经学会了说话，这是对语言在根本上是有声的很好证明。

语言最简明的定义为"语言是一种口头交际工具"。之所以说语言是带有工具性质的，是因为不论口头的还是书面的交际其发生都具有目的性。语言同时还具有交际功能，只有当语言使用者对于人类社会交际互动规则熟悉的情况下，语言的交际功能才得以很好地发挥。

第二节 语言的特点与分类

一、语言的特点

语言学界公认的一个说法是：语言是人类所特有的。尽管动物也有用于沟通和交流的声音信号，但在人类看来，那些不能称之为"语言"。著名哲学家伯兰特·罗素（Bertrand Russell）曾说："不论一只狗多么卖力地叫，也无法告诉你它的父母虽然贫穷却非常诚实。"因此，人类语言存在某些特性使之区别于动物的"语言"，然而这些特性是人类语言所共有的吗？有些学者认为人类不同的语言之间不存在共性，这些学者被称为"相对论者"（relativist）；还有一些学者认为人类语言存在某些区别于动物交流方式的共性，这些学者通常被称为"共性论者"（universalist）。随着人们对语言的认识逐渐加深，共性论者的观点得到了语言学界的普遍认可。下面就对人类语言的共同特点进行探讨。

（一）移位性

语言的移位性是指语言使用者可以用语言谈论与自己处于不同时空的事物。

语言的移位性特征使人们可以提及孔子或北极，尽管前者已去世两千五百多年、后者距离人们十分遥远。

一旦发现有关群体利益的刺激，多数动物就会马上做出相应的交际反应。例如，鸟类发出鸣声警告说明现在有危险情况，这些动物是受"直接刺激反应的控制"。不同于动物交际系统，人类语言不受直接刺激控制，谈论什么无需由外界或内部的刺激引发。蜜蜂交际有一定的移位性：它能够回巢报告在时间上和距离上都很遥远的食物来源。但狗却不能告诉人们它的主人过几天才能回来。人类语言使人们能够谈论已不存在或还未出现的事物。

移位性赋予人们的概括能力和抽象能力使人类受益无穷。词语常常被用来指代当前语境里没有的实体事物。当人们能够谈论遥远的事物时，就有了理解诸如"真理""美丽"等非实物抽象概念的能力。

（二）任意性

任意性指语言符号的形式和意义之间没有自然的联系。例如，人们无法解释为什么 a book（一本书）读作 /a buk/；a pen（一支钢笔）读作 /a pen/，但任意性具有不同层次。任意性这一概念最早是由索绪尔提出的，现在已广为人知。

下面就从三个方面来具体介绍语言的任意性特点。

1. 语素音义关系的任意性

你也许会不同意，认为各种不同程度的象声词就不属于任意关系。象声词指一个词是靠模拟自然声响而形成的。例如，汉语中的"叮咚""轰隆""叽里咕噜"，其形式似乎建立在天然基础之上。英语描写同样声音却是完全不同的词，如英语中狗叫是 bow wow，而中文则是"汪汪汪"。但人们对象声现象存在一些误解。实际上任意与象声可以同时发生。

下面就以威德逊（H. G. Widdowson）从济慈（John Keats）所著《夜莺颂》（*Ode to a Nightingale*）一诗中摘取的一行诗句为例进行说明。

The murmurous haunt of flies on summer eves
夏日夜晚飞虫嗡嗡飞

通过人声朗读上述句子可以感受到声音与意义之间的联系。但这种效果并非来自词语本身，而是在知道词语语义后才建立起来的联系。为证明这一点，可以试想如果用发音类似的词 murderous（谋杀）替换 murmurous（嗡嗡声），那么该词的语音与苍蝇飞动发出的嗡嗡声就完全失去联系了。正如威德逊（1996）所说"只有当你知道一个词的意义后，你才会推断它的形式是合理的。"

（Widdowson，这一观点适用于大量所谓的象声词。

2. 句法层次的任意性

系统功能语言学家和美国功能语言学家认为，在句法层面上语言是任意性的。

依据语法组成句子的规则即为句法（syntax）。句子成分的排列顺序要遵循一定的规则，分句的前后次序和事件真实的顺序有一定的对应关系。也就是说，句子的任意程度低于词语，尤其体现在下面的顺序关系中。试比较以下几个句子。

① He came in and sat down. （他进来坐下）

② He sat down and came in. （他坐下进来）

③ He sat down after he came in. （他进来后坐下）

在①句，可以排出两个动作的先后；说②时，读者会按语实际情况相反的顺序来理解，即认为也许是他坐上轮椅再进入房间；在③中，after 一词调换了两个分句的顺序。因此，功能学家们认为语言中最严格意义上的任意性只存在于对立体中区别性语音单位里，如 pin 和 bin，fish 和 dish 这样成对的词语。

3. 任意性与约定性

通过以上分析可知，语言符号的形式和意义之间的关系是约定俗成的，也就是约定性的关系。这里有必要介绍任意性的反面，即相对任意性的约定性。英语学习者通常被告知"这是惯用法"，这意味着这是一种约定俗成的说法，即使你觉得它看起来或是听起来有不合逻辑之处，也不可以做任何改动。任意性使语言有潜在的创造力，而约定性又使学习语言变得艰难和复杂。对外语学习者来说，语言的约定性要比任意性更值得注意。这也说明为什么人们在费力地记忆惯用法时，对语言的任意性浑然不觉，但对语言的约定性却时常感到头疼。

（三）二重性

二重性是指语言拥有两层结构层次的特征，上层结构的单位是由底层结构的元素组成的，每层结构又有各自的构成原则，（By duality is meant the property of having two levels of structures, such that units of the primary level are composed of elements of the secondary level and each of the two levels has its own principles of organization.）

语言是一个系统，包含两组结构或者说两个层面。通常来讲，话语的组成元素本身是不传达意义的语音，语音的唯一作用就是相互组合构成有意义的单位。语音可称为"底层单位"，与词等上层单位相对立，因为底层单位没有意义而上层单位有独立明确的意义。而上层单位在更高层面上又能组合、再组合成无数个句子。这种结构上的双重性或者说语言的双层性使得其使用者能够谈论他们所知道的任何事物。二重性只存在于这样的系统之中，既有元素又有它们组合所成的单位。其他任何一种动物的交流系统都没有也不可能具有二重性。这是因为许多动物用特定的声音交际，它们都代表相应的意思。所以，动物交际系统不具备这一人类语言独有的区别性特征——二重性。正因如此，从人类角度来看，动物的交流能力受到很大的限制。

说到二重性，就必须注意到语言的层次性。例如，当听一门完全不懂的外语时，流利的说话者像是在用持续的语流说话。其实，没有哪一种语言是真正没有间隙的。要表达分离的意思就必须有分离的单位，所以要对一门新的语言解码首先要找到那些单位。音段或音节是最底层的单位，是由多个无意义的语音组成的音段，即"音节"。音节（syllable）是话语的最小单位。音节间相结合构成数以千计的语义段，也就是词的组成部分，被称为"语素"。例如，前缀 trans-，后缀 -ism 等。有了大量的词，就可以联系更多的意义，在此基础上才能组成无数的句子和语篇。

正如鲍林格（Bolinger）和西尔斯（Sears）指出的那样："分层——一种层次套层次的组织——是有限的手段作无限使用的物质体现。该特征是人类语言最明显的标志性特征，它赋予人类语言以无穷尽的资源。"（Stratification——this organization of levels on levels——is the physical manifestation of the "infinite use of finite means", the trait that most distinguishes human communication and that provides its tremendous resourcefulness.）

语言具有二重性的优势使人类语言具有巨大的创造性。仅用为数不多的几个元素就可以创造出大量不同的单位。例如，一套语音系统（如英语的 48 个语音）可以产生大量的词，运用词又可以产生无穷的句子，句子又可以形成无以数计的语篇。

（四）创造性

廖美珍（2009）认为创造性指语言的二重性和递归性使语言变得具有无限变化的潜力。（By creativity we mean language is resourceful because of its duality and its recursiveness.）语言比交通信号灯复杂得多，原因之一便是人们可以利用语言产生新的意义。无数的例子可以证明，词语通过新的使用方法能表达新的意思，并能立刻被没有遇到过这种用法的人所理解。

从另外一个角度来看，也就是说只有人类的语言具有能产性。虽然绝大多数动物的交际系统允许其使用者发送和接受数量极为有限的不同信息，但这些信息都不具有创造性。例如，长臂猿的叫声就不具有创造性，因为它们的叫声都来自一个有限的指令系统，因此很容易耗尽，而不可能有任何新意。

但如果仅将语言看成是一个交流系统的话，那么语言也就不是人类所独有的。众所周知，鸟、蜂、螃蟹、蜘蛛及其他生物都能通过某种方式交流，只是所传达的内容极为有限。语言的创造性部分来源于它的二重性。二重性使得说话者通过组合基本的语言单位就可以创造出无限多的句子，其中的大部分句子说话人可能从没有听过也没有说过。从另一个层面来讲，语言是创造性的，是因为它有潜力产生无限长的句子。语言的递归性为这种可能性提供了理论基础。

例如，下面的句子可以无限地扩展下去。

English is an interesting subject.

I know that English is an interesting subject.

Alice knows that you know that I know that English is an interesting subject.

Is it a fact that Alice knows that you know that I know that English is an interesting subject？

汉语也是如此。例如：

我喜欢杂志。

我喜欢简装杂志。

我喜欢印刷精美的简装杂志。

我喜欢厚薄适中、印刷精美的简装杂志。

你知道我喜欢厚薄适中、印刷精美的简装杂志。

我还以为你知道我喜欢厚薄适中、印刷精美的简装杂志呢。

由此可见，语言是能产的或具有创造性的，它的使用者可以利用原有的符号建构或解释新的符号。这就是人们能造出并且理解无数句子的原因，这也包括一些人们以前从未听说过的句子。

（五）文化传承性

所谓语言的文化传承性，是指语言是通过文化来传承的。例如，一个说英语的人和一个说汉语的人都能使用某种语言，但是他们不能相互理解，这在某种程度上说明语言是通过文化来传承的。尽管习得语言是人类与生俱来的一种能力，即人的语言能力具有一种遗传的基础，但任何一种语言系统细节的掌握都得靠学习和传授来实现，而不是靠遗传或本能的代代相传。与之相反的是，动物的叫声系统是通过遗传来传承的，即动物天生就具有发出它们物种特有叫声的能力。

二、语言的分类

（一）按语言的结构特点划分

按照语言的结构特点可以将语言分为词根语、黏着语、屈折语和多式综合语。

1. 词根语

词根语也称为"孤立语"，其特点是这些语言的词没有构形词缀，因此也很少有形态变化。词根语表示词与词之间的语法关系时一般通过词序和辅助词来实现。属于词根语的有古汉语、马来语、缅甸语、越南语等。

2. 黏着语

黏着语的特点是一个词仅表示一种语法意义，具有构形词缀。词根与词缀均可单独使用，构形词缀黏着在词根上面，结合得并不紧密。属于黏着语的有日语、朝鲜语、土耳其语、芬兰语以及阿尔泰语系下的语言。

3. 屈折语

屈折语内部有曲折，其特点是一个词缀可同时表示多个语法意义，词素内部音的交替也可用以表示语法意义。词缀和词根结合得十分紧密。属于屈折语的有印欧语系、闪含语系诸语言。

4. 多式综合语

多式综合语的特点是动词谓语包含如宾语、状语等多种复杂的成分，这些复杂的词的形式通常与其他语言的句子基本类似。属于多式综合语的有美洲印第安诸语言、古亚细亚的一些语言。

（二）按语言发生的谱系划分

按语言的亲属关系或共同来源进行分类称作"语言的谱系分类"。世界上各种语言按语言发生学的谱系分类，可分为十几种，其中主要的语系包括印欧语系、汉藏语系、阿尔泰语系、马来—玻利尼西亚语系、闪—含语系、乌拉尔语系、高加索语系、达罗毗茶语系、南亚语系。每个语系又可分出语族，语族下再分出语支，最后到具体的语言。下面就来介绍这九种语系。

1. 印欧语系

印欧语系主要分布在亚洲的印度、欧洲以及美洲等地，是最大的语系，使用人数约 17 亿。印欧语系现存的语言分属九个语族，具体如下。

（1）日耳曼语族，主要分布在北美、北欧、澳大利亚等地，分为以下三个语支。

①北部语支：冰岛语、挪威语、丹麦语、瑞典语等。

②西部语支：英语、德语、荷兰语、阿非利堪斯语、佛里西亚语、依地语等。

③东部语支，主要是峨特语。峨特语一千多年前已消亡。

（2）拉丁语族又称"罗曼语族"。拉丁语族主要分布在法国、意大利、西班牙、葡萄牙、罗马尼亚以及拉丁美洲。该语族下分为两个语支。

①东部语支：意大利语、罗马尼亚语、摩尔达维亚语。

②西部语支，由两个语群组成：一是伊比利亚—罗曼语群，包括西班牙语、葡萄牙语等；二是高卢—罗曼语群，包括法语、普罗旺斯语等。

（3）凯尔特语族，主要分布在英国的苏格兰、法国的布列塔尼以及爱尔兰岛。该语族分出以下两个语支。

①南部语支：威尔士语、布列塔尼语等。

②北部语支：爱尔兰语、苏格兰盖德尔语等。

（4）印度伊朗语族，主要分布在印度、巴基斯坦、孟加拉国、斯里兰卡、尼泊尔、伊朗、阿富汗等地。该语族下分两个语支。

①印度语支：印地语、乌尔都语、马拉地语、孟加拉语、旁遮普语、尼泊尔语、吉卜赛语等。

②伊朗语支：普什图语、波斯语、库尔德语、塔吉克语等。

（5）波罗的语族，主要分布在波罗的海沿岸，包括拉脱维亚语、立陶宛语。古普鲁士语也属于波罗的语族，现已消亡。

（6）斯拉夫语族，主要分布在东欧、巴尔干半岛以及苏联。该语族下可分三个语支。

①东部语支：俄语、白俄罗斯语、乌克兰语等。

②西部语支：波兰语、捷克语、斯洛伐克语等。

③南部语支：保加利亚语、斯洛文尼亚语、马其顿语等。

（7）阿尔巴尼亚语族，主要指阿尔巴尼亚语。

（8）亚美尼亚语族，主要指亚美尼亚语。

（9）希腊语族，主要指希腊语。

2. 汉藏语系

汉藏语系主要分布在亚洲东南部，使用人口有十几亿。汉藏语系可分为汉语族、藏缅语族、苗瑶语族、壮侗语族等。

（1）汉语族，主要指汉语。汉语是世界上使用人数最多的语言，使用人数超过十亿。

（2）藏缅语族，主要分布在缅甸、尼泊尔境内以及我国西南、西北地区。该语族下分四个语支。

①藏语支：藏语、嘉戎语、门巴语等。

②景颇语支：景颇语、拿加语等。

③彝语支：彝语、哈尼语、傈僳语、纳西语等。

④缅甸语支：缅甸语、阿昌语等。

此外，属于藏缅语族的还有很多，如宗卡不丹语、克伦语，印度的曼尼普尔语、卢谢语，尼泊尔的内瓦里语、穆尔米语，我国的羌语、土家语等。

（3）苗瑶语族，主要分布在越南、老挝、泰国以及我国西南、中南地区。该语族下分两个语支。

①苗语支：苗语、布努语等。

②瑶语支：瑶语（勉话）等。

（4）壮侗语族，主要分布在越南、老挝、缅甸、泰国以及我国的中南、西南地区。该语族下分四个语支。

①壮傣语支：壮语、傣语、布衣语、泰语、老挝语、掸语等。

②侗水语支：侗语、水语、毛南语、拉珈语。

③黎语支：黎语。

④仡佬语支：仡佬语。

3. 阿尔泰语系

阿尔泰语系主要分布在中亚、蒙古、土耳其、阿富汗以及我国的东北、西北地区。使用人口约九千万。一般认为，阿尔泰语系包括三个语族：蒙古语族、突厥语族和通古斯—满洲语族。

（1）蒙古语族，主要分布在我国和蒙古国境内。有蒙古语、莫科勒语、达尔干语。

（2）突厥语族，主要分布在土耳其、阿富汗、苏联的中亚地区以及我国的西北地区。该语族下分五个语支。

①布尔加语支：楚瓦什语等。

②克普恰克语支：哈萨克语、塔塔尔语、巴什基尔语等。

③奥古兹语支：土耳其语、土库曼语、阿塞拜疆语等。

④回语支：裕固语、雅库特语、图瓦语等。

⑤葛逻禄语支：乌孜别克语、维吾尔语。

（3）通古斯—满洲语族，主要分布在中西伯利亚、蒙古国以及我国东北、内蒙古、新疆一带。该语族下分两个语支。

①通古斯语支：鄂伦春语、涅埃文基语、赫哲语等

②满洲语支：满语、锡伯语等。古代女真语也属于这个语支。

4. 乌拉尔语系

乌拉尔语系分布在从斯堪的纳维亚往东直达亚洲西北部的广阔地带。使用

人口超过两千万。该语系下分以下两个语族。

（1）芬兰—乌戈尔语族，主要分布在欧洲匈牙利、芬兰、爱沙尼亚和俄罗斯境内，可分为两个语支。

①芬兰语支：芬兰语、科密语、爱沙尼亚语等。

②乌戈尔语支：匈牙利语、奥斯恰克语等。

（2）撒莫狄语族，主要分布在乌拉尔山周围和西伯利亚地区，包括塞尔库普语、牙纳桑语等。

5. 高加索语系

高加索语系主要分布在高加索地区。一般认为，高加索语系至少包括以下两个语族。

（1）南高加索语族：格鲁吉亚语、美格雷尔语、拉色语等。

（2）北高加索语族，下分两个语支。

①西北语支：卡巴尔达语、阿布哈兹语等。

②东北语支：车臣语、阿瓦尔语等。

6. 马来—波利尼西亚语系

马来—波利尼西亚语系主要分布在从非洲的马达加斯加到南美的复活节岛，北起夏威夷，南至新西兰地区。使用人口约一亿七千万。该语系一般分为以下四个语族。

（1）印度尼西亚语族：印度尼西亚语、马来语、爪哇语、马达加斯加语、高山语、他加禄语。

（2）密克罗尼西亚语族：马绍尔语、吉尔伯特语等。

（3）美拉尼西亚语族：斐济语等。

（4）波利尼西亚语族：夏威夷语、毛利语、汤加语等。

7. 闪—含语系

闪—含语系主要分布在从阿拉伯半岛经北非直到毛里塔里亚，往北远及高加索地区、往南直达赤道地区。使用人口约一亿七千万，其中讲阿拉伯语的人口居多。它包括以下五个语族。

（1）闪语族，主要分布在马耳他、埃塞俄比亚和阿拉伯国家境内。该语族下分三个语支。

①南部语支：马耳他语、阿拉伯语、埃塞俄比亚诸语言等。

②北部语支：希伯来语。腓尼基语、迦南语也属于该语支，现已消亡。

③东部语支，属于该语支的巴比伦语、亚西利亚语等已消亡。

（2）乍得语族，主要分布在乍得和尼日利亚，包括耗萨语、科托科语等。

（3）库施特语族，主要分布在苏丹、埃塞俄比亚、肯尼亚和索马里境内，包括索马里语、阿法尔语、盖拉语等。

（4）柏柏尔语族，主要分布在非洲的阿尔及利亚、摩洛哥、尼日尔境内，包括什卢赫语、图阿列格语、卡布来语等。

（5）埃及—科普特语族，包括科普特语（现仅用于礼拜仪式）。

8. 达罗毗荼语系

达罗毗荼语系主要分布在印度中部和南部。使用人口约一亿三千万。该语系包括以下三个语族。

（1）北部语族：马尔托语、泰罗古语等。

（2）南部语族：图卢语、泰米尔语、卡拉达语等。

（3）中部语族：贡迪语泰、卢固语等。

9. 南亚语系

南亚语系主要分布在越南、老挝、柬埔寨等亚洲东南部地区。使用人口约一千二百万。该语系包括以下三个语族。

（1）孟—高棉语族，这是南亚语系最大的语族，主要分布在越南、柬埔寨、缅甸以及我国的西南地区，包括柬埔寨语、越南语、佤语、布朗语等。

（2）蒙达语族，主要分布在印度中部和东北部一些沿海岛屿，包括蒙达里语、霍语、喀里亚语、库尔库语等。

（3）尼科巴语族，主要分布在马来西亚以及印度的尼科巴群岛上，包括卡尔语、特雷萨语、乔拉语等。

除了上述语系之外，在美洲、大洋洲以及非洲还有大量的语言。有人对这些语言进行了分类，如北美印第安诸语言、澳大利亚语系、爱斯基摩—阿留申语系、科伊桑语系、巴布亚语系等。值得提及的一点是，还有一些语言，如朝鲜语、日语、越南语等，其系属并不明。

（三）按语言的使用范围划分

按照语言的使用范围可把语言分为以下几种类型。

1. 官方语言

有的国家的官方语言不止一种，一种官方语言仅流行于某一地区。例如，加拿大的官方语言为英语和法语，瑞士的为德语、法语、意大利语、后罗曼语。此外，值得提及的一点是，印度的语言复杂多样，全国的官方语言是印地语和英语，除此之外，还规定了多种区域性的官方语言，如孟加拉语、乌尔都语、旁遮普语等。

2. 一个国家的官方语言或国语

正如王德春（2011）所说它充当这个国家的全国交际工具，在多民族国家同时充当族际间的主要工具。通常情况下，往往使用占全国人口大多数的民族语言，如中国的汉语。当然，还有很多其他特殊情况，包括一些国家以少数民族语言作为其官方语言，如坦桑尼亚的斯瓦希里语；一些国家借用外语作为官方语言，如西欧中世纪用拉丁语；一些国家依然沿用过去殖民者的语言，如非洲很多国家使用英语、法语等。

3. 多民族国家的少数民族语言

在多民族国家中，只有少数民族使用这类语言，如中国的藏语、蒙古语等。

4. 国际组织语言

联合国的正式语言和工作语言包括汉语、俄语、英语、法语、阿拉伯语以及西班牙语。

5. 宗教语言

伊斯兰教使用的阿拉伯语就属于宗教语言。此外，还有一些宗教使用的是已死的语言，如天主教使用的拉丁语。

（四）按语法手段划分

语言表达语法意义的手段包括两类，即综合手段与分析手段。因此，根据语法手段，可以将语言分为两种类型：综合语与分析语。

1. 综合语

在表示词的语法关系和词在句子中的语法作用时，综合语通常借助词本身的形态变化来实现。例如，德语、俄语、印地语等都属于综合语。

2. 分析语

在表示语法意义时，分析语则通过词外手段，如词语和辅助词等来实现。例如，汉语、英语、法语、保加利亚语等都属于分析语。

（五）按语言中主要成分的词语划分

语言中的主要成分指主语、谓语、宾语。按照这几个主要成分在句子中出现的顺利可以将语言分为三种类型：SVO（主动宾）型、SOV（主宾动）型和VSO（动主宾）型。

1. SVO 型语言

SVO 型语言大多句子顺序为：主动宾。属于 SVO 型的语言有英语、汉语、罗曼语诸语言等。

2. SOV 型语言

SOV 型语言大多句子顺序为：主宾动。属于 SOV 型的语言有日语、土耳其语等。

3. VSO 型语言

VSO 型语言大多句子顺序为：动宾主。属于 VSO 型的语言有阿拉伯语、希伯来语、威尔士语等。

第三节 英汉语言对比研究的性质与目的

一、英汉语言对比研究的性质

语言对比研究又称为"对比语言学"，"是对两种或两种以上的语言进行共时的对比研究，描述它们之间的异同，特别是其中的不同之处，并将这类研究应用于其他有关领域"。

对比语言学与比较语言学存在本质上的区别。比较语言学属于历时语言学，它是对两种或两种以上的语言进行历时的对比研究，以实现原始语的重构，追溯语言之间的谱系关系，其主要目的是求同。而对比语言学属于共时性研究，旨在揭示语言之间的一致性和分歧性，其主要目的是觅异。需要注意的是，有时对比语言学也不可避免地会涉及词源与语言的某些历史演变等内容，以便对某一问题进行说明。

英汉语言对比研究是对比语言学的一个组成部分，主要是共时地对英汉两种语言进行对比、分析，描述二者的相似之处与不同之处，并将其研究结果应用于其他相关领域。此外，英汉语言对比研究还会谈及英语与汉语两种语言的历史演变，以揭示二者之间的相似点与不同点，并找出其原因。

二、英汉语言对比研究的目的

综观中国百余年来的英汉语言对比研究，其目的主要包括如下几个方面。

（一）促进第二语言教学的发展

随着我国改革开放的不断深入，中西双方之间的交流也日益频繁。由于语言是交际的重要工具，所以对语言的学习十分必要，由此国内掀起了英语学习的热潮，西方国家学习汉语的人也越来越多。

在学习外语的过程中，对两种语言进行对比，找出二者的异同，可有效避免母语的干扰，对第二语言习得十分有利。关于中国人学习英语，吕叔湘（1947）曾说过，"对于中国学生有用的帮助是让他认识英语和汉语的差别，在每一个具体问题 —— 词形、词义、语法范畴、句子结构上，都尽可能用汉语的情况来跟英语作比较，让他通过这种比较得到更深刻的领会"。由于英语和汉语属于不同的语系，英语属于印欧语系，汉语属于汉藏语系，两种语言自然会存在很多差异。在学习英语的过程中，教师应注意讲授英汉两种语言的相同点与不同点，对二者相同点的了解有利于学生加强语言的正迁移；对不同点的了解则有助于减少语言负迁移对学习英语的影响，提高学习效率。同样，对英汉语言对比研究的成果也可以有效促进对外汉语教学。

（二）推动普通语言学的发展

推动普通语言学的发展也是英汉语言对比研究的目的之一。英汉对比研究除了要揭示出两种语言的不同点，还要涉及对两种语言之间的共性的分析与总结，以及对这些共性与差异的深层机制的探讨，以归纳出人类语言的一般规律，这无疑会对普通语言学的发展起到重要的推动作用。

（三）促进双语词典的编撰工作

在英汉两种语言的学习和运用过程中，英汉双语词典的重要性不言而喻。英汉语言对比研究会对英汉双语词典的质量带来一定的影响。对英汉语言进行对比研究，揭示两种语言的本质异同，找出两种语言中有无相对应的词形和意义，这对英汉双语词典编撰中的很多工作都十分有益，如确定目的词、划分词类、标注意义以及处理词汇空缺现象等。

（四）推进翻译理论的建设与机器翻译的应用

翻译既是两种语言之间的转换，同时也是两种文化的交流。就英汉互译而言，由于二者在语言结构形式以及文化方面都存在差异，在翻译时有一定的翻译理论与方法做指导，避免出现英汉互译不对等的现象。但是，"长期以来，我国还没有翻译理论，所谓'信达雅'及'直译意译'之争、'神似形似'之争等，本质上都是经验型的。"由于缺乏理论的指导，翻译实践中就暴露出很多问题，如死译、乱译、语言规范混乱（如英语式的汉语、汉语式的英语）等。从宏观与微观层面对英汉两种语言进行对比研究，归纳出二者结构形式的异同及其产生的根源，必将为翻译学理论的建设铺平道路。

对比研究对机器翻译也具有十分重要的作用。当今社会，随着高新技术的迅猛发展以及人工智能的开放，机器翻译也得到了前所未有的发展。机器翻译已经取得了相当不错的成果，但是机器翻译的质量还有待提高，机器翻译过程中有很多问题目前还得不到解决，如语际间词语的等值问题、句子结构转换问题，尤其是文化因素和情感因素问题等，需要对比研究工作者进行更加深入的研究，以提高和完善机器翻译。

（五）促进现代汉语的研究

吕叔湘（1977）指出，"要认识汉语的特点，就要跟非汉语比较"。在我国，建立汉语自身的语法体系是进行英汉语言对比研究的最初目的。对印欧语系语言现象的研究是很多现代语言学理论建立的基础，而我国在这一方面的理论基础还相对薄弱，因此只有进一步深化汉语自身的研究，提出具有中国特色的理论体系，才能与西方语言学理论接轨。

第四节 英汉语言对比研究的理论基础

英汉语言对比研究需要以一定的理论做指导，以提高其科学性和可操作性。这里简要介绍英汉语言对比研究的三种理论：结构主义理论、转换生成理论和系统功能理论。

一、结构主义理论

根据结构主义理论的观点，语言是一个符号系统，依据一定的组合关系（句段关系），言符号相互结合，语言结构便由此产生。语言结构具有层次性，由语音、词汇、语法、语义、篇章等层次组成。基于结构主义理论，英汉语言对比研究应建立在语言的各层次的语言事实的描写和对比之上，对英汉两种语言的异同及其产生的原因进行分析、总结。例如，在词汇方面，英语的核心是词（word），词由词素构成；而汉语中用于构词的是字，字是汉语所特有的，英语中没有字。在这样的情况下，就需要分析两种语言在词汇方面的异同。

二、转换生成理论

乔姆斯基（Chomsky）提出了转换生成理论。根据这一理论，各民族的语言虽然存在这样那样的区别，但是都包含两层结构：深层结构与表层结构。其中，深层结构决定了句子的语义，表层结构则对语音具有决定作用，句子的深层结构与意义并不会受表层结构转换的影响。依照转换生成理论进行的英汉语言对比研究，发现两种语言除了在表达同样意义的深层结构时可能会存在差异之外，表层结构的转换规则也有所不同。

三、系统功能理论

根据系统功能理论，语言内部结构与语言外部因素同等重要。该理论的特点是注重语言的交际功能与语篇功能。该理论认为语言系统是一个可供选择的网络，不同语言的使用者对语言的使用要受到人们对事物现象的认识、交际双方的关系以及词语在语篇中的相互关系等因素的影响。

　　该理论可以很好地解释英汉语言的共性和差异。同一语言形式在英汉两种语言中的使用场合可能一模一样，但是意义却不尽相同。例如，汉语中，常用"吃了吗？"来当招呼语，而在英语中，如果说"Have you had your meal?"，"Did you eat?"则是一种"邀请"。由此可见，在这两种语言中，相似的形式却具有不同的语用功能。

第二章 文化及英汉文化对比探索

在漫长的人类历史发展过程中，不同国家、不同民族、不同部落、不同人种逐渐形成了各自独有的涉及政治、经济、教育、宗教、饮食、军事等领域的文明特色，这些特色为孕育文化奠定了稳固的基石。而英汉文化作为诸多文化中最鲜明的两个代表，一直备受关注。本章就来探讨一下与文化相关的内容以及英汉文化之间的对比探究。

第一节 文化的定义

文化是在人类发展史中，经过漫长的、复杂的积累过程留存并且传承下来的一种非物质性的、无形的、影响广泛而深远的意识层面的人类遗产。所以，在关于文化定义上，必然受到国家、民族、传统习俗、思维习惯等因素的差异性影响，那么参考标准会有不同，就很难有统一的公认的定义。有人认为，"文化是信念、习惯、生活方式和行为的总和"；有人认为，"文化就是社会所做的和所想的"；有人认为，"文化是某一社会群体的生活方式"。从表面上看，各种定义各执一词，内容无所不包，但探其本质它们却是一致的，其不同之处只是根据本学科或本领域的特点和需求从单一的角度做较为细致的分化和具体的解释。本节就来介绍中外几种典型的关于"文化"的定义。

一、汉语中文化的定义

在中国古代古老的甲骨文中就已经出现了"文化"一词，展示了人类尝试凌驾于自然之上，并超越自然、改造自然的历史进程。所以说，文化可以被看作是人类的一种特有的生活方式和行为习惯。进而也可以说，人类社会的一切活动在本质上都是具有文化的属性的。概括而言，文化就是人类在社会活动中认识自然、改造自然并利用自然进而实现自身价值观念的过程中的一切物质和精神的积累。例如，文学、艺术、教育、科学、生活方式、饮食习惯、建筑工艺、卫生管理、娱乐方式、婚姻形式、亲属关系、家庭财产分配、劳动管理、艺术、生产、道德、风俗习惯、宗教、法律、政治、警察、军队、风俗习惯、行为举止、交际礼仪、思维方式、审美情趣、价值观念等。而与此相对，狭义文化的范围明显缩小，它是专指人类活动中，在精神方面进行的创造过程和产生的相应成果，如道德、风俗和礼仪等内容。

二、英语中文化的定义

"文化"一词在英语中的对应词是 culture，该词源于拉丁文 cultura，原义指耕作、培育、栽培，之后逐渐演变为人的素质和能力的培养与教化。近代日本人最先将英文单词 culture 翻译为"文化"。故而有人判断，汉语中的"文化"一词其实并非中国古籍中所说的与"武功"相对而言的含义，而是借用日语中对英文单词 culture 的意译。此种说法至今尚无据可考。在《牛津简明词典》中，文化的定义是"艺术或其他人类共同的智慧结晶"。这一定义主要是从智力产物的角度阐释文化内涵，即深度文化，如文学、艺术、政治等。而《美国传统词典》中文化的定义则是：人类文化是通过社会传导的行为方式、艺术、信仰、风俗以及人类工作和思想的所有其他产物的整体。这一定义拓宽了文化的包含范围，既包括深层次文化，又包括浅层次文化，如风俗、传统、行为、习惯等。所以，一定程度上，"文化"一词从英汉两种语言背景中的发展演变中是可以找到二者所拥有的共通的东西，都有着品德锻造与能力培养的共同内涵。

英国人类学家爱德华·泰勒（Edward Tylor）在其代表作《原始文化》中第一次定义了文化：文化是一个复杂的综合体，包括知识、艺术、宗教、神话、法律、风俗，以及人类在社会活动里所获得的一切能力与习惯。很多学者认为这一定义忽略了文化在物质方面的要素，也有一些学者认为，泰勒的定义中虽然没有专门体现物质文化，而事实是，他在《原始文化》中使用了很多物质文化的例子来解释他的理论观点。

美国学者阿尔弗雷德·路易斯·克罗伯（Alfred Louis Kroeber）与克莱德·克拉克洪（Clyde Klukhohn）在他们的著作《文化：关于概念和定义的评述》中总结出了 164 条关于文化的定义。两位学者在总结了角度各异、内容或抽象或具体的文化定义的基础上，也提出了自己的文化定义：文化是由外显和内隐的行为模式构成；这种行为模式通过象征符号获得和传播；文化代表了人类群体的显著成就，包括它们在人造器物中的体现；文化的核心部分是传统观念，尤其是它们带来的价值观念；文化体系一方面可以看作是活动的产物，另一方面又是进一步活动的决定性因素。该定义几乎涵盖人类生活的各个方面。文化能够指导人们对待其他事物的态度和行为，以至于克拉克洪甚至认为文化是人们行为的蓝图。

前民主德国的《迈尔百科辞典》（1971）将文化分为物质文化和精神文化两类，并认为文化概念常指精神文化。它说，文化即指"人类社会在征服自然和自我发展中所创造的物质和思想财富"。

　　苏联的《苏联大百科全书》（1973）将文化概念做了广义和狭义的区分。广义的文化，"是社会和人类在历史上一定的发展水平，它表现为人们进行生活和活动的种种类型和形式，以及人们所创造的物质和精神财富"。狭义的文化，仅指"人们的精神生活领域"。

　　法国的《法国大百科全书》（1981）认为，"文化是一个社会群体所特有的文明现象的总和。""文化是一个复合体，它包括知识、信仰、艺术、道德、法律、习俗，以及作为社会成员的人所具有的一切其他规范和习惯。"

　　由此可见，无论是在汉语还是英语中，文化的定义都很难统一。西方许多学者接受的对 culture 的定义是由美国文化人类学家克罗伯和克拉克洪在 1952 年提出的定义；正如关世杰（1995）认为，文化存在于各种内隐和外显的模式之中，借助于符号的运用得以学习与传播，并构成人类群体的特殊成就，这些成就包括他们制造物品的各种具体式样。文化的基本要素是传统（通过历史衍生和有选择得到的）思想观念和价值，其中尤以价值最为重要。

　　此外，还有学者，如赵爱国、姜亚明认为，苏联 1980 年出版的《苏联百科全书》中对文化的定义是迄今为止最为精确和完整的定义之一，也是与辩证唯物主义和历史唯物主义观点最吻合的，它较之西方经典的把文化概念限定在精神文化之内的定义前进了一大步，因此也是我们较易接受的。这一定义是，"文化这一概念，用以表征一定的历史时代（如古希腊罗马文化），也用以说明具体的社会、部族和民族（如玛雅文化），以及人们活动或生活的独特范围（劳动技能、生活方式、艺术文化）的特征。比较狭义的理解是，文化就是人们的精神生活。文化还包括人们活动所创造的具体成果（机器、建筑物、认知成果、艺术品、道德规范和法律准则），以及人们在活动中体现的创造力和才智的成果（知识、技能、熟巧；智力、道德和美学发展水平；世界观；人们交际的方式和形式）。"

第二节 文化的特点与分类

一、文化的特点

　　文化是一个具有多层次的有机整体，是人类在悠久的发展史中创造出来的，它与人类本身和人类进行的各种各样的社会活动有着密不可分的关系，具体表现在文化诸多的特点上。

（一）时代性与超时代性

　　文化具有鲜明的时代特性，这就是说，不同时代的文化有明显的差别。这是因为我们划分历史时代往往是依据生产方式的本质区别，而从广义上讲生产方式本身也就是一种文化，因此生产方式的时代差别也是一种文化的时代差别。

同一民族文化中，各时代文化的共同的东西，即可以看作是超越时代特征的文化，也就是这个民族的永恒性文化，这种文化与这个民族相随不离。文化的超时代性还表现在有些具有鲜明时代痕迹的文化——特别是软文化——能够超越其产生的时代，而与新的时代和新时代文化共存，构成新旧文化的冲突。

（二）地域性与超地域性

文化是人类历史的产物，它伴随着人类的诞生而产生，伴随着人类的发展而发展。而人类的诞生首先就是分地域的，而且互相隔绝，因此各个区域便按照自己的方式来创造自身的文化。由此可见，文化一产生就带有鲜明的地域特征，各个地域的文化存在诸多差异。即使是信息化高度发达的今天，地球将可能会因为全球卫星这一传送媒介为纽带而成为"地球村"，但也仍会存在着相对的地域，也自然会存在着地域性的文化。

文化还具有超地域的特征，主要表现在两个方面。

（1）有些文化既发生和存在于这个地域，也发生和存在于那个地域，所以它就不是某一特定地域的特定文化，而成为诸多地域的共同性文化，或称"人类性文化"。人类性文化，在人类之内标志着文化的共同，在人类之外标志着与大自然、动物生灵的区别。这种超地域的人类性文化亦是一种客观现象。

（2）有些文化首先只有在某一特定的地域发生接受之前，属于地域文化且可以为别的地域所接受、吸收或同化。这种文化在被其他地域接受之前，属于地域文化，之后便又成为超地域文化，甚或亦转而成为人类性文化。一般来说，自然科学、技术、发明物这一系列的软硬文化，就是典型的由地域文化转为超地域性人类性文化。

（三）交际的符号性

人类创造文化的过程，就是不断发明和运用符号的过程。任何文化都表现为一种符号象征的系统。文化不是与生俱来的，而是通过符号被人们习得和传授的知识，具体表现为人在创造和使用这些符号过程中的思维和行为方式。人是一种"符号的动物"，符号化的思维和符号化的行为是人类生活中最富代表性的特征，人类创造了文化这一世界，其本质是为自己创造了一个"符号的宇宙"。在文化创造的过程中，人类把对世界的认知、对事物和现象的意义理解及自身价值观念不断转化为一定的具体可感的形式或行为方式，从而使这些特定的形式或行为方式产生一定的象征意义，将其构成文化符号，继而成为人们生活中必须遵循的习俗或法则。因此，人们生活在这些习俗或法则的规范之中，生活在自己创造的充满文化符号的世界之中，一方面承受着文化的制约，另一方面又通过对文化制约的承受而表现其人生的意义和价值。例如，在古代中国封建等级制度的规范中，服装的颜色是有等级规定的，服装颜色是表现特定身份的象征符号。在等级观念淡薄的今天，服装颜色的等级象征意义固然已不复存在，但在力求服饰的色彩或款式与年龄、性别、身份、行业、环境、习俗协调一致的追求中，人们又给色彩和款式赋予了丰富的审美意义；而在某些必须标明的社会角色（如军警、执法人员等）身上，服装颜色和款式仍具有身份象征的符号作用。

（四）人为性

自然与文化是相互对应存在的，前者正是后者的改造对象和形成基础。自然界原有的一切不是文化，只有经过人类改造、加工、创造的留有人类印记的自然物，如园林、假山、石拱桥、梯田、人工岛、盆景等，才算是文化产物。就现代人类的日常生活而言，饮食、穿着、住所、出行方式、游历、娱乐等方方面面都已经深深刻有文化的印记，早已不同于和自然界其他动物有着一样的生存需求的原始人类了。在饮食方面，人类不再仅仅追求单纯的猎食求饱了，现代人类在生产力极大发展的基础上，已经形成了特有的丰富多彩的饮食文化，如饮食的搭配、对象、口味、做法、时间等都是可以按照自己的实际需求随意选择。在穿着方面，远古时期的人类只需要几片树叶便可以达到基本的遮羞目的，而随着现代人类的生活水平的提高，丰富的衣着文化已经产生了。例如，不同职业一般都有与之相对应的职业服装，不同季节都有相对应的服饰款式，不同性别、不同年龄、不同国家、不同民族等方面都有与之相应的服饰文化。在居住环境上，原始人类和其他低等动物一样，只是寻找能够遮风避雨的场所即可，像地洞、山穴之类，而现代人类在住所上的要求已经越来越高，房屋的选址环境、建造材质、造型风格、空间格局、内部装饰等都成为人们对住所的重要考量因素。而在出行方面，现代人类已经不仅仅只依靠步行和木筏等简单方式出行了，随着各种交通工具的发明，出行方式实现了跳跃性的进步，陆上有自行车、汽车、火车、地铁等，水上有轮船、潜艇等，空中有飞机、热气球、外太空航天器等。总而言之，在文化的形成与发展过程中，大量的人为因素不断参与其中并发挥着不可替代的核心作用。

（五）兼容性

任何文化都具有兼容性，这是文化得以生存发展的内在动力。所谓"开放式文化"或"封闭式文化"都是相对而言的，既没有完全开放的文化，也没有完全封闭的文化。完全开放的文化因为消除了自身的文化个性就会消融在其他文化之中；完全封闭的文化则因为缺乏与其他文化的交流而失去发展更新的动力，最终走向消亡。

（六）观念的整合性

文化是群体行为规则的集合，可以被理想化地推定可能出现在某一社会或群体的所有成员的行为之中。正因如此，才出现了诸如中国文化、美国文化或东方文化、西方文化等整齐划一的概念，而某一主流文化中又存在诸如亚文化或群体文化、地域文化、性别文化等。这意味着社会组织、社会结构、社会关系、社会地位都属于文化范畴。历史所衍生及选择的传统观念，尤其是世界观、价值观念等文化的核心成分，尽管不属于行为范畴，但也会像电脑一样为人们编制行为和思维程序，规定交际行为的内容和方式以及编码过程，因此世界观、价值观等常被称为"文化实体""民族性格"。可见，文化是一个由多方面要素综合而成的复杂整体，是一定区域内的一定文化群体（通常表现为民族）为满足生存需要而创造的一整套生活、思想、行为的模式。在这个整体模式中，各组成要素互相补充、互相融合、互相渗透，共同发挥塑造民族特征和民族精神的功能。

（七）演变性

文化的传承性并不意味着后人只要简单地照搬前人经验就可以了，如果这样，文化就毫无生命力可言，成了"死文化"，死的东西对人类发展进步是毫无意义和价值的。文化的创造本身就是为人类社会活动的发展前进服务的，这也是文化的价值体现，这就要求人类在继承原有文化的基础上取其精华，去其糟粕，不断地加以丰富和发展，以适应人类社会自身日益更新的发展需要。例如，古代埃及皇室内部盛行近亲婚姻的所谓宗室血统纯正文化，在现今的生理学和遗传学上证明这存在严重的遗传缺陷弊端。而现代社会中，人类之间基本上不分民族、不分种族、不分国家、不分语言、不分肤色，只要双方愿意，即可结成夫妻，原有的所谓血统纯正文化被彻底抛弃了。再如，中国封建社会的青年男女在婚配上遵循的父母之命、媒妁之言和对妇女在道德上的"三从四德"的桎梏等糟粕文化，对社会整体产生的负面影响很大。在中国的现代社会生活中，这些过时的糟粕文化已被摒弃，取而代之的是自由民主、积极健康的婚恋环境。不同历史时期会造就文化的演变，同时不同地域民族、不同国家之间的文化也是相互渗透、相互借鉴的，如中国人见到久未谋面的老朋友会问候"好久不见！"，英美国家的人们通常会简单道一句"Hi! Man, it's been a long time."或"Hello! Dude, it's been quite a while."而随着中国文化的渗透，最先出现的对"好久不见"一词的逐字翻译文"Long time no see."渐渐成为英语国家人们经常使用的日常问候语。

综上所述，文化需要保持自身不断的发展变化才能有鲜活的生命力，从而更好地为人类社会的发展进步服务。

（八）可习得性

文化是人类所特有的，但这不是说文化是通过遗传而天生具有的；相反，文化是后天习得的，具有可习得性。学习可以说是文化最为重要的特征之一。霍尔认为，文化是习得的，因此人们也就应该有能力传授文化。文化传授的主体既包括人类自身，也包括人们所在的整个社会。正如霍贝尔（Hoebel）和弗罗斯特（Frost）所认为的，文化学习的全部过程就是"某一特定的文化背景中的社会成员，包括儿童和成人，在其习得能力、增长才干的过程中所进行的有意识和无意识的自我调节"。也就是说，人们或是在日常生活的耳濡目染之中不知不觉地学习文化，或者是在家长、教师等的指导之下自觉主动地学习文化。

二、文化的分类

汉姆莱（Hammerly，1982）把文化分为知识教育影响的信息文化、价值观念决定的行为文化和艺术文学扬升的成就文化。斯特恩（H. H. Stern，1992）根据文化的结构和范畴把文化分为广义和狭义两种概念。

有些人类学家将文化分为以哲学、文学和艺术等形式呈现的高级文化（high culture），以习俗、生活方式等形式呈现的大众文化（popular culture），以价值、审美、心理等形式呈现的深层文化（deep culture）。高级文化和大众文化都植根于深层文化，而深层文化往往反映在大众文化中。

学者王祥云（2006）认为，文化的基本结构可分为两类：物质生产文化和精神观念文化。物质生产文化是指人类物质生产过程及其物质生产的实体性、器物性的成果，蕴涵着人类认识自然、适应自然、征服自然的精神因素，但主要的还是现实事物的实体性质，是构成人类物质生产方式和产品的总和，是整个文化大厦的基石。物质生产文化主要包括生产力（劳动对象、劳动工具、劳动者三者构成），以及满足人类需要的衣、食、住、行等最基本的消费资料。精神观念文化由人类在长期的社会实践活动和意识活动中孕育出来的价值取向、道德情操、审美情趣、思维方式、宗教感情、民族性格等构成，是文化的精神内核。精神文化又分为与风俗行为相对应的社会观念文化，以及与制度结构相对应的意识形态。

学者李建军（2010）认为，文化是一个复杂的概念，几乎可以囊括世间的一切，包括物质层面和精神层面等两大方面。他认为无论文化多么复杂，都可以大致分为三种：物质文化（各种实物形态呈现的）、规制文化（以理论体系呈现，包括社会制度、宗教信仰、礼仪体系、教育规制、称谓系统乃至语言体系等）和思想文化（以行为观念呈现，包括人们的思维方式、行为模式、个人信仰、人生观、价值取向和审美取向等）。

第三节 语言与文化的关系

语言和文化的关系一直是语言界和文化界热议的话题之一，这主要由于语言和文化之间关系的复杂性，需要多角度、多方面辩证地去看待。从古至今，针对语言和文化的关系这一问题，许多学者都曾提出过自己的看法和观点，如美国人萨丕尔（Edward Sapir）及其弟子沃尔夫（Benjamin Lee Whorf）提出的颇具争议的"萨丕尔—沃尔夫假说"（Sapir-Whorf Hypothesis）。这一假说的中心思想是语言决定思维，其大意是：说不同语言的人对世界的感受和想法也不相同，因此不同语言结构差异决定了不同的世界观，即不同的思维方式。当代的学者认为对于"假说"的理解可以有两种方式："强式理解"（the strong version）和"弱式理解"（the weak version）。"强式理解''支持这一假说，即语言决定了人的思维方式；"弱式理解"认为语言在一定条件下可能会影响人的思维方式，只是相对的并非绝对的。但实际情况是随着人们对语言学研究的不断深入，现今已没有多少人可以完全接受"语言决定思维方式"这一思想。对此，既不能完全接受这一假说，又不可以全盘否定其正确性，我们能够讨论的是这一假说在某种程度上的准确性。

下面具体介绍一下比较为大众所接受的说法。

一、语言是文化的一个组成部分

语言是文化的一个组成部分，文化包括物质文化和精神文化。物质文化中语言的作用并不明显，但语言对于精神文化的建设至关重要，精神文化需要语言来表达，需要语言来记载，语言是精神文化得以产生和发展的必要前提之一。

值得提及的一点是，语言并非文化的全部，只是文化的一个组成部分，而且是一个重要的、标志性的部分。语言是在人类进化、发展的过程中产生并逐步完善的，它是一种特殊的社会现象。从这个意义上讲，语言又是文化的一个十分特殊的组成部分。

二、语言反映文化

语言可以直接反映文化的现实和内涵。语言像一面镜子一样反映着民族的全部文化，又像一个窗口一样揭示着该文化的一切内容（黄勇，2007）。英国语言学家莱昂斯（J.Lyons）曾说过，"特定的语言是这个社会文化的组成部分，每一种语言在词语上的差异都会反映使用这种语言的社会的事物、习俗以及各种活动在文化方面的重要特征。"

例如，在西方，人们大多信仰基督教，认为世界是上帝创造的，因此英语中有很多与 God 有关的表达。英美人通常会用"God!""My God!""Oh, my God!"等来表达惊讶；用"May God bless me!"来表示希望获得成功；"Thank God!"常用于经历一场危险之后发出的感叹等。而在汉语中，"天地"一直以来都是至高无上权威的象征。因此，古代皇帝通常要"祭天地"、新婚夫妇要"拜天地"等，从这些词语中可以看出中国人的天道观。

三、语言和文化相互促进

文化是语言发展的动力，反过来语言的丰富和发达是整个文化发达的前提。文化的发展离不开语言，任何文化的传承和记载都是依靠语言来实现的，不同文化之间的交流和沟通也是通过语言这一手段进行的，可以说语言是文化发展的必要前提。语言的发展同样需要文化的推动，社会文化的进步可以带动语言的进步，语言体系的完善和丰富归根结底来源于文化的不断充实，如果没有文化这一动力，语言的发展恐怕将"寸步难行"。

文化的发展对语言同时具有促进作用，如随着科技文化的发展，科技语言随之产生了大量的新兴词汇，如"Wi-Fi 技术""4G""蓝牙""安卓"等；而语言的发展丰富了文化的内容，如"人艰不拆""喜大普奔"等新兴词汇的诞生又进一步为文化注入了鲜活的因素。

四、文化对语言有一定的制约作用

文化是语言赖以生存的基础，文化不断地将其精髓注入语言之中，是语言新陈代谢的生命源泉，成为语言表现的基本内容，因而文化的发展可以推动和促进语言的发展。例如，汉语中的"小姐"一词，在中国古代封建社会中是对贵族家庭中的女儿的尊称，后来泛化为对未婚女子的称呼，但是随着该词的词义下降，即该词语的不断贬义化，"小姐"一词有了特指的范围。现在多用"女士"这一名词来称呼女子。这说明，社会文化因素发挥着根本性的作用。再如，汉语中"同志"这个词，在古代同志是指志同道合的人，和"先生""长者""　"君属于同义词，在建国初期，"同志"指拥有共同革命信仰、共同理想抱负的有志之士。

20 世纪 90 年代以后，中国的同性恋者开始使用"同志"一词互相称呼，于是，在特定场景中该词逐渐演变为对同性恋者的另一个称呼。因此，现在很多年轻人日常生活中已不再使用"同志"彼此称呼。这种现象在日常生活中十分常见，由此不难看出，文化对语言的演变有一定的制约作用。

此外，社会文化又在一定程度上制约着语言使用者的思维方式和表达方式。例如，中国古老的文明发源地——黄河中下游的中原地带，地处北温带，这里的土地比较贫瘠，而农耕是人们主要的生产方式，因此"牛"与汉民族的关系十分密切。这种密切的联系反映到语言中的表现就是：汉语中出现了较多的围绕"牛"字的词语，如"牛马、牛性、牛劲、吹牛、牛角尖、牛脾气、牛刀小试、对牛弹琴、牛郎织女"等。而西方则源于游牧文化，因此"马"成为与西方人关系较为紧密的动物。对西方文化而言，牛仅用于产奶。西方也主要用马来耕地。在这种文化的影响下，在英语中就形成了与汉语中"牛"的系列词语相对应的"马"（horse）的系列词语，如 to talk horse（吹牛），a willing horse（工作认真的人），to work like a horse（像老黄牛一样拼命干活），as strong as a horse（强壮如牛），to ride on the high horse（盛气凌人），to come off high horse（放下架子），to buy a white horse（浪费钱财）等。

综上所述，语言是文化的一部分，语言时时刻刻都在反映着文化，文化也需要语言来承载，可以看出，文化与语言相互作用、相互影响。语言不能脱离特定的文化而单独存在，世界上每一种语言都反映着人类文化活动的痕迹。因此，语言与文化互为依存，密不可分。

第四节 英汉文化差异探索

根据《辞海》的解释，文化有广义和狭义之分。从广义上来说，指人类社会历史实践过程中所创造的物质财富的总和。从狭义上来说，指社会的意识形态，以及与之相适应的制度和组织机构。文化是一种历史现象，每个社会都有与其相适应的文化。从文化的范围来划分，文化又分为生态文化、语言文化、宗教文化、物质文化和社会文化。英语学习是跨语言（cross-linguistic）、跨文化（cross-cultural）、跨社会（cross-social）的交际活动。不仅仅是不同语言之间的转换过程，而且也是反映不同社会特征的文化转换过程，所以语言可以称为文化的使者，东西方在不同的语言体系、社会发展背景和历史传承中逐渐积淀为两种各具特色的文化体系。

一、宗教文化

马克思说："宗教是人民的鸦片。"这句话可解释为宗教是人类精神的寄托、心灵上的绝对崇敬。千百年来，宗教文化作为文化的重要组成部分，在人类精神文明领域中扮演着重要的角色，它们穿越历史的时空。跨越世界东西南北，传承着深厚的宗教文化理念。宗教文化包括的哲学思想、伦理道德、生活习俗和文学艺术等，几乎渗透到社会的各个层面，对人们生活产生了巨大的影响。它不仅能够促进团结、增强社会凝聚力，在政治上还有助于统治阶级巩固权威、维持秩序，在精神上还为人们提供慰藉。可以说，中西方宗教在目的论上是完全一致的。但是，中西方宗教的精神理念及其对各自文化生活所产生的影响却是不尽相同的。

宗教的种类有很多，在宗教信仰上，中国人长久以来深受儒教影响，汉族的宗教信仰是在儒家思想占主导地位的影响下，融合佛教、道教及其他民间宗教的混合形式。西方人则以基督教、伊斯兰教居多。中国历史上把孔子创立的儒家学派视同宗教。儒学是中国古代的主流意识流派，儒教与佛教、道教并称为三教。儒教以中国封建伦理"三纲""五常"为中心，发展以仁为核心的思想体系，建立人与社会的和谐关系，是中国五千年传统文化的精髓。佛教发源于公元前1500多年的古印度，由释迦牟尼创建，为了引导人们摆脱生老病死，从苦难中解脱，它的宗旨就是"破迷开悟，离苦得乐"。之后约1000年，于汉明帝时，佛经传入中国。佛教是现今世界三大宗教中最早的宗教，是世界上唯一不参与政治、军事的宗教，是世界上唯一不与其他宗教信仰的地区和国家发生冲突和争端及战争的宗教，是世界上唯一主张平等慈悲和最早提出因果报应的宗教。道教大约起源于春秋战国时期，是中国的本土宗教，它是在当时人们信奉神仙、黄老，使用巫术的作用下应运而生的，它的宗旨是"仙道贵生""无量度人""炼形存神""形神俱妙""与道合真""乐生贵生"。所以道教讲道法自然，珍爱生命，珍爱自然环境，追求人与自然和谐共处，实现修身养性、延年益寿、得道成仙，它是对生命积极追求的宗教。从古到今，人们烧香拜佛求的也只是物质上的富足、肉体上的平安。儒教认为人可以成贤成圣，天人合德；道教认为人可以长生久视，飞升成仙；佛教认为人可以断灭轮回，解脱成佛。由此可见，中国的宗教很大程度上是人们自身追求的寄宿地，寄托着自身需求的欲望。

基督教发源于公元1世纪巴勒斯坦地区的犹太人社会，并继承了犹太教耶和华上帝和救主弥塞亚等概念。基督教视上帝为唯一的神，信除上帝之外的其他神会受到惩罚，人生来是有罪的，但是却受到上帝恩赐的宠爱，于是凡人可以借着认识并信奉他而洗去自己的罪孽，得以永生。伊斯兰教于 7 世纪初兴起于阿拉伯半岛，由麦加人穆罕默德所创传。伊斯兰教也是独神论，只信奉安拉，求生与死的和平和安宁。由此可见，西方不管是哪个宗教，人们的信仰都是精神上的。信耶稣，信安拉，人们相信有上帝，相信有天堂，相信有地狱。西方人进教堂做礼拜，把自己心里的苦闷、负担告诉上帝，从不会祈求物质上的富足，只是释放精神上的压力。

自古以来宗教对中国的政治、经济、文化等各个方面都存在潜在的影响，这种影响在数千年的演变和发展中从未中断。在中国人的日常生活中，很多风俗习惯、社会文化都受到宗教的影响。从风俗习惯上来看，春节里人们要祭灶王，灶王就是中国道教中的神仙，主管饮食的神。还有我们经常听到的土地神、财神、雷神、妈祖等都来自道教。少数民族一些独有风俗习惯的形成往往都受到宗教信仰的影响，例如信仰藏传佛教的人在进庙烧香拜佛时要按顺时针转，而信仰苯教的人则要按逆时针转。蒙古族、藏族等少数民族中存在的一种传统丧葬方式天葬也与佛教关于人死之后灵魂不灭、重人六道轮回的信仰有关。文学艺术和宗教的相互交融在人类创造的各种精神文化中最能得以体现，许多以佛教道教中的神仙为题材的作品遍布于诗、词、歌、赋、戏剧、小说、影视作品、古典音乐之中，比如家喻户晓的《西游记》就是以唐代高僧玄奘印度取经的故事为原型构造的。宗教文化同样也对词汇、习语等产生了重要的影响，如"借花献佛""放下屠刀立地成佛""闲时不烧香""回头是岸""临时抱佛脚"等。中国人一直以来深受儒教的影响，在日常生活中，儒家思想一直是中国各民族最基本的价值观，重视集体主义，讲究礼、义、廉、耻、仁、爱、忠、孝。另外，道教也是中国的本土宗教，同样对中国文化影响很深。中医养生、武术气功、风水堪舆、太极拳剑都来自于道教，就如鲁迅所说，"中国文化的根柢全在道教"。

由于西方人绝大部分都信奉基督教，因此基督教同样也对西方文化的大背景产生了深远的影响。中世纪以来，基督教的文化气息充斥在西方文化的各个成分。如结婚这样的重大事情，婚礼都选择在教堂由牧师主持，新郎新娘要在上帝面前许下誓言。同样，英美国家的葬礼也具有浓厚的宗教色彩，葬礼也要由牧师主持，做祈祷，唱赞美诗。在语言体系中，人们在表达赞美、感叹、惊讶、诅咒、发誓等感情时，总是喜欢用 God 这个词，如："Oh my god, I don't believe it!""God, how I loved her!""God bless me!"……生活中点点滴滴也无不与基督教有着千丝万缕的联系。大家都知道，数字"13"和"星期五"在西方人眼中是不吉利的，其实这些都和宗教有关系。传说耶稣受害前和弟子们共进了一次晚餐，参加晚餐的第 13 个人是耶稣的弟子犹太。就是这个犹太为了 30 块银圆，把耶稣出卖给犹太教当局，致使耶稣受尽折磨。参加最后晚餐的是一共13个人，"13"给耶稣带来了苦难和不幸。从此，"13"被认为是不幸的象征。另外，圣经的解释者认为，亚当是在星期五被造出来的，他和夏娃偷吃禁果也在星期五，并且他俩的儿子该隐也是在星期五被杀死的，所以诞生了黑色星期五。如果13日和星期五恰巧又是在同一天，人们通常会闭门不出。西方文学同样也深受基督教的影响，《圣经》是基督教的经典，它不仅仅只是一本宗教读物，还融合着历史、文化、政治、经济等，它与希腊文明一起，形成了今天的欧美文化。许多伟大的思想家、文学家、艺术家都曾从《圣经》中汲取营养，寻找素材。英国诗人乔叟的代表作《坎特伯雷故事集》、英国伟大的戏剧家莎士比亚的代表作《威尼斯商人》、英国诗人弥尔顿的《失乐园》和《复乐园》、作家班扬的《天路历程》等等都取材于《圣经》。此外，《圣经》中的典故、比喻、谚语、习语等也广为流传，被世人所接受，成为妇孺皆知的日常用语。

宗教经过长期的历史发展和演变，创造出了丰富多彩的文化。在中西文化中，宗教作为不可或缺的组成部分深刻地影响着人们的日常生活、思想文化和语言行为，为人类文明的发展做出了不可磨灭的贡献。

二、节日文化

随着社会不断向前发展，一个国家或一个民族在漫长的历史过程中形成了很多独具特色的节日文化，形式多样、内容丰富。节日是一个民族精神和情感的重要载体。由于各个国家所处的地理环境、历史演变、文化背景、宗教信仰不同，形成了东西方截然不同的节日文化。

中国的传统节日主要有春节、元宵节、清明节、端午节、七夕节、中秋节、重阳节、腊八节等，英美国家的节日主要有 Valentine's Day（情人节）、April Fool's Day（愚人节）、Easter（复活节）、Mothers' Day（母亲节）、Fathers' Day（父亲节）、Halloween（万圣节）、Thanksgiving Day（感恩节）、Christmas Day（圣诞节）、Boxing Day（节礼日）等。

中国最重要的春节起源于殷商时期年头岁尾的祭神祭祖活动。正月十五元宵节是汉文帝为纪念"平吕"而设，后汉武帝正月上辛夜在甘泉宫祭祀"太一神"的活动。清明节据传始于古代帝王将相"墓祭"之补，后来民间亦仿效，于此日祭祖扫墓，历代沿袭而成为中华民族一个固定的风俗。端午节是为纪念诗人屈原而成立的。七夕节始于牛郎织女的传说。中秋节始于嫦娥奔月的传说。腊八节来源于古时人们欢庆丰收感谢神灵的祭祀活动。可见中国的节日基本源于宗教活动和民间传说故事。英美国家的节日起源更加多样化，有源于基督教的，如最盛大的圣诞节；是基督教徒纪念耶稣基督诞生的日子，复活节是耶稣复活的节日；有源于神话故事的，如情人节；有源于感谢上苍恩赐的，如万圣节、感恩节，还有源于历史事件的，如愚人节、母亲节，等等。

人们欢度节日都是伴随着庆祝、狂欢，但由于文化差异的影响，人们庆祝的方式则相差很大。中国人过春节要扫尘、祭灶、贴春联、包饺子、守岁、拜大年、接神，等等，这些都是传统的风俗习惯。俗话说"腊月二十四，掸尘扫房子"，新春扫尘有"除陈布新"的含义，意思是要把一切穷运、晦气统统扫出门；祭灶也是重大的仪式，灶王爷管理家中的灶火，是一家的保护神而受到人们的崇拜；除夕晚上人们整夜不睡迎接新年的到来，春节是辞旧迎新的日子。元宵节要吃汤圆，观社火，猜灯谜；端午节要吃粽子，赛龙舟；中秋节全家团圆吃月饼，这些都是中国人欢度节日的传统方式。

西方的圣诞节也是家庭团聚的节日，家家户户都要装扮圣诞树，基督徒要去教堂做盛大的礼拜，孩子们要在平安夜临睡前，在壁炉或枕头旁边放一只袜子，等圣诞老人晚上把礼物放在袜子里。感恩节人们都要品尝火鸡大餐，到教堂做感恩祈福。万圣节人们举行化装舞会，吃南瓜派，这一天孩子们最欢乐。复活节期间人们穿新衣，打扫屋子，表示新生活从此开始，彩蛋是复活节的标志，它象征着新生命会降临。

随着跨文化交际的发展，中西方文化得到了很好的交流人们对节日的热情更加高涨。如今，中国的节日受到世界各国人们的欢迎，每到中国春节，遍布世界各地的华人在各个国家举行隆重盛大的狂欢，当地人也热情高涨，共同加入欢度新年，借此学习中国文化和中国民俗，中国的春节已然成为世界性的重大节日。可见，全球一体化的推进使世界各种文化互相影响、逐渐交融。

三、礼仪文化

中国具有五千年文明史，素有"礼仪之邦"的美称，是整个社会文明的基础，是社会文明最直接最全面的表现方式。随着改革开放的推进，跨国交际日益增多，中西方礼仪文化的差异更是越发明显，在交际中就会因不同的文化背景、生活方式而产生各种各样的问题，所以研究中西礼仪文化差异对跨文化交际起重要作用。

中国人见面打招呼时大多会问"吃了吗？""上哪去呀？"等等，这体现了人与人之间的一种亲切感，而对西方人来说这些问题都是属于个人隐私，英美熟人见面谈论的话题经常是天气的状况"It's a fine day. isn't it?""It's a cold day. "曾经有一位英国外教向学校领导抱怨经常会有人询问他要去哪里，要做什么，甚至陌生人也会这样问，他感到很生气，觉得自己在中国没有人身自由，直到外事人员给他做出解释才罢休。另外，中国人见面寒暄还会涉及很多其他方面的问题，比如见了老年人通常会询问多大年纪、身体状况，见了年轻人会询问挣多少钱、结婚了没。在西方文化中，年龄、收入、婚姻、家庭情况、信仰等话题也都属个人隐私范畴，在谈话中都是应该忌讳的。

汉语中的称谓多种多样，在称呼姓名时可以根据不同情况有不同的称呼。比如李小冰这个名字，根据姓名可以称呼为小冰、冰，根据年龄可以称呼为小李、老李、李老，根据性别可称呼为李先生、李女士、李小姐，根据亲属关系可以称呼为李叔、李婶、小冰阿姨、小冰姐姐，还可以根据职称称为李老师、李大夫、李局长，等等。相比汉语来说，英语中的称谓则比较笼统，对姓名的称谓形式是"名"或"Mr. /Mrs. /Miss. +姓"，如 Will Smith，可以称为 Will 或 Mr. Smith。西方人称 uncle，可以涵盖我国的"叔叔、伯父、舅父、姑父、姨父"等；aunt 可以涵盖我国的"阿姨、姨母、姑妈、舅妈、婶娘"等。另外，汉语中一般能够表示职业、职务、职称等社会地位的象征词都可用于称谓，职业称谓如"老师、医生"等；职务称谓如"局长、经理"等；职称称谓如"工程师、教授、博士"等，在交流中人们很喜欢被称为某某经理、某某教授等，因为这是身份与地位的象征。但在西方，人们却很少用职称称谓称呼别人，如果某人是老师或是医生，是不能称其为某某老师或某某医生的，而应称其为某某先生、某某女士。

在向人表示赞扬和祝贺的时候，中国人总会谦虚一番，因为中国以谦虚为美德。比如在向人赠送礼物时，中国人喜欢说"这是一点小意思，不成敬意"等。西方人向别人赠送礼物时喜欢说"This's my best gift for you. I hope you love it. "在中国，有人夸赞我们衣服漂亮时，我们心里虽然很高兴，但嘴上还是会客气地说"一般啦，总觉得颜色老气了或款式不大好"之类的话。再比如，有外国朋友夸赞我们的英语说得好"Your English is quite well. "我们通常第一反应回答"No, no, my English is very poor. "，外国人听了这样的回答，则容易产生误解，他们会觉得你是在怀疑他们的审美判断有问题。因此，我们在回答西方人的夸赞时，最好的回答是直接道谢或爽快地接受。中国人在家中宴请客人时，主人常抱歉地对客人说"不好意思，没什么好吃的。"但外国人听了就不理解了，明明是满满一桌丰盛的菜肴，怎么说没什么好吃的呢？

在餐饮氛围方面，中国人在吃饭的时候都喜欢热闹，很多人围在一起吃吃喝喝，说说笑笑，大家在一起营造一种热闹的用餐氛围。酒是中国餐桌上的必备之物，酒满敬人，酒杯不空茶水不满，中国人喝酒的时候都是一杯一杯地喝，餐桌上用言行来劝酒劝食是主人热情好客的象征。而在吃西餐的时候，主人不习惯劝酒劝食，让客人们"help yourself"，所以用西餐时总是伴着昏暗的灯光、舒缓的音乐、安静的氛围。

　　文化之间的差异是由于各民族的历史发展、风俗习惯、意识形态的不同而产生的，在对英汉文化进行对比时不能说谁好谁坏、谁对谁错，文化的形成是客观存在的。文化是一个开放的系统，随着全球化的推进，各国之间的文化交流也日益频繁，不同文化之间会相互影响、互相渗透，所以文化传统也必然会随之而发生一定的变化。当前，对英汉文化差异的研究已成为一个热门的学科，只有首先了解不同地域、不同民族的文化背景知识以及社会风俗习惯。才能更好地促进文化之间的交流。

第五节 英汉思维差异索究

　　关于语言和思维关系的讨论由来已久，语言和思维的关系问题是十分复杂的。《朗曼英语词典》把思维定义为："利用头脑产生思想的行为。"杨百顺在《思维是世间是美丽的花朵》一文中把思维定义为："是人类特有的。是人有意识的，能控制的认识活动"，《辞海》的定义是："亦作'思惟'"。哲学上则通常指"人脑对客观事物间接和概括的反映，是认识的理性阶段"。语言是人类最重要的交际工具，是人们进行沟通交流的各种表达符号。乔姆伊斯对思维的定义很具有代表性，他在1957年的《句法手段》中提到："从现在起，我将把语言看成是一个句子的一个集，每个句子都有一定长度，并由一组有效的要素构成。人们要表达和交流思想，自然离不开语言。"那么语言和思维之间究竟有怎样的关系呢？人们在自己的大脑中进行思考是否可以离开语言？无论是从人类文明的发展开始，还是从婴儿呱呱坠地而言，语言和思维是否是同时产生的？如果不是，那么是先有语言还是先有思维？语言和思维是有各自的发展规律，还是它们之间相互作用、相互影响？

　　语言学界有关语言与思维关系的争论归纳起来可分为四类：语言先于思维，思维先于语言，语言决定思维和思维决定语言。以法国哲学家孔狄亚克（E. B. de Condillac）为代表的学者认为语言先于思维，他认为不使用语言，人们便无法自觉控制思考功能及其他思维行为。皮亚杰（J. Piaget）通过对儿童思维认知发展阶段的研究，提出思维先于语言的看法，婴儿在还没有语言的时候，可以通过动作来表达自己的意愿，可见，婴儿已在头脑中形成思维图像。美国人类语言学家萨丕尔及其弟子沃尔夫提出萨丕尔—沃尔夫假说：语言绝对论和语言相对论，证明语言与思维是密切相关的。由于该假设涉及语言、思维、文化的关系，所以几十年来一直有着重大的影响。苏联学者维果茨基（L. Vygotsky）提出"认知假说"，强调认知能力的发展先于言语能力的发展，即思维决定语言。

语言的产生可以说是人类为了传播文化思维经验而形成的一套特殊的表达方式。文化是语言赖以生存和发展的土壤，语言不能脱离文化而存在。语言是文化的载体和交流的工具，是文化的镜子，而文化是语言发展的动力。作为文化的镜子，语言必然受到文化的影响和制约，同时语言也促进文化的发展，两者密不可分，相互依赖，相互作用，任何一方都不可能脱离另一方而单独存在，可以说没有一种语言不是根植于某种具体文化的土壤中的，也没有一种文化不是以某种自然语言的结构为中心的。思维是沟通文化与语言的桥梁。思维通过影响认知、态度和行为赋予社会群体不同的文化价值观，进而影响整个群体文化。每个民族生活在特定的自然地理环境之中，具有各自的历史背景和文化特征，从而形成了不同的思维方式。思维方式的差异几乎体现在民族文化的所有领域。美国社会学家和心理学家尼思拜特（Richard Nisbett）的《思维的版图》一书，是一本探究东西方思维差异的经典之作，从风水说到宇宙哲学，从比较语言学到经济史探讨了东方人和西方人的思维差异。戴维斯（Linell Davis）的《中西文化之鉴》从观念、思维、习俗、人际交往等方面入手，通过对大量材料的对比分析，探索中国与美国这两个民族在宏观文化统照下其微观文化的巨大差异。美国哲学家郝大维（David L.Hall）和汉学家安乐哲（Roger T. Ames）在《孔子哲学思微》一书中从比较哲学方向展现了对中西思维方式的差异的讨论，作者自《孔子哲学思微》后又创作了《汉哲学思维的文化探源》，它围绕自我、真理和超越这三个核心问题，逐个透彻分析中西双方的不同认识、各自的价值观及其在文化发展中的不同后果。

随着经济的全球化，人们对不同文化的寻求和认知促进了跨文化交流的发展，国内关于英汉文化思维的研究已经达到了一个相对成熟的阶段，对现当代的研究尤为多。梁漱溟（1999）在《东西文化及其哲学》一书中将西方的非理性注意和中国传统哲学思想相结合，对东西文化加以比较，他指出中国人从方法上更讲究和注重抽象及虚的意味，"往往拿这抽象玄学的推理应用到属经验知识的具体问题"，所以中国传统不具有西方征服自然、科学方法、民主精神之异彩。刘宗碧（2006）在《中西伦理文化差异的比较与启示》中指出，西方持幸福论为主的维度，追求主体权益满足的自我确证，中国持功德论的维度，追求"顺天意"的功。肖尚军（2006）在《传统文化概要》中指出，中国文化重视人与自然的和谐统一，即"天人合一"，西方文化则强调人对自然的征服与改造，即征服自然。徐言行

（2007）所著的《中西文化比较》一书，从中西方文化寻根开始，通过对哲学、文化、思维方式、语言修辞、宗教信仰、社会规范、文学艺术等方面进行比较分析，指出具有中国文化中庸、和平、追求和谐的特点，西方文化崇尚竞争、追求功利的特点。魏光奇（2012）在《中西文化观念比较》一书中对中国与西方社会结构、思维方式的基本差异进行了比较分析，在此基础之上，着重阐述了中国和西方主流文化在宗教、伦理和政治法律方面的主要观念。随着英语学者和对比语言学学者对汉语研究的热情越来越高，关于英汉思维、文化及语言之间的影响这一问题的深入思考和研究已经发展成为英汉对比研究中的一门新学科。

东西方作为一个地域性的概念包含的范围很广，在此我们主要从文化的角度来研究以中国为代表的东方和以欧美为代表的西方所反映的英汉思维差异及东西方思维差异。东方人和西方人由于各自的社会历史及文化传统的不同，形成了各自独特的思维方式。研究思维模式的差异有助于我们更充分地了解彼此，有益于我们进行国际交往，在相互学习中取长补短。

一、英汉思维差异的表现

英汉这两种不同的语言文化体系反映在人的思维方式上，便形成了思维方式的差异。本章从以下四个方面对英汉思维方式的表现差异进行对比。

（一）直接与间接

英语表达趋向于间接、含蓄、婉约，汉语表达趋向于直接、直率、明快。这一差异表现在英语比汉语更多地使用委婉迂回的表达方式。

1. 委婉

委婉语是一种语言现象，一种文化现象，更是一种社会现象，在一定程度上，它反映了社会的价值观、审美观和美德观。在现代西方社会里，委婉语涉及的面很广。不论在日常会话还是官方交际中，说话委婉、含蓄、幽默都被认为是文明礼貌的象征。委婉语在社会交际中发挥着十分重要的作用。

听说过这样一则笑话：一个外宾想上厕所，便对翻译说："I wonder if I can go somewhere."（我可以方便一下吗？）而翻译却把 somewhere 误解为"某处"，因而回答道"Yes, you can go anywhere in China."（行，中国你哪儿都可以去。）外宾不禁愕然。可见，如不了解英语中"厕所"的一些表达法是会误事的。在英美国家，上厕所有很多委婉的表达方式，在英美，一般人都忌讳说 WC，此外厕所还可以说 toilet，wash room，bath room，但是通常见到的标志有 lavatory（厕所），men's room（男厕），ladies' room（女厕）。英国人一般喜欢说 loo。在旧时的英国上厕所需要花钱，小便不要钱，大便则要花 1 分钱，所以，很多人在表达上厕所还可以说 spend a penny，女士一般多用 I need to powder my nose。在中国，厕所的说法有茅房、茅厕，委婉的表达有洗手间、卫生间等，不过相比来讲不如英语的说法多，程度上也不如英语含蓄。

古往今来，人们对于死亡的恐惧是普遍的，提到死亡人们总是习惯联想到恐怖、阴暗、不幸，因而都避讳谈到它，因此，关于死亡衍生出来的委婉语就更多了，在西方国家尤其明显，几乎不用 die、dead 表达，而是通常会说 be at rest，be asleep in the Arms of God，be with God，answer the final call，depart to God，breathe one's last，pay one's last debt，在汉语里，我们一般婉转地说走了、去世了、归西，等等，也不如英语表达得那么含蓄。

在西方国家，脑力劳动被视为是高尚的劳动，体力劳动则被视为是低下卑微的劳动。这两种劳动在人们心中具有很大的差别，为了让体力劳动者缓解心理自卑感，也为了让体力劳动者提高在人们心目中的地位同时受到更好的尊重，英语里将这些地位低下的职业称谓提升美化，例如：

① waiter/waitress（服务员）——dining-room attendants（餐厅管理员）

② operator（接线员）——communication monitor（通讯监察人员）

③ butter（屠夫）——meat technologist（肉类技术专家）

④ rat catcher（灭鼠者）——exterminating engineer（清理工程师）

⑤ dog catcher（捕野狗者）——animal control warden（动物控制人员）

⑥ undertaker（焚尸工）——funeral service practitioner（殡葬服务承办人）

⑦ janitor（看门人）——security officer（安全官员）/maintenance engineer（维护工程师）

⑧ dishwasher（洗盘子的人）——utensil maintenance man（餐具维护者）

⑨ garbage man（垃圾工）——sanitation engineer（清洁工程师）

⑩ gardener（园丁）——landscape architect（风景建筑师）

⑩ hairdresser（理发师）——beautician cosmetologist（美容师）

这些名称的改变使本来普通的工人听起来更像是高级工程技术人员，在汉语里，类似这样的委婉语虽然也有逐渐增多的趋势，但是在数量和种类上还是不如英语那么多，如清洁工、白衣天使等。

2. 含蓄

西方人喜欢用一种含蓄的说法来陈述和表达其思想，尤其是英国人，他们善于自嘲，很含蓄，属于那种冷幽默型。相比来说，中国人倾向于直截了当，虽然有时也有含蓄的表达方式，但是通常用作修辞手段。英国享有 the home of understatement 之誉，英式的"轻描淡写（understatement）"会把惊人之事说得平淡无奇，把激动化为无动于衷。就比如一个人曾获得过网球冠军，他会说他对网球"略知一二"；如果一个人曾单独驾驶小船横渡大西洋，他却会说："我玩过两天船。"英国人对他很喜欢的东西，可能只会说声"That's not bad"。遇到不高兴的事时也难得勃然大怒。在英国人的日常交流中，这种含蓄的表达方式不胜枚举：

当英国人说"I was a bit disappointed that…"时，则表示"我对……很恼火"，而其他人却理解成"无伤大雅"。当英国人说"I almost agree"时，他们是想表达"我完全不同意"，而其他人却以为他完全同意。当英国人说"I hear what you say"时，他们的意思是"我不同意这些观点并且不想就其多做讨论"，这只是一个含蓄的反对意见，而其他人却以为他听到了大家所说的并且接受了这些观点。当英国人说"You must come for dinner"时，那绝不是他们的什么邀请，只不过想更礼貌一些，这就容易让人误解成"马上就会收到一个邀请"。英语里还有一些否定的形式来加强语气表达肯定的意思，在汉语里则没有相应的表达法。如：

① There is nothing unusual there.

那里的一切都很正常。

② They never meet without quarrelling.

他们见面必吵。

③ He has no small reputation as a scientist.

他是名气很大的科学家。

④ I worked and worked，and I didn't know how much I had not done.

我夜以继日地工作，不知道干了多少活。

⑤ I could not agree with you more.

我太赞成你的看法了。

⑥ Tom didn't half like that girl.

汤姆非常喜欢那个女孩。

总的来说，汉语中含蓄间接的表达方式不如英语中使用得那样流行，刘宓庆说："汉语崇尚直至、忌晦涩，倡导明白晓畅、开宗明义，与中国历史上文人畏于文字之嫌而株连很有关系。"汉语注重简明、直接，正如孔安国所说"凡事莫过于实，辞达则足矣，不烦文艳之辞"。

（二）整体与个体

中国传统文化中素有"天人合一"的理念，就如庄子所说，"天地和我共生，万物和我为一体"，中国的文化偏重于综合，思维也是整体、概括的。与中国的整体论相反，西方的哲学观趋向是把人与自然完全对立起来，追求"天人各一"的理念。基辛格（Ckissinger）曾讲过，东方人的思维习惯是在"异"中求"同"，西方人则是在"同"中求"异"。 所以，中西方思维的又一不同点为：整体性思维与个体性思维。其差别主要表现在语言上。

1. 词汇

在各自的语言表现形式上，汉语的造字构词具有整合性，而英语则注重个体，偏于词语的重构。汉字由偏旁和部首组成，以部首显示类别，如"女"表示女性，汉字有妈、姨、姑、姐、妹等；"手"和提手旁"手"表示动作。汉字有打、拍、提、推、拉、拿等；"金"和金字旁"钅"表示金属，汉字有金、银、铜、铁、铅、钉等。英语中的词根虽也具有类似作用，但远没有汉语这么系统、明确、形象。在构词上，汉语常使用概括类词，在它的前面加上一个表示区别特征的词来组成新词，如"菜"可以组成很多词，而这些词在英语中则都用不同的词表示，如白菜（cabbage）、芹菜（celery）、韭菜（chives）、生菜（lettuce）、菠菜（spinach）、油菜（cole），等等。可见英语的表达和 vegetable 没有任何关系。这种整体与个体的思维差异还表现在语义上，如汉语中的"事情"在英语中具有多个单词与之对应：

①政府对整个事情处理不当。

The government has mishandled the whole affair.

②他去那里办事。

He is there on business.

③他知道事情的真相。

He knows the truth of the matter.

④我不相信他会告诉玛丽这种事情。

I don't believe he would tell Mary such a thing.

英语中对于不同情况下的事情用不同的单词表示，例①中 affair 侧重指必须去做的任何事情或事务，例②中 business 通常指商事，例③中 matter 指一件考虑或讨论中的事，例④中 thing 一般指含糊不具体的事情。

2. 句法

整体性与个体性思维还体现在句子结构上，主要是汉语句子成分的不完整性与英语句子成分的完整性，汉语句意的模糊性与英语句意的准确性。英语句子中必须含有主语，而汉语则不要求，比如"足球赛（你）看不看？"中，主语"你"可以省略，但在英语里就必须加上主语："Do you watch the football game?"汉语思维的特点是从整体出发，其结果是强调整体，忽视个体。如中国人若问"吃饭了吗？"这里的饭可指早饭、午饭、晚饭，回答者根据问话的时间来判断。而英语中就必须具体指出是 breakfast，lunch 还是 supper。

（三）主体与客体

中华文化以人为本，强调人与自然的统一，对思维的主体客体没有区分，通常结合在一起强调人的主观感受，因此在语言上重意合而不重形合，西方文化以物为主体，以自然为本．认为人的思维独立于自然之外，明确区分主体与客体，讲"主客对立"，常以客观的态度，对事物进行处理分析。这种差异往往多反映在语言上，汉语中多主动句，多人称主语，还会出现自动他动不分的句式，英语中则多被动句，多用无生命的事物做主语。

1. 人称和物称

① What has happened to you?

你怎么了？

② The case was referred to a policeman, who happened to pass at that moment.

这时候，一个警察碰巧从旁边经过，这事就告到了他那里。

③ The sight of that sweater always reminds me of my mother.

一看到那件毛衣，我就想起了我的母亲。

④ The artless benevolence beams throughout his works.

他的全部作品中闪烁着赤诚的慈悲之心。

⑤ At that moment, a weakness seized her, and she fell.

就在那个时候，她浑身一软，跌倒在地。

⑥ It has been found that a person's emotion will affect the body's immune system.

人们发现，一个人的情绪将会影响身体的免疫系统。

从上面例子中的英文句子来看，例①以疑问代词作为主语，例②、例③以具体的客观事物作为主语，例④、例⑤以抽象的名词、名词词组作为主语，例⑥中 it 作为形式主语的使用具有明显的物称倾向，借助它说话者避免使用 I, we, you 等人称代词，而相应的中文句子则都以人称作为主语。可见，英语常以物或抽象概念的非人称作为主语，使事物客观地呈现出来，汉语常以人称代词为主语，这反映了汉语的主体意识性思维特征。

2. 主动与被动

英语广泛使用被动语态，这和英语的物称倾向有很大关系，被动句促成了物称倾向，物称倾向也滋长了被动句。被动句是一种客观、间接的叙述，与物称主语的客观色彩相得益彰。在形同的情况下，汉语则更倾向于用人称主语叙述，所以多使用主动句式。

① He is respected by everybody.

人人都尊敬他

② This factory was seriously damaged during the earthquake.

这家工厂在地震中遭到严重破坏。

③ Thousands of years later, Albert Einstein assumed that space and time were continuous and flowed smoothly, but we now believe that this assumption may not be valid at very small scales.

数千年后，阿尔伯特·爱因斯坦猜想时间和空间是连续而平滑的，但是我们现在认为，在极微小的尺度上也许这个猜想并不成立。

以上四个英文例子都使用被动语态，而中文译文则都为主动语态，特别在科技英语中会大量使用被动句。正如例③中一句话多次使用被动，翻译中却没有出现一个"被"字。

英语中多使用被动态还表现在对常见习语的翻译上：

It is said that：据说，有人说；

It will be said that：有人会说；

It is well-known that：大家都知道，众所周知；

It is believed that：人们相信，大家相信；

It is reported that：据报道，据报告，据通报；

It is stressed that：人们强调说；

It is proposed that：有人指出，有人提议，一般认为；

It has been found that：已经发现；

It is considered that：据估计，人们认为；

It is usually considered that：通常认为；

It is thought that：有人认为；

It is universally accepted that：普遍认为，是普遍接受的；

It is taken that：人们认为，有人以为；

It is regarded that：人们认为；

It is generally agreed that：人们通常认为；

It is generally recognized that：通常大家都承认；

It is noticed that：人们注意到，有人指出；

It is recommended that：有人推荐，有人建议；

It is announced that：据称，有人宣称；

It is sometimes asked that：人们有时会说。

被动语态体现事物的客观性，主动语态含有主观的感情色彩，英汉语思维的差异由此可见一斑。

（四）具体与抽象

西方人较注重抽象思维，西方文化重要的特征之一就是"尚思"，从古希腊亚里士多德开始就一直注重哲学思辨。而中国人偏向具体形象思维，运用形象的表达手法描绘抽象的事物。英汉文字的形成与演变就是英汉思维差别的最好例证，汉字是由象形文字发展而来，具有具体性、直观性，英语属于拼音文字，表现为抽象的概念符号，远不及汉字直观形象。其次，这种思维的差别还体现在语言的层面上，英语常常使用大量语义模糊的抽象名词来表达具体的概念，而汉语则多使用形象表达法，用具体的词来表达抽象的概念。

英语单词通过添加词缀使具体的词义虚化，这就大大方便了抽象表达法的使用。前缀和后缀都可以使词义虚化，其中后缀的数量最多、分布最广，如：

-ness 表示性质、状态、程度：oneness, disinterestedness, thoughtfulness, carelessness, slavishness。

-tion 表示动作、状态、结果：modernization, occupation, realization, decoration, examination, internationalization。

-ty 表示性质、状态、程度：calamity, intensity, alkalinity, modernity, liberality, formality, humanity, gravity。

-ism 表示主义、学说、信仰、行为、行动、状态、特征、特性、病态：Marxism, atomism, criticism, vandalism, barbarism, colloquialism, alcoholism, fatalism。

-sion 表示行为、状态、性质、结果：confusion, division, conversion, precision, decision, declension, conclusion。

抽象表达法在英语里使用得相当普遍，虚化词已成为一种流行的用法，尤其常用在社会科学论著、官方发言、法律文件、科技论文等文体中。下面的英文选段中就大量使用了抽象词：

Whether the Chinese nation or the French nation, we each inherit and carry forward the national culture. Cultural diversity is an important characteristic of human civilization. Cultural diversity of the human society, just as biological diversity of the natural world, is an objective reality. Only by respecting the diversity of cultures can human civilization develop .

与英语相比，汉语更喜欢用具体化的词，由于汉语缺乏像英语那样的词缀虚化手段，汉字也不存在形态的变化，形式相同的词可以是名词也可以是动词，还可以是形容词或其他词。我们从英汉习语对应的翻译中就可以看出：

disintegration：土崩瓦解；

ardent loyalty：赤胆忠心；

far-sightedness：远见卓识；

perfect harmony：水乳交融；

impudence：厚颜无耻，不要脸；

careful consideration：深思熟虑；

total exhaustion：筋疲力尽；

feed on fancies：画饼充饥；

with great eagerness：如饥似渴；

offend public decency：伤风败俗；

make a little contribution：添砖加瓦；

on the verge of destruction：危在旦夕；

await with great anxiety：望穿秋水；

lack of perseverance：三天打鱼，两天晒网；

No cross, no crown：不经历风雨，怎么见彩虹；

One boy is a boy, two boys half a boy, three boys no boy：
一个和尚挑水喝，两个和尚抬水喝，三个和尚没水喝。

介词是一种用来表示词与词、词与句之间的关系的虚词，在英语里运用广泛，介词可以构成各式各样的短语或词组，有的可以用来表达虚化的意义，其含义往往让人难以捉摸。

① for all：

I wouldn't like to be in his position, for all his wealth.

尽管他很有钱，我怎么也不愿意处在他那个位置。

② by and by：

By and by the clouds disappeared.

乌云不久便消散了。

③ be in for:

Whoever breaks the school windows will be in for trouble!

无论谁打破了学校的窗子，都要受罚。

④ on behalf of:

I'm writing on behalf of my mother to express her thanks for your gift.

我代表我母亲写信，对你的礼物表示感谢。

二、英汉思维差异的渊源

东方人和西方人在思维方式上存在差异，那么其根源是什么呢？从地理和文化的角度看，全世界可以分为东方和西方两大区域。导致它们思维方式差异的原因很多，这里主要归纳为两个方面：

陈独秀有言："五方水土不同，而思想遂因以各异。"追溯东西方民族思维方式差异的本源，古代东西方社会的自然地理条件起着关键性的作用。不同的自然地理环境对东西方的经济制度造成了不同的影响，西方国家大多数是开放性的海洋型地理环境，人们常年处于气候恶劣、动荡不安的自然环境下，所以人们以工商业、航海业为主。在这样的经济制度下，西方人悟出了天人相分、二者对立的宇宙观，把宇宙分成两个截然不同的世界，认为世界上万物都是对立的，如人与自然相分，人处在支配和改造自然的位置上，不断斗争、征服就是一种天人相分的宇宙观。这样的思维造就了英美民族崇尚武力征服的个性，以及强烈的占有欲。自古希腊时期就有注重研究自然客体，探索自然奥秘的传统，随着经济的逐步发展，古希腊哲学家也对天文、气象、几何、物理和数学产生了浓厚兴趣，逐渐形成了西方注重探索自然奥秘的科学传统。手工业的逐步发展也使人们把注意力更多地放在加工程序、技巧和分析上。到了近代，西方实验科学迅速发展，与此相适应的思维方式便具有很强的实证性。特别是工业革命以来，由于受到大工业生产方式所特有的组织性、科学性、民主性的影响，西方人有较强的斗争精神，以独立、自由、平等为处世原则。

由于中国处于封闭式的大陆型自然地理环境，因此中国的传统经济制度是典型的自给自足的自然经济，中国文化基于农业社会。春秋战国时期，随着生产力发展以及井田制遭到破坏，农民个体经济广泛出现，一直持续到近代。小农经济自给自足的特征使人们缺乏与外界的联系，视野狭窄，思维闭塞。在这种农业社会中，人们意识到丰收离不开风调雨顺，生存离不开自然的恩赐，进而悟出了"万物一体""天人合一"的道理，使思维对象集中于自身。所以中国传统思维注重内向自求，人们做事讲究天时、地利、人和。这种经济体制的发展造就了中国人注重伦理道德，求同求稳，以及"和为贵，忍为高"的处世原则。

从道德观差异上看，以古希腊为代表的西方社会的道德取向是以个人为本位，以中国为代表的东方社会的道德取向是以家国为本位。这使得中西方的伦理体系和道德规范具有不同的特点，从而导致思维方式上的差异。西方社会的思维方式以亚里士多德的逻辑和分析思维为特征，强调个人的自由意志、个人利益，是一种个人主义为主要特征的社会。东方社会的思维方式则深受儒教和道教影响，以辩证和整体思维为主要特征，强调个人与社会的关系，是一种集体主义为主要特征的社会。首先，西方重契约，中国重人伦。西方重契约的观念渗透到社会的各个方面，这种伦理思想从基督教的著作中可以很清楚地看出。中国重人伦的观念从儒家思想的性善论出发，强调个体的道德修养，所谓"人之初、性本善"便是这个道理。其次，西方伦理重竞争，中国伦理偏重中庸。在西方伦理传统中占据主导地位的是以竞争求生存的道德观，"竞争精神"是西方人思维方式的典型特点。罗素曾说："世界上如果有一个国家不屑于打仗，那就是中国。""仁"是孔子道德教育思想的精华所在，中国人相信仁爱之心能为人民大众谋福利，"追求和平"是中国人思维方式的典型特点。最后，西方重理智思辨，中国重情感体验，西方的逻辑学非常发达，从古希腊起，西方的哲学家们都把抽象的逻辑思维方法作为认识和把握事物真理的最基本的手段。而中国儒家则注重道德情感的体验、领悟。

古代东西方社会的自然地理条件、经济状况和道德观的差异都对追寻东西方民族思维方式差异的本源起着关键性的作用。傅雷先生曾经说过："东方人与西方人之思想方式有基本分歧，东方人重综合，重归纳，重暗示，重含蓄；西方人重分析，细微曲折，挖掘惟恐不尽，描写惟恐不周。此两种 Mentalities 彼此殊难融合交流。"英国作家吉卜林（Rudyard Kipling）亦有诗篇 "The Ballad of East and West"来表达东西方的大不同：

Oh，East is East，and West is West，and never the twain shall meet，

Till Earth and Sky stand presently at God's grcat Judgment Seat；

But there is neither East nor West，Border，nor Breed，nor Birth，

When two strong men stand face to face，tho' they come from the ends of the earth！

英语含蓄间接，汉语直率直接；英语注重抽象思维，汉语注重形象思维表达更加具体化；英语偏向于整体性思维，汉语偏向于个体性思维；英语注重形合，

汉语注重意合；英语对主体和客体有着严格区分，而汉语对主客体没有严格的区分。另外，思维差异的产生受地理环境、经济状况、思想道德观的影响，可见，思维方式的不同源于文化传统的差异，因此，表现在英汉两种语言的形式和结构上也有很大差异。

第三章 英汉词汇、句法和语法对比探索

第一节 英汉词汇对比探索

一、英汉词性对比

英汉语言有着各自不同的特点，英语属于典型的静态语言，英语中很少使用动词来表示动作含义。汉语则不同，汉语属于典型的动态语言，句子中的动作意义大多使用动词来实现。英语和汉语在静态和动态上的差异性在英汉词性上尤为突出。下面就对英汉词性进行对比。

（一）名词主导与动词主导

所谓的名词主导，指的是在英语中名词的使用频率远远高于其他词。英语中的名词有很多都来源于动词，这些动词可以用于表示动作、行为、状态以及某种情感等。英语中的谓语动词有形态变化，且每个英语句子中都只含有一个谓语动词。因此，名词在英语中的使用非常广泛。而相对于英语而言，汉语中的名词的使用则没有那么多，汉语不同于英语，其属于逻辑性语言，动词不受形态的约束，因此在句子中使用动词较多，有时一个句子中会连续使用多个动词。名词主导和动词主导是英汉词汇在词性上的最大区别。例如：

Some knowledge about the structure and history of Chinese is helpful for your study of the language.

对汉字的结构、发展史有所了解有助于大家学汉语。

The cultivation of a hobby and new form of interest is therefore a policy of first importance to a public man.

因此对一个公职人员来说，培养业余爱好和新的兴趣是头等重要的明智之举。

There is no shortcut to the mastery of English.

掌握英语无捷径。

You must be a bad learner, or else you must be going to a very bad teacher.

你一定很不善于学习，要不然就是教你的人很不会教。

教材不按时送到就会打乱我们的教学计划。

Any delay in the delivery of the textbooks will disturb our teaching plan.

随着生活水平的提高，人们都很重视健康。

With the improvement of the living standard，now people attach great importance to health.

外宾们表示希望将来能够再次访问中国。

These foreign guests expressed their hope that they would visit China again in the future.

听到丈夫获得假释的消息，她高兴得跳了起来。

She jumped up for joy at the news of her husband's parole.

（二）介词对比

由于英语中以名词为主导词类，名词的使用较多，而频繁使用名词必然会导致英语介词的广泛使用。据英国著名语言学家寇姆（Curme）统计，英语中的介词共有 280 个之多。英语介词分为四类：简单介词，如 in，on，by，from 等；双重介词，如 from under，from behind，along by 等；合成介词，如 without，upon，outside 等；成语介词，如 in spite of，in front of，on behalf of 等。相对于英语而言，汉语中介词的数量则很少，汉语中的很多介词都是由动词转变而来的。例如：

I know him quite well，for we are in the same office.

我非常了解他，因为我们在同一个办公室工作。

Professor Smith did not travel by air for fear of having a heart attack.

史密斯教授害怕突发心脏病，没有乘飞机去旅行。

We are in the same boat now. So we have to support and depend on each other.

我们现在是同舟共济，所以要相互支持，相互依赖。

由于公共汽车司机罢工，我们不得不步行去上班。

With the bus drivers on strike，we'll have to walk to our workplace.

我沿着大街走，经过许多小店铺和一个肉市，又经过了一个百货商店，终于找到了一家花店。

I went up the street，went by little shops and a meat market，went past a department store，and finally found a flower shop.

（三）形容词对比

英语中的形容词可以用作定语、表语、宾语补足语以及状语等。英语中的形容词具有明显的动态特征，而汉语中的形容词的作用远不及英语中的形容词那么广泛，汉语中的形容词一般用来修饰名词，做定语。例如：

The American veterans are guilty of what they have done in Vietnam.

美国越战退伍军人为自己在越南所做的一切感到愧疚。

She had on a red woolen sweater, fitting her tightly at the waist. Twice he shook his head, unable to get used to having her there opposite him, nervous and expectant. The trouble was she had always seemed so aloof.

她身穿红色羊毛衫，非常合身，突出了她的腰身。他很不适应和她面对面坐着，两次摇了摇头，紧张地期待着。原因是她以前总给人一种遥不可及的感觉。

尽管我知道他的本意是好的，但他的行为还是令我很难堪。

Although I knew he was well-intentioned, his behavior was really very embarrassing.

对中日关系的未来，我持乐观的态度。

I am very optimistic about the future development of Sino-Japanese relation.

那所学校的学生很配合，所以我们很快就完成了问卷调查。

The students in that school were very cooperative, so we finished the questionnaire very soon.

（四）副词对比

英语中不仅形容词具有动态含义，很多副词也具有动态含义，而汉语中的副词则一般只用于修饰形容词或动词。例如：

When Mom left home, she let me promise not to let stranger in.

妈妈走时让我答应不让陌生人进来。

He was up with the sick child all night.

他陪伴着生病的孩子彻夜未眠。

尽管他已经回来一个多月了，但我还没有见到他。

Although he has been back for over a month。 I haven't seen him yet.

在床上躺了一周之后，他现在已经能够起来活动了。

After staying in bed for a week，he is now up and about.

他的主席任期明年期满。

His presidency is up next year.

二、英汉词形对比

词形指的是词的形态结构，而词的形态结构主要涉及的内容为书写形式、词素。下面就对英汉词汇的词形进行分析。

（一）书写形式对比

英语属于印欧语系，由字母组成，而汉语属于汉藏语系，书写方块字。英语和汉语的书写形式存在本质上的差别。

从音韵的角度出发，英语是"元辅音体系"，汉语则属于"调韵声体系"。英语的音节由一个一个字母组成，而音节和单词间的界限不清楚。因此，英语在书写时音节之间相互连在一起，而词与词之间则具有空格。汉语音节间比较清晰，但是其音节间的组合比较模糊，因此汉语在书写时字与字之间是没有间隙的，如Xiaoming is learning English（小明在学英语）。

（二）词素对比

词素在英语中是 morpheme，一般译为"词素""语素"或"形位"，以下统称为"词素"。所谓词素，从字面意义上来理解就是构成词的基本要素，它是语音和语义的最小结合体。从词汇学的角度来讲，词素是最小的有意义的语言单位，不可以再分。通常英语中的单词都是由一个或者多个词素构成的。词素一般可以分为两类。一类是自由词素，另一类是粘着词素。

自由词素又被称作"自由形式"，指的是可以单独作为一个单词来使用，并且具有词汇含义的词素。一般的自由词素都是单独的一个词，也就是通常意义上所说的词根。但是也不是所有的词根都可以单独使用，如 tele- 和 communic- 就不可以单独使用，必须和其他词素一起构成新词，这样的词根称作"粘着词根"。

粘着词素又被称作"粘附形式"，粘着词素顾名思义就是必须要依赖其他词素来构成词语的词素，粘着词素虽然具有一定的意义，但却不可以作为单独的一个词来使用，粘着词素就是平时所说的构词词缀。

英语词素在构词时具有一定的固定性，其排列顺序不能随意改变。例如：

Aqua-，di-，fer-，herb-，hypno-，journ-，liber-，memor-，phan-，reg-，soci-，

ver-，-flict，-drom，-ceive，-cover，-gnos，-laps，-plore，-pound，-quit，-pute，-tact

但在汉语中语素的位置较为灵活，词素位置的变化对其含义的表达影响很小。例如：

动词：

欢喜—喜欢　叫喊—喊叫　应答—答应　往来—来往

补贴—贴补　演讲—讲演　问讯—讯问　替代—代替

结交—交结　斗争—争斗　妒忌—忌妒　离别—别离

名词：

兄弟—弟兄　力气—气力　感情—情感　式样—样式

互相—相互　语言—言语　士兵—兵士　监牢—牢监

形容词：

健康—康健　直率—率直　感伤—伤感　光荣—荣光

地道—道地　整齐—齐整　笨拙—拙笨　洁白—白洁

这些双音节词的词素顺序变化后，意义没有变化或仅有细微的变化。汉语中成语的顺序更加灵活。例如：

苦口良药—良药苦口　千山万水—万水千山　泰然处之—处之泰然

胸有成竹—成竹在胸　海角天涯—天涯海角　单枪匹马—匹马单枪

得意洋洋—洋洋得意　顿开茅塞—茅塞顿开　砥柱中流—中流砥柱

在有的四字成语中，词内部每个语素都可以进行重新排列。例如：

自不量力—不自量力　天翻地覆—翻天覆地　国富民安—富国安民

每下愈况—每况愈下　藏垢纳污—藏污纳垢　夜以继日—日以继夜

但是，汉语中有的词素变化也会使词的意义和词性发生改变。例如：

心中—中心　故事—事故　法家—家法　人家—家人

法国—国法　平生—生平　火柴—柴火　房门—门房

基地—地基　会议—议会　进攻—攻进　到达—达到

送葬—葬送　开挖—挖开　卖出—出卖

上例中的词素顺序变化之后，其词性也发生了变化，有的由名词变为动词，有的由动词变为了名词。

算盘—盘算　领带—带领　门锁—锁门

牙刷—刷牙　喜报—报喜　舞伴—伴舞

上例中这些词通过字的顺序变化改变了词语的含义。

提前—前提　报警—警报　分工—工分

法办—办法　论理—理论　实现—现实

上例中这些词的顺序发生变化以后，动态词变成了静态词，或者静态词变为了动态词。

英语词素与汉语语素的位置差异还体现在其位置的稳定性上，英语的大多数词素是不能添加其他成分的，而汉语巾的两个词素之间可以插入其他成分。例如：

出差—出了两次差　洗澡—洗了一次澡　推动—推不动

惊慌—惊而不慌　积极—积什么极　倒霉—倒八辈子霉

发财—发不义之财　撒谎—撒弥天大谎　尊敬—可尊可敬

明朗—不明不朗　脂粉—涂脂抹粉　花朵—插花戴朵

三、英汉词义对比

英汉语言中的词汇由于受到文化、思维方式等因素的影响，其意义存在较大的差别，相同的词在英汉语言中经常会有不同的联想意义。本节主要对英汉词汇词义的多少及范围进行对比。

（一）词语义项对比

英汉语言在词汇的义项上具有较大的差距，英语中的词汇的义项较多，汉语的义项较少，英语中一个词经常具有多个含义，其含义的确定要依赖于其使用的环境。例如：

husband：丈夫、老伴、相公、老公、爱人

uncle：叔叔、伯父、伯伯、舅父、姨丈、姑父

take：拿、取、采取、吃、接受

president：总统、董事长、校长、会长、社长

英语中的多义词的含义除了通过具体的语言环境确定之外，还可以根据搭配的不同来判断。

run 一词和主语搭配时，其意思如下：

The road runs continuously. （伸展）

The play runs for a week. （演出）

The river runs quietly. （流）

The color runs easily. （脱落）

The vine runs quickly. （蔓延）

run 和宾语搭配时。其意思如下：

run an engine（发动）

run drugs（偷运）

run fingers（移动）

run a race（参加）

run the water（注水）

以上是动词 run 的含义分析，从上面的例子可以看出，同一个单词在与不同的词搭配使用时，其含义也会发生相应的变化。在英语中想要区分词的具体含义，必须要依赖于语境和搭配。

汉语的词语也有这样的用法，汉语中词汇意义的确定也要依赖于词汇的搭配，即利用不同词汇的用法来进行词义判断。不同的词要判断词义就要看其搭配成分的不同。

汉语中动词后面一般都加宾语构成动宾结构，因此一个动词的含义与其后面所使用的宾语的含义具有重要联系。例如：

他们在打毛衣（编织）

他们在打电话（互通）

他们在打包裹（捆绑）

他们在打官司（交涉）

名词一般都需要定语来修饰，因此其词义的确定就依赖于其所使用的定语。例如：

中国的艺术（如文学、绘画、舞蹈、音乐等）

唐诗的艺术（创作表现技巧）

领导的艺术（创造性方法方式）

形容词主要用于修饰名词，因此形容词词义的确定依赖于其所修饰的名词。例如：

老朋友（时间长的）

老地方（原来的）

老兵（有经验的）

我国学者高远对英语中常用的 15 个名词、动词和形容词的义项与汉语中 15 个最常用的名词、动词和形容词进行比较后发现，英语单词的义项远远超过汉语的义项，如表 3-1 所示。

表3-1 英汉常用词义项统计

	英语	汉语
名词	man, book, water, tree, room	人、书、水、树、屋

续表

	英语	汉语
动词	eat, sleep, speak, love, give	吃、睡、说、爱、给
形容词	good, hot, deep, think, ugly	好、热、深、厚、丑
总共 15 词词义	178（Collins, 1979）	83（《现代汉语词典》）
平均每词词义	11.9	5.5

（资料来源：高远，2002）

从上表可以看出，在词汇的义项方面，英语要比汉语的义项多很多，英语词汇具有更大的灵活性。

（二）词语含义范围对比

英语词汇中虽然存在很多多义词，但是英语词汇的词义范围相对比较狭窄，一般对事物的描述比较具体。英语中含有大量的单义词，这些单义词在描述事物时只能表达其一方面的特点，概括性较差，因此英语中对于事物的分类更加详细。

英语中有很多外来语，这些外来语也使得英语的含义趋向精确化。随着社会的发展，一些多义词逐渐解体，多义词演变为几个不同的单义词，有的词的含义随着社会的发展不断变化，最终生成新的词。例如：

urban（城市的）—urbane（有礼貌的）

travel（旅行）—travail（艰苦努力）

gentle（有礼貌的）—genteel（有教养的）—gentile（非犹太人的）

curtsey（女子的屈膝礼）—courtesy（礼貌）

汉语词汇的词义范围要比英语广泛很多，在汉语中趋向于用同一个词来表达不同的含义，其具体含义的确定依赖于词汇所使用的语境。因此，汉语词汇比英语词汇具有更高的概括性。

英语中的"空"有很多种情况：表示"里面没有实物"的 empty；表示"没有东西"的 bare；表示"目前没有被占用"的 vacant；表示"空心的，中空的"的 hollow。而对于"空"的概念，在汉语中都只用一个"空"字来表达。

汉语中"问题"一词的含义很广，既指"要求回答的问题"，也指"要处理解决的问题""会议讨论的问题",还有"突然的事故或麻烦性的问题"。而英语中对于以上这些词的意义都是分别用 question，problem，issue，trouble 等来表达。例如：

世界上一些国家发生问题，从根本上来说，都是因为经济上不去。

Basically，the root cause for social unrest in some countries lies in their failure to boost the economy.

汉语中的"问题"是指出现的麻烦或动乱，英语中则用 trouble 或 unrest 来表示。

汉语中的"经验"一词属于抽象词汇，其词义比较模糊，可以表示"由实践得来的知识、技巧、教训、经历"等，而英语中不同的表达则使用不同的词来表示。例如：

改革开放是一个新事物，没有现成的经验可以照搬。

Reform and opening are new undertakings，so we have no precedent to go by.

这是中国从几十年的建设中得出的经验。

That is the experience we have gained in the decades of economic development.

我们应当从这里得出一条经验，就是不要被假象所迷惑。

We should draw a lesson here：Don't be misled by fals appearances.

四、英汉构词对比

英汉词汇的构成具有各自的特点，同时也具有一定的相似之处。对英汉词汇构成的对比有利于在翻译时根据词汇的构成来判断词义。

（一）派生法对比

派生法指的是利用词根、词缀（前缀和后缀）来进行构词的方法。英语属于粘附性语言，词缀数量很多。英语中的词缀主要分为前缀和后缀，其中前缀在构词时主要改变词汇的含义，对其词性的影响较小，而后缀则主要改变词性，对于词汇含义的影响较小。英语中的前缀可以根据其对意义的影响分为以下几类。

（1）否定前缀：a-，dis-，in-（变体 il-，ir-，im-），un-，non-。

（2）反向前缀：de-，dis-，un-。

（3）表贬义前缀：mal-，mis-，pseudo-。

（4）表程度前缀：arch-，co-，extra-，hyper-，macro-，micro-，mini-，out-，over-，sub-，super-，sur-，ultra-，under-。

（5）表方向态度前缀：anti-，contra-，counter-，pro-。

（6）表方位前缀：extra-，fore-，inter-，intra-，super-，tele-，trans-。

（7）表时间前缀：ex-，fore-，post-，pre-，re-。

（8）表数前缀：bi-，di-，multi-，semi-，demi-，hemi-，tri-，uni-，mono-。

（9）其他前缀：auto-，neo-，pan-，proto-，vice-。

英语前缀主要改变词义，不改变词性，但是这也不是绝对的，并不是所有的前缀都不会改变词性，如 a-，be-，en- 在构词时就可以改变词性。

汉语在构词时也会使用派生法，因此汉语中也有词缀的概念。汉语中的前缀主要可以分为以下几种。

严格前缀：阿、老、第、初。

新兴前缀：不、单、多、泛、准、伪、无、亲、反。

结合面宽的前缀：禁、可、好、难、自。

套语前缀：家、舍、先、亡、敝、贱、拙、贵、尊、令。

汉语的前缀主要用于改变词性，与英语中的前缀有本质区别，其功能与英语中的后缀类似。汉语中前缀的含义较为虚无，有的前缀甚至没有具体含义，其作用只是为了构词，如老—老婆、老虎、老大；阿—阿公、阿妈、阿婆等。

英语中可以利用前缀 dis-，en-，de- 等将动词变为使役动词。例如：

inflame 使燃烧

interlace 使交织

enable 使能够

embarrass 使为难

在汉语中要想达到同样的效果就必须要在词语前加"使 / 令 / 让……"结构来完成。

英语中的后缀主要用于改变词性，其对于词的意义没有影响。因此，英语中的后缀可以根据其对词性的决定作用分为以下几类。

（1）名词后缀。这些后缀只构成名词。

加在名词后表示"人"或"物"：-eer，-er，-ess，-ette，-let，-ster。

加在动词后表示"人"或"物"：-ant，-ee，-ent，-er。

加在名词后表示"人，民族"或"语言、信仰"：-ese，-an，-ist，-ite。

加在名词后表示"性质、状态"：-age，-dom，-ery（-ry），-ful，-hood，-ing，-ism，-ship。

加在动词后表示"性质、状态"：-age，-al，-ance，-ation，-ence，-ing，

-ment。

加在形容词后表示"性质、状态"：-ity，-ness。

（2）形容词后缀。只用于构成形容词。

加在名词后：-ed，-ful，-ish，-less，-like，-ly，-y，-al（-ial，-ieal），-es，-que，-ic，-ous（-eous，-ious，-hous）。

加在动词后：-able（-ible），-ative（-ive，-sive）。

（3）副词后缀。只用于构成副词。

加在形容词后：-ly。

加在名词或形容词后：-ward（-wards）。

加在名词后：-wise。

（4）动词后缀。一般加在名词和形容词后构成动词。

-ate，-en，-ify，-ize（-ise）。

汉语中也有很多后缀，汉语中后缀的作用也是主要改变词性，而与英语不同的是汉语中的后缀在构成新的词汇时，词性一般名词居多，其后缀的作用不像英语中那么广泛。汉语中的词语后缀主要有以下几种。

（1）表数量单位的后缀：亩、斤、两、口、群、匹、辆、支、项、件、张、间、座、朵、粒、本、幅、卷、册等。

（2）表示过程、方法、学说、性质、状态、程度、信仰等抽象概念的后缀：派、法、化、主义、学、论、性、度等。

（3）表人的后缀主要有三种。

表示职业和职务：员、生、匠、工、家、师、士、夫、长等。

表示亲属关系：爷、父、子、亲、夫、人等。

表示其他的人：郎、属、鬼、棍、头、者、士、生、汉、丁、迷、徒、贩、人、子、员、犯、分子等。

（4）表示处所的后缀：站、场、处、室、厂、馆、院等。

（5）表示物品的后缀：仪、品、器、机等。

（6）构词性后缀。这些后缀没有实际意义，只用于构词。

儿：影儿、盖儿、信儿、馅儿、头儿、画儿等。

子：鼻子、孩子、鞋子、裤子、脑子等。

头：馒头、奔头、石头、骨头、盼头、苦头等。

然：猝然、断然、安然、溘然、勃然、公然等。

派生法在英语中的构词能力很强，因为英语中的词汇数量多，且一个词根可以与不同的词缀相结合构词，且多个词缀可以同时加到一个词根上，这些都给了英语很大的词汇生成能力，而汉语中词缀的数量要比英语中少很多，且汉语词缀对于词的意义的影响很小，且汉语中一个词根一般只加一个词缀。

（二）复合法对比

英语中的复合法指的是将两个或两个以上的单词重新组合在一起构成新的单词的方法。复合词在写法上不尽相同，复合词通常由两个以上的单词构成，因此有的复合词为体现其结构性，词与词的中间会用连字符连接，也可以将词语直接写成一个单词。复合词的不同书写方式对其意义没有影响。英语中的复合词主要有以下几类。

（1）复合名词。例如：

名词 + 名词：greenhouse, workbook, workplace, workshop, newspaper, gate-keeper, gateman, daytime, lunchtime, lifeboat, lifetime,

northwest, railway, southeast, southwest, cupboard, keyboard, doorbell, fireplace, farmland, hometown, salesgirl 等。

形容词 + 名词：goodbye, blackboard, greenhouse 等。

动名词 + 名词：washing-room, dinning-hall 等。

动词 + 名词：chopsticks, checkout 等。

（2）复合形容词。例如：

形容词 + 名词 +（e）d：kind-hearted, glass-topped 等。

形容词 + 现在分词：good-looking, handwriting 等。

副词 + 现在分词：hard-working 等。

名词 + 现在分词：English-speaking, Chinese-speaking 等。

名词 + 过去分词：man-made, self-made 等。

副词 + 过去分词：well-known 等。

形容词 + 名词：Mideast, round-trip 等。

英语复合词中的复合形容词和复合名词占有比重较大，因此此处只对这两种词类进行介绍。

在汉语中也有很多复合词，它们按照一定的规律和结构组合在一起构成新的词组。例如：

（1）联合：联合结构的复合词中两个词素是平行关系，其结构形式比较多。

n. +*n.* 形式：笔墨、模范、鱼肉等。

a. +*a.* 形式：大小、多少、贵贱、远近、松弛、破败、危险、焦躁等。

v. +*v.* 形式：得失、出入、导演、哭泣、连续、依靠、赊欠等。

（2）动宾：汉语中动宾关系的复合词较多，动宾复合词中一个是动词，即动作的施动者，一个是宾语，即动作的接受者，因此其结构都为 $v.+n.$ 的形式，如骂人、打球、喝茶、唱歌、吃力、贴心、抱歉、结局等。

（3）主谓：主谓关系的复合词中的两个词素，一个是主语，即动作的施动者，另一个是动词，因此主谓关系的复合词都是 $n.+v.$ 结构，如你说、月圆、狗叫、头疼、海啸、口误、事变等。

（4）偏正：偏正复合词中的一个词素去修饰另一个词素，被修饰的名词在后，前面的修饰后面的。汉语中的偏正结构的复合词最多，其结构多样且较为复杂。

$v.+n.$ 形式：奖状、敬意等。

$n..+n.$ 形式：汽车、油画、蜡笔、金鱼等。

$a.+n.$ 形式：高原、高档、温泉、红娘、赤字等。

$a.+v.$ 形式：内战、古玩、深爱、冷战、努力工作等。

$v.+v.$ 形式：通知、顾问等。

$a.+a.$ 形式：平方、净重等。

以上这些词都是汉语中的复合词，这些词和英语中的复合词的构成很类似。但是有一点是汉语中的复合构词法独有的，即重叠词。所谓重叠词指的是构成词汇的两个词素是相同的，主要有以下几种形式。

$a.+a.$ 形式：明明、暗暗、寥寥、宝宝、乖乖、慌慌张张、疯疯癫癫等。

$num.+num.$ 形式：万万、斤斤、个个、件件等。

$n.+n.$ 形式：爷爷、奶奶、爸爸、妈妈、叔叔、伯伯等。

$v.+v.$ 形式：偷偷、闪闪、看看、侃侃、跌跌撞撞、拉拉扯扯等。

（三）缩略法对比

英语中由缩略法构成的词为缩略词，缩略词的种类很多，一种是首字母缩略词，它是将每一个单词的首字母提取出来组合成为一个新的词，首字母缩略词多采用大写字母的形式。另一种是混合缩略词，这类词一般是将两个或两个以上的单词用某种方法组合在一起构成新词。还有一种是节略式，节略式缩略词主要是将一个词的完整拼写去掉一部分来形成其缩略形式。最后一种形式为数字式缩略词，根据词的结构或者读音上的相同点与数字结合而形成。下面对这几种缩略语进行详细分析。

（1）首字母缩略词。首字母缩略词在英语中很常见，其在各个领域应用也很广泛。例如：

EEC ← European Economic Community 欧洲经济共同体

OAU ← Organization of African Unity 非洲统一组织

UN ← United Nations 联合国

OPEC ← Organization of Petroleum Exporting Countries 石油输出国

TV ← Television 电视

CAD ← computer assisted design 计算机辅助设计

DNA ← deoxyribonucleic acid 脱氧核糖核酸

AP ← Associated Press 美联社

（2）混成式缩略词。混成缩略词主要有四种组成方式。

①A 头 +B 尾。例如：

autocide ← automobile+suicide 撞车自杀

bit ← binary+digit 二进制数

chocoholic ← chocolate+alcoholic 巧克力迷

②A 头 +B 头。例如：

hi—fi ← high+fidelity 高保真

sitcom ← situation+comedy 情景喜剧

telex ← teleprinter+exchange 电传

③A 头 +B。例如：

medicare ← medical+care 对老人的医疗照料方案

telequiz ← telephone+quiz 电话测试

autocamp ← automobile+camp 汽车野营

④A+B 尾。例如：

tourmobile ← tour+automobile 游览车

newscast ← news+broadcast 电视广播

（3）节略式缩略词。节略式缩略词主要有三种形式。

①去头取尾。例如：

phone ← telephone 电话

quake ← earthquake 地震

②去尾取头。例如：

exec ← executive 执行官

memo ← memorandum 备忘录

Weds ← Wednesday 星期三

zoo ← zoological garden 动物园

③去头尾取中间。例如：

flu ← influenza 流感

scrip ← prescription 处方

tec ← detective 侦探

（4）数字式缩略词。数字式缩略词主要有两种形式。

①提取出词中的相关字母，并在其前面加上相应的数字构成。例如：

the three C's ← copper, corn, cotton 三大物产（铜、玉米、棉花）

the three R's ← reading, writing, arithmetic 三大基本功（读、写、算）

②代表性的词前面加数字。例如：

four elements ← earth, wind, water, fire 四大要素（土、风、水、火）

seven deadly sins ← anger, avarice, envy, gluttony, lust, pride, slot 七宗罪（怒、贪、妒、馋、欲、骄、懒）

four last things ← death, trial, heaven, hell 最后四件事（死亡、审判、天国、地狱）

the seven virtues ← faith, hope, charity, justice, fortitude, prudence, temperance 七大美德（信任、希望、慈善、正义、刚毅、谨慎、气度）

汉语的构词法中也有很多词是利用缩略形式形成的，汉语的缩略词与英语缩略词有类似之处，它主要可分为四类。

（1）截取式缩略词。截取名称中一个有代表性的词代替原名称。截取有两种方式。

①截取首词。例如：

同济—同济大学

复旦—复旦大学

宁夏—宁夏回族自治区

广西—广西壮族自治区

②截取尾词。例如：

收音机—半导体收音机

志愿军—中国人民志愿军

长城—万里长城

（2）选取式。选取全称中比较具有代表性的词素来构成新词。

①取每个词的首字。例如：

文教—文化教育

科研—科学研究

②取一个词的首字和另一个词的尾字来构成新词。例如：

整风—整顿作风

战犯—战争罪犯

③取每个词的首字和全称的尾字。例如：

文工团—文艺工作团

执委会—执行委员会

④取全称中具有代表性的两个字。例如：

左联—中国左翼作家联盟

政协—中国人民政治协商会议

⑤取全称中的每个词的首字。例如：

上下—上头、下头

（3）提取公因式。提取公因式指的是将全称中的相同的部分提取出来，用剩下的部分来构成新词。例如：

中小学—中学、小学

工农业—工业、农业

进出口—进口、出口

离退休人员—离休人员、退休人员

（4）数字概括式。汉语中的数字概括式与英语中的基本相同。

①将相同部分提取出来，用数字对剩下的部分进行概括。例如：

三好—学习好、工作好、身体好

四会—会听、会说、会读、会写

四化—工业现代化、农业现代化、国防现代化、科学技术现代化

②根据词的特点总结出一个可以代表这些特点的抽象概括词，然后在其后面加上数字。例如：

四季—春、夏、秋、冬

三皇—伏羲、燧人、神农

五脏—心、肝、脾、肺、肾

五谷—稻、黍、稷、麦、豆

五、词汇翻译的技巧

英汉语言中的词汇的意义很多，相同的词汇在不同的句子和语境中的意思会发生变化，因此想要很好地翻译英汉词语就必须要掌握一些词汇翻译的技巧。本节就对英汉词汇翻译的技巧进行分析。

（一）找对等词

英汉词汇翻译技巧之一就是找对等词，所谓的找对等词指的是在目的语中寻找与源语意思表达相同或类似的语言。对等词的确定在一定程度上受到语境的影响，因为在不同的语境中同一个词的意义会发生变化。例如：

As luck would have it，no one was hurt in the accident.

幸运的是，在事故中没有人受伤。

As luck would have it，we were caught in the rain.

真倒霉，我们挨雨淋了。

上例中，原句中都为"as luck would have it"，但是其汉语翻译则相去甚远，造成这种现象的原因主要是语境的不同。第一句中的结果是乐观的，因此将其翻译为"幸运的是"比较恰当。而第二句中的结果不乐观，因此在翻译时将其翻译为"真倒霉"。又如：

请让我自己介绍一下。

Let me introduce myself.

请你介绍一下经验好吗？

Would you please share you experience with us.

上例中同样都是"介绍"一词，然而翻译成英文之后则选用了两个完全不同的动词，这也是受到了语境的影响。

（二）拆译

拆译主要针对的是翻译难度较大的词语，这些词语在句子中往往很难恰当地译出，此时就可以将这些比较难翻译的词从句子中"拆"出，使其成为主句之外的一个补充成分，或重新组合到译入语中。例如：

There was always the chance，and it is that chance which had excited and befooled the imaginations of many continental tyrants.

但可乘之机毕竟存在。而正是这个才使得欧洲大陆的不止一个野心君主跃跃欲试，对我们大生觊觎之想。

（高健译）

There is also distressing possibility that Alunni isn't quite the catch the police thought.

还存在这样一种可能性，被抓住的阿路尼不见得就是警察所预想的那个人，这种可能性是让人泄气的。

该例句中的 distressing 在翻译时进行了拆译，将其放在主句以外，对主句进行补充说明。

Every British motorist will tell you that a radar is used most unfairly by the police to catch drivers who are only accidentally going a little faster than the speed limit.

每一位驾车的英国人都知道，警察用雷达来抓那些只是偶尔稍微超速行驶的人，这种做法是很不公平的。

该例句中的 unfairly 在句子翻译时无法找到合适的译法，将其从句子中拿出来单独处理显得更为恰当。

（三）词性转换

在上面的词汇对比中已经对英汉语言中常用的词性进行了分析，由上面的对比可知，汉语中的动词使用较多，而英语中则较少使用动词，英语中多用名词，因此在汉译英时应注意将汉语中的动词转化为英语中的名词、形容词等。例如：

在吉米·卡特当选总统后不久，据说他的顾问们就建议应当降低税收，扩大政府开支。

Shortly after Jimmy Carter's election as President, his advisers were reported as recommending lower taxes and higher government spending.

你熟悉这种晶体管放大器的性能吗？

Are you familiar with the performance of this transistor amplifier?

设计时，他常参考手册，查阅一些数据。

He often referred to handbooks for some data when designing.

并不是汉语中所有的动词在翻译时都必须译为英语中的名词，汉语中有时也会使用一些名词，这些名词在翻译时译为动词比较恰当，此时也应进行适当的词性转换。例如：

他的态度极其镇静。

He behaved with great composure.

本文的目的在于讨论元件材料和元件技术的新成就。

This article aims at discussing new development in component materials and techniques.

英语中多使用名词，因此其语言中介词的使用频率也很高，而英语中的介词可以表达汉语中的动作、行为或说明某地点的状态特征，因此在英译汉时常常将介词转换为动词、名词、形容词等。例如：

According to the latest survey, 43% of the students in this university are willing to take up part-time jobs during summer vacation for work experience, up 5% over last year.

最近的调查结果表明，该大学有 43% 的学生愿意在暑假从事兼职工作来增加工作经历，人数比去年增加了 5%。

The number of left-handed people throughout the globe has been estimated to be over 350 million and this number is steadily on the increase.

统计数字显示，全球左撇子人数已经超过了 3.5 亿，而且人数还在稳步增长。

由上面的词性对比可知，英语中某些形容词表达的是汉语中的动词的含义，因此在英译汉时应将英语中表示动词意义的形容词转换为动词。例如：

Over a million people travel into central London every day from outside the city. They, and the people who live in London, want a public transport system that is frequent, safe, reliable, affordable and environ mentally friendly.

每天有 100 多万人从城外涌向伦敦城中心，他们和住在伦敦城里的人一样希望伦敦的公共交通系统能够安全、可靠、环保、通车频率高、票价合理。

I'm firmly convinced that under a less compulsory educational system, the students would be more creative and more cooperative with adults.

我坚信如果我们的教育体制更宽松些，学生们会更具有创造性，更愿意与大人们合作。

（四）融合

融合指的是在翻译时完全脱离了源语词义的限制，将原句中的词的意义蕴含于整个句子中。融合翻译法注重的是将句子中词汇的意义翻译出，而不苛求句子形态上的一致。例如：

It can be said for his justification that he had to give up when any advice he gave her causes nothing but back talk.

平心而论，他也只好就此罢休，因为每次他给她提意见，她就顶了回去。

By the 1960s Sweden had become a throwaway society following the American pattern of wastefulness.

到 20 世纪 60 年代，瑞典已效仿美国的模式，变成了一个大手大脚、浪费成风的城市。

（五）释义

释义指的是对原来的词语进行一种解释性的翻译，释义可以帮助译者了解源语的内涵和原作的意图。当译入语中缺少相应的词汇时，可以采用释义法进行翻译。例如：

定向招生 to stoll students who are pre-assigned specific posts or areas

下岗工人 laid-off workers

安居工程 housing project for low-income urban residents

他们便接着说道，"你怎的连半个秀才也捞不到呢？"

（鲁迅《孔乙己》）

They would continue，"How is it you never passed even the lowest official examination."

（杨宪益、戴乃迭译）

第二节 英汉句法对比探索

句子是由词和词组构成，可以表达完整含义的语言单位，也是语言运用的基本单位。无论是英语句子还是汉语句子，其结构都非常复杂，而且有着各自的特点。因此，研究英汉语言必然要研究英汉句子，而研究句子自然要研究其句子结构。这里就对英汉句子结构的差异以及翻译进行具体分析。

一、英语的形合法与汉语的意合法

英汉语言在句子结构方面最基本、最主要的差异集中表现在形合（hypotaxis）与意合（parataxis）的差异上。奈达（Nida，1982）也曾表示，就语言学角度而言，英汉两种语言间最突出、最重要的区别莫过于意合与形合的差别。刘宓庆（1992）也指出，意合与形合是汉英语段间的"异质特征"。

形合与意合是语言组织法，是语言连词成句的内在依据。其概念有广义与狭义之分。广义上的形合包括显性的语法形态标志和词汇两种形式手段，指一切依靠语言形式和形态手段完成句法组合的方式，包括语汇词类标记、词组标记、语法范畴标记、句法项标记、分句与分句之间的句法层级标记、句型标记、句式标记等。而狭义上的形合仅指词汇手段，即语言中词与词、句与句的结合主要凭借关系词和连接词等显性手段（宋志平，2008）。

广义上的意合指不借助形式手段来体现词语之间或句子之间的意义或逻辑关系，而狭义上的意合只指句子层次上的语义或逻辑关系（宋志平，2008）。

然而，就自然语言而言，并不具有完全的形合语言和意合语言，只是一种语言更侧重于某一方而已。诸多中外学者经研究指出，英语是形合特征明显的语言，汉语是意合特征明显的语言。

（一）英语的形合法

英语属于注重形合的语言，"造句注重形式接应，要求结构完整，句子以形寓意，以法摄神，因而严密规范，采用的是焦点句法"。也正是由于英语的这一形合特征，所以其连接手段和形式非常丰富，具体包括介词、连词、关系代词、关系副词、连接代词、连接副词等。但这些连接词在相应的汉语句子中则很少出现。此外，英语的形合特点也使其句子结构犹如大树一般，主干分明、枝繁叶茂，句子也呈现出以形驭意、以形统神的特点。

例如：

His children were as ragged and wild as if they belonged to nobody.

他的几个孩子都穿得破破烂烂，粗野不堪，像没爹没娘似的。

Peggotty's answer soon arrived, and was, as usual, full of affectionate devotions.

培果提很快就回了信。信里和往常一样，尽是疼我爱我、一心为我着想的话。

The rooms where in dozens of infants had wailed at their nursing: now resounded with the tapping of nascent chicks.

这些屋子里，从前有许多吃奶的孩子哇哇哭叫，如今却回响着小鸡啄食的声音。

And I take heart from the fact that the enemy which boasts that it can occupy the strategic point in a couple of hours, has not yet been able to take even the outlying regions, because of the stiff resistance that gets in the way.

由于在前进的道路上受到顽强抵抗，吹嘘能在几个小时内就占领战略要地的敌人甚至还没有能攻占外围地带，这一事实使我增强了信心。

Some fishing boats were becalmed just in front of us. Their shadows slept, or almost slept, upon that water, a gentle quivering alone showing that it was not complete sleep, or if sleep, that it was sleep with dreams.

渔舟三五，横泊眼前，樯影倒映水面，仿佛睡去，偶尔微颤，似又未尝深眠，恍若惊梦。

And he knew how ashamed he would have been if she had known his mother and the kind of place in which he was born, and the kind of people among whom he was born.

他有这样的母亲，出生在这样的地方，出生在这样的人中间，要是这些都让她知道的话，他知道该有多丢人。

（二）汉语的意合法

同英语相比，汉语的意合特征更加明显，"造句注重意念连贯，不求结构齐整，句子以意役形、以神统法，因而流泻铺排，采用的是散点句法"。汉语中，隐形的语法比重较大，也很少使用显性的连接手段和连接词，句子各成分之间的逻辑关系主要依靠上下文和事理顺序来间接显示。所以，汉语的句子结构就犹如竹子一般，地上根根分离，地下盘根错节，呈现出形散而神聚的特点。例如：

上梁不正下梁歪。

If the upper beam is not straight, the lower ones will go aslant.

跑得了和尚，跑不了庙。

The monk may run away, but never his temple.

到南京时，有朋友约去游逛，勾留了一日；第二日上午便需渡江到浦口，下午上车北去。

（朱自清《背影》）

A friend kept me in Nanjing for a day to see sights, and the next morning I was to cross the Yangtze to Pukou to take the afternoon train to the north.

我从此便整天地站在柜台里，专管我的职务。虽然没有什么失职，但总觉得有些单调，有些无聊。掌柜是一副凶脸孔，主顾也没有好声气，教人活泼不得；只有孔乙己到店，才可以笑几声，所以至今还记得。

（鲁迅《孔乙己》）

Thenceforward I stood all day behind the counter, fully engaged with my duties. Although I gave satisfaction at this work, I found it monotonous and futile. Our employer was a fierce-looking individual, and the customers were a morose lot, so that it was impossible to be gay. Only when Kung I-chi came to the tavern could I laugh a little. That is why I still remember him.

（杨宪益、戴乃迭译）

二、英汉语序对比

语言是文化的载体，是思维的外壳，所以一个民族的文化习惯和思维模式常通过语言反映出来。英语民族强调"人物分立"，注重形式论证与逻辑分析，提倡个人思维，思维体现出"主语—行为—行为客体—行为标志"的模式，因此其语言表达的基本顺序为主语＋谓语＋宾语＋状语。英语为综合性语言，其句子语序相对固定，但也呈现出一定的变化。汉语民族主张"物我交融""天人合一"，注重个人的感受，崇尚主体思维，思维体现出"主体—行为标志—行为—行为客体"的模式，因此其语言表达的基本顺序为主语＋状语＋谓语＋宾语。汉语属于分析性语言，句子语序基本固定不变。从语言的表达顺序上就可以看出，定语和状语位置的不同是英汉语言在语系上的主要差异。以下就对此进行具体分析。

（一）定语位置对比

定语在英语中的位置较为灵活，通常有两种情况：以单词作定语时，通常放在名词之前；以短语和从句作定语时要放在名词之后。而定语在汉语中的位置则较为固定，一般位于所修辞词的前面，后置的情况则十分少见。例如：

The doctors have tried every way possible.（后置）

医生们已经试过各种可能的办法了。（前置）

He told me something important.（后置）

他告诉了我一件重要的事情。（前置）

It was a conference fruitful of results.（后置）

那是一个硕果累累的会议。（前置）

English is a language easy to learn but difficult to master.（后置）

英语是一门容易学但很难精通的语言。（前置）

We have helped Russia privatize its economy and build a civil society marked by free elections and an active press.（后置）

我们帮助俄罗斯使其经济私有化，并建设一个以自由选举和积极的新闻媒体为标志的公民社会。（前置）

This time he changed his mind. He did not encourage him to become a hero, because he could no longer stand the poignancy of losing his last child.（后置）

老人改变了主意，决心不让小儿子成为一个出众的英雄好汉的人物，因为他实在是不能再忍受那种折损儿子的痛苦。（前置）

Cupid had two kinds of arrows：the gold trippcd arrows used to quicken the pulse of love and the lead tripped ones to palsy it. Besides, he had a torch to light heart with.（后置）

丘比特有两种神箭：加快爱情产生的金头神箭和终止爱情的铅头神箭。另外，他还有一束照亮心灵的火炬。（前置）

（二）状语位置对比

英语中状语的位置灵活且复杂。由单个单词构成的状语一般位于句首、谓语之前、助动词和谓语动词之间，或者句末。如果状语较长，那么其一般放在句首或句尾，不放在句中。而汉语中状语的位置则较为简单，一般位于主语之后谓语之前，有时为了起强调作用，也位于主语之前或句末。例如：

The flight was canceled due to the heavy fog.

班机因大雾停航。

Given bad weather, I will stay at home.

假使天气不好，我就待在家里。

I will never agree to their demand.

我绝不同意他们的要求。

He can never speak English without making serious mistakes.

说英语他总是出大错。

The news briefing was held in Room 201 at about eight o'clock yesterday morning.

新闻发布会是昨天上午大约八点在 201 会议室召开的。

有时，一个句子中不只含有一个状语，有时多个状语（如时间状语、地点状语、方式状语、让步状语等）会同时出现。针对多个状语同时出现的情况，英语的表达顺序是：方式、地点、时间；而汉语的表达顺序则恰恰相反：时间、地点、方式。例如：

The bank will not change the check unless you can identify yourself.

只有你能证明你的身份，银行才会为你兑换支票。

Many elderly men like to fish or play Chinese chess in the fresh morning air in Beihai Park every day.

很多老人都喜欢每天上午在北海公园清新的空气中钓鱼、下棋。

The deadliest earthquake in China this year hit an area near Kashgar in northwestern Xinjiang Uglur Autonomous Region on February 24, killing 24 and injuring 268.

中国今年造成伤亡最严重的地震于 2 月 24 日发生在新疆喀什附近，那次地震造成 24 人死亡，268 人受伤。

我出生于阿帕拉契山脉煤矿区中心的肯塔基州柏定市。

I was born in Burdine, Kentucky, in the heart of the Appalachian coal-mining country.

"神舟三号"飞船今晚 10 点 15 分，在我国甘肃酒泉卫星发射中心成功升入太空。

The spacecraft "Shenzhou Ⅲ" was successfully launched at 22：15 pm today in the Jiuquan Satellite Launch Center in Northwest China's Gansu province.

此外，如果句中含有两个较长的状语时，英语习惯将其放于句中，而汉语则习惯将其置于句首和句尾。例如：

Suddenly the President, looking out over the vast landscape, said, with an underlying excitement in his voice, the words I gave earlier...

总统眺望着辽阔的景色，突然用很兴奋的语调说了我在前文已经提到过的话……

中国远洋运输公司成立于 1961 年 4 月，至今已有 28 年的历史。28 年来，在国家的大力支持下，经过不懈的努力，公司业务和船舶数量迅速发展和增长。

Established in April 1961, the China Ocean Shipping Corporation has, in the past 28 years through arduous efforts, with the support from the state, expanded its shipping business and increased its number of ships.

三、英汉语态对比

语态上的差异也是英汉语言差异的重要表现方面。针对语态来讲，英语中多使用被动语态。英语句子中，动词的使用频率很高，而且大多数及物动词或类似于及物动词的词组都具有被动语态，当句子的主语没有必要涉及，或句子的中心话题是动作的对象，或动作的实行者不明确时，都会用到被动语态。例如：

This rubbish is being disposed of.

正在处理这些垃圾。

The audiences are requested to keep silent.

请听众保持肃静。

Clinton is expected to give his testimony by videotape.

克林顿将会以录像带的形式提供证词。

He appeared on the stage and was warmly applauded by the audience.

他出现在台上，观众热烈鼓掌欢迎。

In the course of my travels in the US I have been impressed by a kind of fundamental malaise which seems to me extremely common and which poses difficult problems for the social reformer.

我在美国旅行期间，注意到了一种根深蒂固的忧郁症。我觉得这种忧郁症似乎极其普遍，这就给社会改革家出了难题。

在语态上，汉语则较少使用被动语态。不仅仅在数量上英汉被动语态有着显著的差异，在表达上也有着明显的不同。汉语被动语态一般有相应的表示被动语态的词汇来提示，最常见的被动语态提示词有"被""受""让""遭""给""叫""由""加以""予以""为……所"等。例如：

他的建议被否决了。

H is suggestion is rej ected.

中国代表团到处都受到热烈欢迎。

The Chinese delegates were warmly wellcomed everywhere.

他买到了想买的地毯，但是让人骗了。

He did get the carpet he wanted，but he was cheated.

四、英汉句子重心对比

在句子的重心问题上，英语习惯将主要的信息放在句子开头。具体来讲，英语习惯先对事情做出评价或先表达发话人的感受、态度，然后再详细叙述事情的来龙去脉。例如：

Stealing happens only in communities where some have got more than they need while other have not enough.

在一个社会内，只有当一些人绰绰有余，而另外一些人物质匮乏时，偷盗才可能发生。

Good reception requires a series of relay towers spaced every 30 miles since the curvature of the earth limits a microwave's line-of-sight path to about 30 miles.

地球曲率的限度使微波发射的视线路径为 30 英里；为了接收良好，需建立间隔为 30 英里左右的系列转播塔。

We believe that it is right and necessary that people with different political and social systems should live side by side, not just in a passive way but as active friends.

我们认为生活在不同政治和社会制度下的各国人民应该共处，不仅仅是消极共处，而且要积极地友好相处，这是正确而且必要的。

在句子重心上，汉语则表现出与英语相反的倾向：习惯将主要信息放在句子末尾。具体来讲，汉语习惯先按照先后、因果等顺序做一番长篇叙事，然后再简短地表达发话人的观点、立场。例如：

有朋自远方来，不亦乐乎。

要是你有急事要办，不要去找那种显然没有多少事可做的人。

我认为如果老年人对个人以外的事情怀有强烈的兴趣，并且适当地参加一些活动，他们的晚年就会过得很充实、快乐。

五、句子翻译的技巧

（一）被动句的翻译技巧

1. 译为汉语被动句

通常，一些形式较为简单且汉语中有与之相对应的被动表达的被动句可以译成汉语被动句。例如：

In ancient China, women were looked down upon.

在中国古代，妇女受到歧视。

He was attacked by a lot of bees.

他遭到了大批蜜蜂的攻击。

He had been fired for refusing to obey orders from the head office.

他因拒绝接受总公司的命令而被解雇了。

2. 译为汉语主动句

英语被动句可以译为汉语主动句。这种方法保持英语原文的主语，只是不译出"被"字，以准确传达原文意思，避免不必要的误解。例如：

The whole country was armed in a few days.

几天之内全国就武装起来了。

Every moment of every day, energy is being transformed from one form into another.

每时每刻，能量都在从一种形式变为另一种形式。

My first twenty years were spent in a poverty-stricken mountain area.

我的前 20 年是在一个贫困山区度过的。

3. 译为汉语无主句

英语属于形合语言，表达多受主、谓、宾结构的限制；而汉语属于意合语言，表达形式较为灵活，也没有那么多限制，句子甚至可以不要主语。因此，在很多情况下，英语被动句可以译成汉语主动句。例如：

The unpleasant noise must be immediately put to an end.

必须立刻终止这种讨厌的噪音。

Attention has been paid to the new measures to prevent corrosion.

已经注意到这种防腐的新措施。

4. 译为汉语的"把""使""由"字句

有时英语中的某些被动句还可以译成汉语的"使"字句、"把"字句和"由"字句。例如：

Your promotion will be decided by Mr. Caro.

你的升迁将由卡罗先生决定。

This letter was written by the president himself.

这封信是由总统本人写的。

Traffic in that city was completely paralyzed by the flood.

洪水使那座城市的交通彻底瘫痪。

I'm homeless now, because my house was totally destroyed by a big fire.

我现在无家可归了，因为一场大火把我的房子完全烧毁了。

5. 增加主语

英语中有些被动句会省略表示主体的词或词组，在翻译这类被动句时，为了使译文符合汉语的表达习惯，就要增加一些不确定的主语，如"有人""人们""我们"等。例如：

The issue has not yet been thoroughly explored.

人们对这一问题迄今尚未进行过彻底的探索。

She was seen to enter the building about the time the crime was committed.

有人看见她大致在案发时进入了那座建筑物。

（二）从句的翻译技巧

1. 名词性从句的翻译技巧

（1）主语从句。

①当主语从句是以 what, whatever, whoever 等代词引导的，在翻译的时候就可以采用顺译法，即按照原文顺序进行翻译。例如：

What he told me was half-true.

他告诉我的是半真半假的东西而已。

Whoever did this job must be rewarded.

无论谁干了这件工作，一定要得到酬谢。

Whatever he saw and heard on his trip gave him a very deep impression.

他此行的所见所闻给他留下了深刻的印象。

②当主语从句是以 it 作形式主语，在翻译时就要根据具体情况来选择合适的方法，可以将主语从句提前，也可以不提前。例如：

It seemed inconceivable that the pilot could have survived the crash.

驾驶员在飞机坠毁之后，竟然还活着，这似乎是不可想象的。

It was obvious that I had become the pawn in some sort of top level power play.

很清楚，某些高级官员在玩弄权术，而我却成了他们的工具。

（2）宾语从句.

①当宾语从句是 what, that, how 等所引导的, 在翻译时就可采用顺序法。例如：

Can you hear what I say?

你能听到我所讲的话吗？

Mr. Smith replied that he was sorry.

史密斯先生回答说，他感到遗憾。

He would remind people again that it was decided not only by himself but by lots of others.

他再次提醒大家说，决定这件事的不只是他一个人，还有其他许多人。

②当宾语从句是以 it 作形式宾语并由 that 引导时，在翻译时就可以按原顺序进行翻译，并且 it 不译。例如：

I regard it as an honor that I am chosen to attend the meeting.

被选参加会议，我感到光荣。

I take it for granted that you will come and talk the matter over with him.

我想你会来跟他谈这件事情的。

（3）表语从句。在翻译表语从句时可采用顺序法，按照原文顺序进行翻译。例如：

This is what he is eager to do.

这就是他所渴望做的事情。

That was how a small nation won the victory over a big power.

就这样，小国战胜了大国。

2. 定语从句的翻译技巧

以上提到，英语和汉语中定语的位置是不同的，而且发展方向也有着不同的趋势：英语发展方向为向右，汉语发展方向为向左。鉴于这种差异，在翻译时可采用以下翻译技巧。

（1）译为汉语中的"的"字结构。例如：

He was an old man who hunted wild animals all his life in the mountalns.

他是个一辈子在山里猎杀野兽的老人。

The early lessons I learned about overcoming obstacles also gave me the confidence to chart my own course.

我早年学到的克服重重障碍的经验教训也给了我规划自己人生旅程的信心。

（2）译为状语从句。例如：

She also said I was fun, bright and could do anything I put my mind to.

她还说我很风趣，很聪明，只要用心什么事情都能做成。

There was something original, independent，and practical about the plan that pleased all of them.

这个方案富于创造性，独出心裁，实践性强，所以他们都很满意。

（3）译为并列分句。例如：

He was a unique manager because he had several waiters who had followed him around from restaurant to restaurant.

他是个与众不同的经理，有几个服务员一直跟着他从一家餐馆跳槽到另一家餐馆。

3. 状语从句的翻译技巧

（1）时间状语从句。

①译为表时间的状语从句。例如：

When she spoke, the tears were running down.

她说话时，泪流满面。

Why do you want a new job when you've got such a good one already?

你已经得到了一份这么好的工作，为什么还要新工作呢？

②译为并列句。例如：

He shouted when he ran.

他一边跑，一边喊。

They set him free when his ransom had not been paid.

他还没有交赎金，他们就把他释放了。

③译为"每当……""每逢……"结构。例如：

When you look at the moon, you may have many questions to ask.

每当你望着月球时，就会有许多问题要问。

When you meet a word you don't know, consult the dictionary.

每逢遇到不认识的词，你就查词典。

④译为"刚……就……""一……就……"结构。例如：

I went to see him immediately I heard from him.

我一收到他的信就去看他了。

Hardly had we arrived when it began to rain.

我们一到就下雨了。

⑤译为"在……之前""在……之后"结构。例如：

When the firemen got there, the fire in their factory had already been poured out.

在消防队员赶到之前，他们厂里的火已被扑灭了。

When the plants died and decayed。they formed organic materials.

在植物死亡并腐烂后，便形成有机物。

（2）条件状语从句。

①译为表"条件"的状语分句。例如：

If you tell me about it, then I shall be able to decide.

如果你告诉我实情，那么我就能做出决定。

Given notes in detail to the texts, the readers can study by themselves.

要是备有详细的课文注释，读者便可以自学了。

②译为表示"假设"的状语分句。例如：

If the government survives the confident vote, its next crucial test will come in a direct vote on the treaties May 4.

假使政府经过信任投票而保全下来的话，它的下一个决定性的考验将是5月4日就条约举行的直接投票。

If the negotiation between the rich northerly nations and the poor southerly nations make headway, it is intended that a ministerial session in December should be arranged.

要是北方富国和南方穷国之间的谈判获得进展的话，就打算在12月份安排召开部长级会议。

（3）目的状语从句。

①译为表"目的"的前置状语分句。例如：

We should start early so that we might get there before noon.

为了在正午以前赶到那里，我们应该尽早动身。

The leader stepped into the helicopter and flew high in the sky in order that he might have a bird's-eye view of the city.

为了对这个城市做一鸟瞰，那位领导跨进直升机，凌空飞翔。

②译为表"目的"的后置状语分句。例如：

Man does not live that he may eat, but eats that he may live.

人生存不是为了吃饭，吃饭是为了生存。

He told us to keep quiet so that we might not disturb others.

他叫我们保持安静，以免打扰别人。

（4）原因状语从句。

①译为表原因的分句。例如：

The book is unsatisfactory in that it lacks a good index.

这本书不能令人满意之处就在于缺少一个完善的索引。

The crops failed because the season was dry.

因为气候干旱，农作物欠收。

②译为因果偏正句的主句。例如：

Because he was convinced of the accuracy of this fact, he stuck to his opinion.

他深信这件事的正确可靠，因此坚持己见。

（5）让步状语从句

①译为表"让步"的分句。例如：

Clever as he is, he doesn't study well.

尽管他聪明，但他学习不太好。

Although he seems hearty and outgoing in public, Mr. Smith is a withdrawn and introverted man.

虽然史密斯先生在公共场合是热情和开朗的，但是他却是一个性格孤僻、内向的人。

②译为表"无条件"的分句。例如：

However late it is, mother will wait for him to have dinner together.

无论时间多晚，母亲总是等他回来一起吃晚饭。

Whatever combination of military and diplomatic action is taken，it is evident that he is having to tread an extremely delicate tight-rope.

不管他怎么样同时采取军事和外交行动，他显然不得不走一条极其危险的路。

（三）否定句的翻译技巧

英语中否定句的结构十分复杂，有些句子形式上是否定句，但在内容上却是肯定的；而有些句子在形式上是肯定句，但在内容上是否定的。所以，在对其进行翻译时，要揣摩其深刻含义，采用灵活的翻译方法进行翻译，并使译文符合汉语的行文习惯。

1. 全部否定句的翻译技巧

全部否定句指的是对句子否定对象加以全盘否定。全部否定句常含有以下否定词：no，none，never，nobody，nothing，nowhere，neither...nor，not at all 等。针对这类否定句，可采用直译法进行翻译。例如：

He is no writer.

他根本不是作家。

None of the answers are right.

这些答案都不对。

Never have we been daunted by difficulties.

我们任何时候都没有被困难吓倒过。

He has nothing to do with this case.

他和这个案子一点关系都没有。

We looked for her everywhere，but she was nowhere to be found.

我们到处找她，可哪儿也找不到。

2. 部分否定句的翻译技巧

部分否定句指的是整个句子含义即包含部分否定的意思，也包含部分肯定的意思。部分否定句一般由代词或者副词（all，both，always，every，everybody，everyday，everyone，everything，entirely，altogether，absolutely，wholly，completely，everywhere，often 等）与否定词 not 搭配构成，通常译为"不全是""并非都"。例如：

Both the doors are not open.

两扇门并不都是开着的。

All that glitters is not gold.

闪光的不全是金子。

I do not want everything.

我并不是什么都想要。

The situation is not necessarily so.

情况未必如此。

The manager is not always in the office.

经理不一定每天都在办公室。

Not everybody was invited.

并不是每个人都受到了邀请。

3. 双重否定句的翻译技巧

双重否定句是指一个句子中含有两个否定词，但句子却表达肯定含义，且比一般的肯定句语气更加强烈。在翻译这类否定句时可采用两种方法，一种是译成汉语肯定句，一种是译成汉语双重否定句。例如：

There is nothing unusual there.

那里的一切都很正常。

No task is so difficult but we can accomplish it.

再困难的任务，我们也能完成。

There is no smoke without fire.

无风不起浪。

She did not work any the less for her illness.

她没有因为生病而少做一些工作。

You will never succeed unless you work hard.

如果你不努力，就绝不能成功。

4. 含蓄否定句的翻译技巧

含蓄否定句并没有全部否定句和部分否定句中的都否定或否定词缀，但表达的含义却是否定的。在翻译这类否定句时，首先要将其否定含义明确表达出来。含蓄否定句具体包含以下几种情况。

（1）英语中的有些名词如 neglect，Greek（to），absence，failure，refusal，shortage，reluctance，negation，ignorance，exclusion 等具有明显的否定含义，在翻译由这类词构成的含蓄否定时，可将其译成汉语否定句。例如：

English literature is Greek to her.

她对英语文学一无所知。

The exclusion of Tom from the committee makes him angry.

汤姆因被逐出委员会而很生气。

We cannot finish the work in the absence of these conditions.

在不具备这些条件的情况下，我们不能完成这项工作。

（2）英语中的某些动词如 miss，fail，doubt，lack，reject，escape，protect from，keep off，fall short of，keep...dark 等也含有否定意义，在翻译由这类词构成的含蓄否定句时，也可以译成汉语否定句。例如：

Please keep the news dark.

请不要把这个消息说出去。

They failed to arrive at the meeting on time.

他们没能按时赶到会场。

All the people here doubt or reject the story.

这儿所有的人都不相信你这番话。

We missed the last bus, so we had to go back home on foot.

我没赶上末班公共汽车，所以只好步行回家。

The error in calculation escaped the accountant.

会计没有注意到这个计算上的错误。

It is necessary to project trees from the frost.

必须保护树木免受霜冻。

（3）英语中的很多形容词或短语如 deficient，the last，far from，free from，short of，few and far between，different from，devoid of 等也具有鲜明的否定含义，在翻译由这类词构成的含蓄否定句时，亦可以译成汉语否定句。例如：

He is the last man she wants to meet.

她最不想见到的人就是他。

Holidays are few and far between.

放假的时候并不多。

The newspaper accounts are far from being true.

报纸的报道远非事实。

Present supplics of food are short of requirements.

目前食品供不应求。

（4）英语中的一些介词如 but，above，beside，beyond，past，without，instead of，in vain 等也含有明显的否定意义，在翻译由这类词构成的否定句时，亦可以直接译成汉语否定句。例如：

Her beauty is beyond comparison.

她的美丽是无与伦比的。

Your speech was a bit above my head.

您的演讲比较深奥，我不大理解。

What you said yesterday is beside the point.

你昨天说的离题太远了。

The public people's behavior should be above reproach.

公众人物的行为应该是无可指责的。

（四）长句的翻译技巧

英语讲究句子表达的准确性和严谨性，常借助衔接手段将句子中的各个成分连接起来，使得各个成分环环相扣，因此英语中长而复杂的句子十分常见。但英语长句也成了翻译的难点，在翻译英语长句时首先要了解原文的句法结构，明白句子的中心所在以及各个层次的含义，然后分析几层意思之间的相互逻辑关系（因果、时间顺序等），再按照译文特点和表达方式，正确地译出原文的意思。具体而言，英语长句的翻译课采用以下几种翻译技巧。

1. 顺序法

如果英语长句的内容是按照时间先后顺序或逻辑关系安排的，所叙述的层次义与汉语的表达方式一致，此时就可以采用顺序法进行翻译，也就按照原文顺序译成汉语。但是，采用顺序法进行翻译，并不等于将每个词都按照原句的顺序死译，也需要进行灵活的变通。例如：

As soon as I got to the trees I stopped and dismounted to enjoy the delightful sensation the shade produced: there out of its power I could best appreciate the sun shining in splendor on the wide green hilly earth and int the green translucent foliage above my head.

我一走进树丛，便跳下车来，享受着这片浓荫产生的喜人的感觉：通过它的力量，我能够尽情赏玩光芒万丈的骄阳，它照耀着开阔葱茏、此起彼伏的山地，还有我头顶上晶莹发亮的绿叶。

If she had long lost the blue-eyed, flower-like charm, the cool slim purity of face and form, the apple-blossom coloring which had so swiftly and oddly affected Ashurst twenty-six years ago, she was still at forty-three, a comely and faithful companion, whose cheeks were fairly mottled, and whose grey-blue eyes had acquired a certain fullness.

如果说她早已失掉了她脸儿和身段的那种玉洁冰清、苗条多姿的气质和那苹果花似的颜色——26 年前这种花容月貌曾那样迅速而奇妙地影响过艾舍斯特——那么在 43 岁的今天，她依旧是个好看而忠实的伴侣，不过两颊淡淡地有点儿斑驳、而灰蓝的眼睛也已经有点儿饱满了。

2. 逆序法

多数情况下，在表达相同的含义时，英汉句子与汉语句子在表达顺序上是存在很大差异的，有时甚至完全相反，此时就不能采用顺序法，而要采用逆序法进行翻译，也就是逆着原文顺序从后向前译。例如：

There is no agreement whether methodology refers to the concepts peculiar to historical work in general or to the research techniques appropriate to the various branches of historical inquiry.

所谓方法论是指一般的历史研究中的特有概念，还是指历史研究中各个具体领域适用的研究手段，人们对此意见不一。

Such is a human nature in the west that a great many people are often willing to sacrifice higher pay for the privilege of becoming white collar workers.

许多人宁愿牺牲比较高的工资以换取成为白领的社会地位，这在西方倒是人之常情。

A great number of graduate students were driven into the intellectual slum when in the US the intellectual poor became the classic poor, the poor under the rather romantic guise of the beat generation, a real phenomenon in the late fifties.

50 年代后期的美国出现了一个任何人都不可能视而不见的现象，穷知识分子以"垮掉的一代"这种颇为浪漫的姿态出现而成为美国典型的穷人，正是这个时候大批大学生被赶进了知识分子的贫民窟。

Safety concerns over mobile phones have grown as more people rely on them for everyday communication, although the evidence to date has given the technology a clean bill of health when it comes to serious conditions like brain cancer.

虽然迄今为止的证据都证明手机不会导致脑癌等重大疾病，但是由于越来越多的人依靠手机进行日常通讯，因而手机安全问题也日益受到关注。

3. 分译法

分译法又称"拆译法"，是指在翻译过程中将句子中的某些成分（如词、词组或从句）单独拆分出来另行翻译，这样不仅有利于突出重点，还便于译文句子的总体安排。例如：

Vice-President George Bush is looking to President Ronald Reagan，a star attraction at today's opening of Republican national convention，to give some sparkle to his presidential campaign.

布什副总统盼望里根总统为其总统竞选活动注入一些活力。里根是今天开幕的共和党全国代表大会最引人注目的人物。

The credit crunch has also come at a bad time for a group of new newspaper owners，who used loans that were readily available until last summer to buy their way into the business，but must now be having second thoughts.

对于一群新的报纸所有人来说，信贷危机也来得不是时候，他们是利用在去年夏天之前可以轻易获得的贷款进入这一行业的，但是现在他们肯定要重新考虑了。

Television，it is often said，keeps one informed about current events，allows one to follow the latest developments in science and politics，and offers an endless series of programs which are both instructive and entertaining.

人们常说，通过电视可以了解时事，掌握科学和政治的最新动态。从电视里还可以看到层出不穷的既有教育意义又有娱乐性的新节目。

The theoretical separation of living，working，traffic and recreation which for many years has been used in town-and-country planning，has in my opinion resulted in disproportionate attention for forms of recreation far from home，whereas there was relatively little attention for improve ment of recreative possibilities in the direct neighborhood of the home.

城乡规划中，多年来在理论上都是把居住、工作、交通和娱乐相互分隔开来的。在我看来，这便导致了对远离居住区的各种娱乐形式的过分重视，而对居住区附近娱乐设施的改进相对注意甚少。

While the present century in its teens，and on one sunshiny morning in June，there drove up to the great iron gate of Miss Pinkerton's academy for young ladies，on Cheswick Mall，a large family coach with two fat horses in blazing harness，driven by a fat coachman in a three-cornered hat and wig，at the rate of four miles an hour.

（当时）这个世纪刚过了十几年。在6月的一天早上，天气晴朗，契息克林荫道上平克顿女子学校的大铁门前面来了一辆宽敞的私人马车。拉车的两匹肥马套着雪亮的马具，一个肥胖的车夫戴了假头发和三角帽子，赶车子的速度是每小时 4 英里。

4. 综合法

在具体的翻译实践中，有时很难使用一种翻译方法对原文进行恰当的翻译，更多的时候是综合使用多种翻译方法，这样可以使译文更加准确、流畅。例如：

She was a product of the fancy, the feeling, the innate affection of the untutored but poetic mind of her mother combined with the gravity and poise which were characteristic of her father.

原来她的母亲虽然没受过教育，却有一种含有诗意的心情，具备着幻想、感情和天生的仁厚；他的父亲呢，又特具一种沉着和稳重的性格，两方面结合起来就造就她这样一个人了。

But Rebecca was a young lady of too much resolution and energy of character to permit herself much useless and unseemly sorrow for the irrevocable past; so having devoted only the proper portion of regret to it, she wisely turned her whole attention towards the future, which was now vastly more important to her. And she surveyed her position, and its hopes, doubts, and chances.

幸而利蓓加意志坚决，性格刚强，觉得既往不可追，白白地烦恼一会子也没有用，叫别人看着反而不雅，因此恨恨了一阵便算了。她很聪明地用全副精神来盘算将来的事，因为未来总比过去要紧得多。她估计自己的处境，有多少希望，多少机会，多少疑难。

But though virtue is a much finer thing, and those hapless creatures who suffer under the misfortune of good looks ought to be continually put in mind of the facts which awaits them; and though, very likely, the heroic female character which ladies admire is a more glorious and beautiful object than the kind, fresh, smiling, artless, tender little domestic goddess, whom men are inclined to worship——yet the latter and inferior sort of women must have this consolation——that the men do admire them after all; and that, in spite of all our kind friend's warnings and protests, we go on in our desperate error and folly, and shall to the end of the chapter.

当然，德行比美貌要紧得多，我们应该时常提醒不幸身为美人的女子，叫她们时常记着将来的苦命。还有一层，男人们虽然把那些眉开眼笑、肤色鲜嫩、脾气温和、心地善良、不明白世事的小东西当神明似的供奉在家里，太太小姐们却佩服女中的豪杰；而且两相比较起来，女中豪杰的确更值得颂扬和赞美。不过，话虽这么说，前面一种女人也有可以聊以自慰的地方，因为归根到底，男人还是喜欢她们的。我们的好朋友白费了许多唇舌，一会儿警告，一会儿劝导，我们却至死不悟，荒唐糊涂到底。

第三节 英汉语法对比探索

一、英汉语法对比

英语和汉语分属不同的语系，一为印欧语系（Indo-European language family）拼音语言（phonography），一属汉藏语系（Chinese-Tibetan language family）表意语言（ideography），彼此差异悬殊。就语法而言，其本质差别或曰主要特点在于：

1. 英语语法是显性的，汉语语法是隐性的

隐性（implicit）和显性（explicit）是一对矛盾。语法上所谓的隐性和显性是指有无外在形式上的标志。"形式"指语言的表层结构模式，如英语名词的数、代词的格、数，动词的时、态、体，形容词与副词的级以及主谓一致关系等，都是有一定的语法形式标志，而汉语却没有。因此，我们说英语偏重形式，汉语偏重语义。英语语法偏重形式，可以以简驭繁，简到用十大词类、六大成分、七大句型来囊括一切句子。从语法分析的实际步骤来看，英语是根据形态［首先是动词、名词及主谓一致（关系）］先找出主语和定式动词（finite verb），建立起句子的基本框架，然后将各种辅助成分装填进去。只有看清句子的结构，句义才清楚，其过程是"结构—语义"。例如：

The credit belongs to the man who is actually in the arena, whose face is marred by dust and sweat and blood; who strives valiantly, who errs and comes short again and again, because there is no effort without error and shortcoming; but who does actually strive to do the deeds, who knows the great enthusiasms, the great devotions; who spends himself in a worthy cause, who at the best knows in the end the triumphs of high achievement and who at the best, if he fails, at least falls while daring greatly, so that his place shall never be with those cold and timid souls who know neither victory nor defeat. （wikipedia. com）

荣誉属于这样的人，他置身角斗场上，脸上沾满尘垢、汗水和鲜血；他英勇拼搏，他犯错误，一再表现出不足之处，因为要奋斗就会有缺点和错误；但是他

实实在在为建功立业而拼搏，他懂得伟大的热忱、崇高的奉献精神；他为正义事业而献身。幸运之时，他终于会体验到巨大成就的喜悦；不幸时，如果失败了，至少是在勇敢奋进中失败的。因此，他的地位决不应该与那些既不懂得胜利也不懂得失败的冷淡而胆怯之辈的地位相提并论。（wikipedia．com）

上述例句是 SVO 句式，句子主干是 The credit belongs to the man, the man 之后有 9 个定语从句，其中有 because 引导的原因状语从句，if 引导的假设状语从句和 so that 引导的结果状语从句，状语从句中还有定语从句。由于英语句子成分可以叠床加屋，层层套叠，纷繁复杂，因此弄清其结构关系对于理解其语义是非常必要的，这就是我们前面说的"从结构到语义"的意思。

汉语语法偏重语义，离开了语义可以说无所依附。比如，在分析汉语语法时，我们看到的是一长串汉字，词与词之间没有空隙（古汉语连句之间也没有空隙），而且主语、谓语等都没有形式标志，切分只有从语义着手，把句子拆成一个个片段，弄清其间的关系，能将其中的语法分析透彻。句子的结构是语义分析的结果，其过程是"语义—结构"。例如：

春风风人，夏雨雨人。

君君，臣臣，父父，子子。

这里，"风""雨""君""臣""父""子"的语法属性——词性只有通过语义分析才能知道，尤其是第二例，"君君"可以分析为"主谓"（名＋动）关系，即"君要像个君"，也可以分析为"动宾"（动＋名），即"把君当作君"。

2. 英语语基的刚性，汉语语法的柔性

就英语而言，该有的不能少，形态上要求的，一般均必须遵守。如名词的数、动词的时、主谓间的一致关系等，学习英语的人必须当作铁的法律，一一记住，否则就犯了最常识性的错误，会贻笑大方。如：

（1）I have a pencil.

（2）He has three pencils.

（3）They had a meeting yesterday.

凡与此不合的，通常需要在语法书中做出硬性解释。例如：sheep 的复数也是 sheep，解释是其复数形式采取了"零"形态；There is a boy and two girls in the classroom 中，主语与动词在"数"上不一致，解释是根据动词与最"贴近"的名词在数上一致的原则，等等。

形式上要求有的东西，通常也不能少。

英语形态简化以后，最引人注目的变化是大量使用虚词，特别是介词。这些虚词的使用也一个不容许少。如：

（4）WeChat，the Chinese social media smartphone app，saw an increasein user numbers of 41 percent year on year to 500m at the end of 2014，in a sign that parent comp any Tencent is extending its reach for the mobile internet. （www. ftchinese. com）

2014 年底，微信（WeChat）用户数量同比增长 41％至 5 亿人，突显推出这款中国社交媒体智能手机应用的腾讯（Tencent）正在向移动互联网领域扩大地盘。（www. ftchinese. com）

汉语没有西方语言那种形态。古今汉语都有一些形式词，如古汉语的"之"，现代汉语的"的""地"，以及所谓的构词词缀"阿""第""老""子""儿""头"等。但这些字的使用往往缺少强制性，可用可不用，其用与不用并非出于语法上的必需。例如：

（1）我的妈妈—我妈妈

（2）我妈—我的妈（用得少，大约只用于"我的妈哟！"）

（3）桌子—方桌，方桌子，长方桌子（一般不说"长方桌"）

再如：

（4）阿 Q 没有家，（他）住在本社的土谷祠里；（他）也有固定的职业，只给人家作短工，（人家叫他）割麦（他）便割麦，（人家叫他）舂米（他）便舂米，（人家叫他）撑船（他）便撑船。（《阿 Q 正传》）

不难看出，该句一方面充满大量的重复，另一方面又有大量的省略，若用英语的造句规范是无法解释如此松散脱落、生动活泼的语言组织的。

二、英汉表达结构的对比

（一）英语重结构，汉语重语义

英语和汉语属于两种完全不同的语言。英语结构紧凑，汉语结构松散。英语重形合，汉语重意合。英语句子中如果少了连接词 or，but，if，so，because，when，although，in order that，so that 等，所要表达的意思就会支离破碎。而汉语如果没有连接词，只从句子本身意思就可以把概念或关系表达清楚。例如：

Conquer the desires，or they will conquer you.

你如不能战胜欲念，欲念将要战胜你。

英语句子中需要使用连接词 or，汉语中则不需要。

An English man who could not speak Chinese was once travelling in China.

一个英国人，不会说中国话，有一次在中国旅行。

英语句子中包含了一个定语从句，结构紧凑，而汉语句子结构很松散。

We can say that the primary function of a bank today is to act as an intermediary between depositors who wish to make interest on their savings, and borrowers who wish to obtain capital.

我们可以说，当今银行的主要作用是充当两种人之间的中间人，一种人是希望通过储蓄得到利息的储户，另一种人是希望得到资本的借贷户。

由于中英文的差异，例句中宾语从句的主干为"…function of a bank today is to act as an intermediary between depositors…, and borrowers…"，英语结构性的特征使其可以自如地在 depositors 和 borrowers 后附上各自的定语从句。如果汉语译文按照这样的逻辑关系进行表达，就会得到"当今银行的主要作用是充当希望通过储蓄得到利息的储户和希望得到资本的借贷户之间的中间人"，这就成了"翻译腔"十足的译文。汉语重语义，同时又多短句，所以翻译时常拆分成若干个较短的语义，然后按逻辑关系分层表达。例句译文将宾语从句分成了三个语义，首先是主结构的表达，随后是两个定语从句的表达，这是总分关系；在进行定语从句的表达时，用的是对比关系。

It applies equally to traditional historians who view history as only the external and internal criticism of sources, and to social science historians, who equate their activity with specific techniques.

它同样适用于传统历史学家和社会科学历史学家，前者将历史仅仅看成是对历史材料来源的内部的和外部的批评，后者把历史研究活动等同于具体的研究方法。

这个句子长达 30 个单词，是个典型的复杂句。从结构上讲，它是一个主句带两个由 who 引导的从句。尽管结构复杂、信息量大，这句话在英语里并不紊乱，因为句子结构环环相扣，语义清楚。who 引导的定语从句放在名词后面修饰这个名词，这是英语中较常见的表达形式，两个从句的语义既相对独立，又和主句连成一体。英语表达非常重视句子结构，句子结构上的适当安排往往可以达到更好的表达效果。

从汉语的表达习惯来看，句子一般不宜写得太长，修饰成分过多或过长会造成喧宾夺主、语义含混。汉语不需要通过复杂的结构提高表达水平，只要意思清楚、正确，表达方式上可以有更多的自由。

（二）英语多长句，汉语多短句

由于英语是"法治"的语言，只要结构上没有出现错误，许多意思往往可以放在一个长句中表达；汉语则正好相反，由于是"人治"，语意通过字词直接表达，不同的意思往往通过不同的短句表达出来。翻译时要摆脱原文的束缚，争取一定的主动，这便是钱锺书先生所说的"get the meaning, forget the words"（得意忘言）。要想顺利完成这种形式上的转变，关键是要做好对英语长句的结构分析，把长句按意群切分成若干个小段。例如：

In the doorway lay at least twelve umbrellas of all sizes and colours.

门口放着一堆雨伞，少说有十二把，五颜六色，大小不一。

The futurists recognized that the future world is continuous with the present world, so we can learn a great deal about what may happen in the future by looking systematically at what is happening now.

那些笃信未来的人也意识到未来世界是与现实世界息息相关的。人们通过系统地观察现有世界中发生的事情，就可以在很大程度上预测到未来将要发生的事情。

英文原句是个典型的长句，由 35 个词组成，中间只使用一个逗号，完全靠语法结构使整个句子的意思化零为整。翻译时，又必须按照中文的说话习惯使整个句子化整为零。特别需要注意的是，中文习惯先介绍现在，再讨论未来，所以翻译过来的中文译文还必须将原文顺序进行颠倒。

（三）英语多被动，汉语多主动

尽管英语和汉语中都存在被动语态，但英语句子中被动语态用得较多，特别是在一些正式的文体中，比如科技英语、医学英语等。汉语中被动语态较少。有时，汉语也会经常使用一些由"被"引导的被动句，但是更多的是由主动表被动，比如由"让""给""由""据"等词语表达的句子。所以在英译汉时，要尽量把英语的被动句翻译成汉语的主动句，尤其是一些习惯的表达用法。在英语被动句里，不必强调动作施行者，将其放在句尾由 by 连接；不必、不愿或不便言明动作施行者，就干脆将其省略。相对而言，汉语习惯于人称化表达，主语常常是能施行动作或有生命的物体，所以汉语中主动句多。以下是英语中常用的被动句型：

It is agreed that... 人们同意……

It is said that... 据说……

It is reported that... 据报道……

It is believed that... 有人认为……

It must be pointed out that... 必须指出······

It is estimated that... 据估计······

It can not be denied that... 不可否认······

It must be admitted that... 必须承认······

It is suggested that... 有人建议······

It has been found that... 实践证明······

It is（generally）considered that... 大家（普遍）认为······

It has been known for a long time that there is a first relationship between the heart and the liver.

长期以来，大家知道心脏与肝脏关系最主要。

"After a lifetime of being honest", says Collins, "all of a sudden I was basically being accused of stealing and treated like a criminal."

"我一辈子老老实实做人"，柯林斯说，"突然有人指控我偷窃，大家像对待罪犯似的对待我。"

The famous hotel had been practically destroyed by the big fire.

大火几乎使这家有名的旅馆全部毁灭。

They were given a hearty welcome.

他们受到热烈欢迎。

与英语相比，汉语主动句使用较多，被动句使用较少。被动句中有诸如"被""由""让""给"等标志性词。

小汽车被洪水冲跑了。

The car was washed away by the flood.

他们在学校受到欢迎。

They are welcomed in the school.

（四）英语多引申，汉语多推理

做翻译的人经常会有这样一种感受：某个词明明认识，可就是不知道该怎样表达。这其实就是词的引申和推理问题。词在特定的环境中往往会产生新的含义。从原作者的角度来说，这个新的词义一般都是原有词义的引申；从翻译者的角度来看，引申便变成了推理。下面以 sure 为例：

I am not quite sure of his having said it.

我不能确定他是否说过这话。

This is the surest guarantee that we shall be successful•

这是我们取得成功最可靠的保证。

He made a sure step out of the mud.

他从泥淖中跨出了稳健的一步。

She had a sure grasp of the subject.

她对于这门学科的知识掌握得很牢固。

While there are almost as many definitions of history as there are historians, modern practice most closely conforms to one that sees history as the attempt to recreate and explain the significant events of the past.

尽管关于历史的定义和历史学家几乎一样多，现代实践最符合这一种定义，即把历史看作是对过去重大历史事件的再现和解释。

He is very sure in his beliefs.

他的信仰十分坚定。

sure 分别译成了"确定""可靠的""稳健的""牢固"和"坚定"，原文词义稍有引申，译文就要进行适当的推理。

（五）英语多代词，汉语多名词

英语常使用代词，汉语虽然也使用代词，但使用频率明显不如英语高。英语不仅有 we、you、he、they 等人称代词，而且还有 that、which 之类的关系代词。在长而复杂的句子中，为了使句子结构严谨、语义清楚，同时避免表达上的重复，英语往往使用很多代词。汉语虽然也有代词，但由于结构相对松散、句子相对较短，句中不使用太多的代词，使用名词往往使语义更加清楚。翻译时为了弄清句子的确切含义，不知道代词的指代情况往往是不行的，因为不明白主语是什么时，谓语动词的意思往往也无法确定。

And it is imagined by many that the operations of the common mind can by no means be compared with these processes, and that they have to be required by a sort of special training.

许多人认为，普通人的思维活动根本无法和科学家的思维过程相比较，他们并认为这些（科学家的）思维过程必须经过某种专门训练才能掌握。

句子中，代词 they 译成了名词"……思维过程"；be required 译成了"掌握"，不但被动没有了，而且词义发生了很大的变化。

That means getting a police report and copy of the erroneous contract, and then using them to clear the fraud form your credit reports which is held by a credit bureau.

这就意味着你必须要拿到警察局的调查报告和弄错了的合同副本。然后，凭借这些文件澄清你信用报告上的欺诈。信用报告通常由信誉担保机构统一保管。

There will be television chat shows hosted by robots，and cars with pollution monitors that will disable them when they offend.

届时，将出现由机器人主持的电视访谈节目及装有污染监测器的汽车，一旦这些汽车污染超标（或违规），监测器就会使其停驶。

英语原句共使用了三个代词：关系代词 that、宾格代词 them 和主格代词 they，汉语译文中却只用了一个代词"其"，that 被译成了名词"监测器"，they 被译成了名词"汽车"。这是因为汉语里没有关系代词，that 从英语语法上讲指代的是先行词 monitors，把它译成名词"监测器"就成了很地道的汉语表达。而如果把 they 译成"它们"，汉语里就有可能语义不清，因为"它们"有可能指"汽车"，也有可能指"监测器"。由此可见，英语里很多代词译成汉语时都要变成名词。

（六）有些词在固定词组中的前后排列顺序不同

新旧 old and new

前后 back and forth

左右 right and left

水陆 land and water

贫富 rich and poor

田径 track and field

迟早 sooner or later

唯一的 one and only

三三两两 twos and threes

同一的 one and the same

不论晴雨 rain or shine

奶油面包 bread and butter

东西南北 North，South，East and West

衣食住 food，clothing and housing

（七）英语多抽象，汉语多具体

翻译过程中，抽象的表达则要求译者吃透原文的意思，用具体的中文进行表达。

disintegration 土崩瓦解

far-sightedness 远见卓识

careful consideration 深思熟虑

perfect harmony（harmony, 和声；和睦）水乳交融

feed on fancies 画饼充饥

with great eagerness 如饥似渴

lack of perseverance 三天打鱼，两天晒网

make a little contribution（contribution：捐款；捐助）添砖加瓦

on the verge of destruction 危在旦夕

Until such time as mankind has the sense to lower its population to the points whereas the planet can provide a comfortable support for all, people will have to accept more "unnatural food."

除非人类终于意识到要把人口减少到这样的程度：使地球能为所有人提供够的饮食，否则人们将不得不接受更多的"人造食品"。

Odd though it sounds, cosmic inflation is a scientifically plausible consequence of some respected ideas in elementary particle physics, and many astrophysicists have been convinced for the better part of a decade that it is true.

宇宙膨胀虽然听似奇特，但它是基本粒子物理学中一些公认理论在科学上看来可信的推论，七八年来许多天体物理学家一直认为这一学说是正确的。

（八）英语多前重心，汉语多后重心

在表达多逻辑思维时，英语往往是判断或结论等在前，事实或描写等在后，即重心在前；汉语则是由因到果、由假设到推论、由事实到结论，即重心在后。例如：

I was all the more delighted when, as a result of the initiative of your Government it proved possible to reinstate the visit so quickly.

由于贵国政府的提议，才得以这样快地重新实现访问。这使我感到特别高兴。

The assertion that it was difficult, if not impossible, for a people to enjoy its basic rights unless it was able to determine freely its political status and to ensure freely its economic, social and cultural development was now scarcely（不足地，不充分地；一定不，绝不）contested（斗争；比赛）。

如果一个民族不能自由地决定其政治地位，不能自由地保证其经济、社会和文化的发展，那么该民族要享受其基本权利，即使不是不可能，也是不容易的。这一论断几乎是无可置辩的了。

（九）观察事物的角度和联想不同

随手关门——着眼于手

Close the door behind you. ——着眼点在人所处的位置

仰卧；伏卧——以面向为准

lie on one's back；lie on one's stomach——以后背为准

再看一些联想不同的例子：

笑掉了牙 laugh your head off

胆小如鼠 as timid as a hare

身壮如牛 as strong as a horse

热锅上的蚂蚁 like a cat on hot bricks

人山人海 a sea of faces

鸡皮疙瘩 goose-flesh

第四章 英汉语篇、修辞和语用对比探索

第一节 英汉语篇对比探索

由于语言使用方式、风俗习惯等因素的影响。英汉在篇章上存在着很大差异。对英汉篇章进行对比与翻译研究，能够提高语言学习者的语篇运用能力和英语习得能力。鉴于此，这里就对英汉篇章对比与翻译进行研究，主要从英汉衔接手段、段落结构、语篇模式三方面进行对比分析，并介绍篇章翻译的技巧。

一、英汉衔接手段对比

在语言学中，语篇指的是一个任何长度的、语义完整的口语或书面语段落。换句话说，语篇就是由一系列连续的话段或句子构成的语言整体。

需要特别强调的一点是，虽然语篇是由句子构成，但是构成语篇的句子却不是可以随便选择的。这些句子之间需要有一定的逻辑关系，对表现段落或文章主旨有一定促进作用。这就显示了语篇之间衔接的重要性。若想文章的主题鲜明、句意通畅，使用好衔接手段十分重要。衔接手段是语句成篇的保证，也是表现文章中心思想的重要手段。由于英汉语言在语法衔接手段上表现出的差异较明显，因此下文中主要对英汉语法衔接手段进行对比和分析，主要从照应、省略、替代、连接四方面进行。

（一）照应

1. 英汉照应的现象

当句子中的单词无法进行自我解释时，就需要其他的单词或句子对其进行解释，这种现象就是照应。这就是说，所谓照应就是指在篇章中一个语言成分与另一个语言成分互相解释说明的现象。例如：

Readers look for the topics of sentence to tell them what a whole passages is "about", if they feel that its sequence of topics focuses on a limited set of related topic, then they will feel they are moving through that passage from cumulatively coherent point of view.

在这个例子中，需要对 they 的具体含义进行推断和理解。这就需要对 they 所指的对象进行分析。在分析时可以对篇章中 they 的照应词进行确定。通过对句子的观察，they 与 readers 构成照应关系，从而确定了 they 的含义和所指。

在汉语语篇中，照应的关系也十分常见。例如：

她不是鲁镇人。有一年的冬初，四叔家里要换个女工，做中人的卫老婆子带她进来了，头上扎着白头绳，乌裙，蓝夹袄，月白背心，年纪大约二十六七，脸色青黄，但两颊却还是红的。卫老婆子叫她祥林嫂，说是自己母家的邻舍，死了当家人，所以出来做工了。

在上面的篇章中，出现了三个"她"。作者在叙述过程中巧妙地使用衔接手段，使整个篇章前后照应，形成了一个整体。读者在读到这样的段落时，也能清楚地明白"她"指的是"祥林嫂"。

2. 英汉照应的对比

虽然在英语和汉语的篇章中都大量使用照应的现象，但是在英语中使用人称代词的频率却远远高于汉语。这个现象主要是由于英汉之间篇章的行文特点所决定的。英语注重句子结构的完整性及语法的一致性，为避免重复，必须使用人称代词。而汉语句子往往一个主语可以管辖几个分句，甚至几个句子或整段语篇，因此人称代词的使用频率低。

由于这种照应手段上的差异，在进行英汉语言翻译的过程中就需要译者对原文进行分析和理解，找出正确的翻译方式，对原文进行适当调整，从而译出符合译入语表达习惯的译文。例如：

Quietly, so as not to disturb the child's mother, he rose from the bed and inched toward the cradle. Reaching down, he gently lifted the warm bundle to his shoulder. Then, he tiptoed from the bedroom, she lifted her head, opened her eyes and—daily dose of magic—smiled up at her dad.

原译：他不想弄醒熟睡的妻子，小心翼翼地下了地，一步一步慢慢走到女儿的小床边，他弯下腰来，伸出双手轻轻地连女儿带包被一起抱了起来贴在自己的胸前。他踮着脚尖走出了卧室。怀中的女儿抬了抬头，睁开睡眼，咧开小嘴冲他朦胧地一笑。女儿的笑打动着他这颗当父亲的心，天天如此。

改译：他不想弄醒熟睡的妻子，小心翼翼地下了地，一步一步慢慢走到女儿的小床边，（省略"他"）弯下腰来，伸出双手轻轻地连女儿带包被一起抱了起来贴在自己的胸前，（省略"他"）踮着脚尖走出了卧室。怀中的女儿抬了抬头，睁开睡眼，咧开小嘴冲他朦胧地一笑。女儿的笑打动着他这颗当父亲的心，天天如此。

在上面的例子中，起到对应关系的代词是 he 和 his。通过对两个译文进行分析可以看出，调整之后的译文更加符合汉语的表达习惯，行文更加通顺晓畅。再如：

老栓正在专心走路，忽然吃了一惊，远远地看见一条丁字街，明明白白横着。他便退了几步，寻找一家关着门的铺子，蹩进檐下，靠门立住了。

Absorbed in his walking, Old Shuan was startled when he saw the cross road lying distinctly ahead of him. He walked hack a few steps to stand under the eaves of a shop in front of its closed door.

原文中"老栓"和"他"进行了对应，因此译文抓住了句子的特点，将主体老栓的形象翻译得十分准确到位。译者在分析句子结构和词汇照应关系的基础之上进行翻译，不仅准确表现出了原文想表达的思想，同时也符合译入语国家的语言表达习惯，便于读者的阅读和理解。

在具体的翻译实践过程中，当碰到语篇中存在照应关系时，译者首先应对篇章进行分析与整合，然后根据不同语言的特点进行适当调整。具体可分为以下两类。

（1）在英译汉中，可以遵循"省略原则"，即略去原文频频出现的实现人称照应的人称代词。

（2）在汉译英时，必须增加必要的人称代词从而实现其照应关系。

（二）省略

所谓省略，指的是在篇章或句子中省去某个成分的衔接手段。但是在篇章中不是可以随便省略，省略需要在不害文意的情况下进行。在篇章中使用省略的衔接手段，能够避免文章句子的重复，使句子表达简练紧凑。

1. 省略的分类

省略一般有以下三种类别。

（1）名词性省略（nominal ellipsis）。所谓名词性省略，指的是在句子中省略名词的衔接手段。例如：

Jack was apparently indignant, and （　）left the room at once.

这个例句为名词性省略，省略作主语的 he。

（2）动词性省略（verbal ellipsis）。所谓动词性省略，指的是在句子中省略动词的衔接手段。例如：

Reading makes a full man; conference （　）a ready man; writing （　）an exact man.

这个句子为动词性省略，省略动词 makes。

（3）分句性省略（clausal ellipsis）。所谓分句性省略，指的是在句子中省略分句的衔接手段。例如：

A：What does she mean by saying that?

B：I don't know for sure.

上文为分句性省略，know 后面省略了 what she means by saying that。

2. 英汉省略的对比

通过对英语和汉语进行对比可以发现，英汉省略存在着一定的差异。总结起来，英语多省略谓语或动词，而汉语多省略主语或名词。例如：

We don't retreat，we never have（ ）and never will（ ）.

我们不后退，我们从来没有后退过，将来也不后退。

原文中括号部分为省略的成分：在 have 与 will 之后分别省略了 retreated 和 retreat。为了忠实地传达原文内容，译文中需要对省略进行适当的补充和添加。再如：

柯灵，生于 1909 年，浙江省绍兴人，中国现代作家，1926 年发表第一篇作品——叙事诗《织布的妇人》，1930 年任《儿童时代》编辑，1949 年以前一直在上海从事报纸编辑工作，并积极投入电影、话剧运动，新中国成立后曾任《文汇报》副总编辑，现任上海电影局顾问。

Ke Ling was born in Shaoxing, Zhejiang Province，in 1969. He is a modern Chinese writer. His first writing，a narrative poem "The Woman Weaver" appeared in 1926. He was one of the editors of *Children's Times* from 1930 onwards. Before 1949 he was all along engaged in editorial work in newspaper offices and took an active part in activities of film and modern drama in Shanghai. After liberation he filled the post of deputy editor in chief of *Wenhui Bao* for a period. He is at present adviser of Shanghai Film Bureau.

汉语句子重形合，追求整体上的完整。因此，在文章中需要读者对作者的思想进行把握。在原文中，主语"柯灵"只在第一句出现，由于"柯灵"被暗含在上下文之中，读者不会有理解上的困难。但是，英语注重的是意合，也就是句子力求表达清晰、明确。因此，在译文中，译者需要对原文中省略的部分进行添加，也就是通过多个 he 将被省略的主语 Ke Ling 补充完整。

（三）替代

在语篇中经常会出现一些需要重复的内容，但是内容的重复会使文章显得拖拉、繁复，因此经常出现替代的衔接手段。

替代是指语篇中用代词或代动词来替换不想重复的部分。替代可以有效避免重复，并使上下文更加连贯。照应表达的是对等关系，而替代表达的是同类关系。

1. 替代的分类

一般而言，替代分为名词性替代（nominal substitution）、动词性替代（verbal substitution）和分句性替代（clausal substitution）。例如：

Jane needs a new bicycle. She's decided to buy one. （名词性替代）

简需要一辆新的自行车，于是她决定买一辆。

这个例子为名词性替代，文中用 one 替代 a new bicycle。

甲：请问您想要哪种饮料？

乙：红的还是白的，大家统一统一意见。（名词性替代）

此对话也是名词性替代，在句中将"红的"与"白的"替代"饮料"。再如：

He never goes to bar at night, nor do his colleagues. （动词性替代）

今天又来了五个样品需要加工，你做不做？（动词性替代）

People believe that Jane will win the first prize in the English Competition. John thinks so, but I believe not. （分句性替代）

高年级的负责张贴海报，低年级的负责分发宣传彩页。这样合理吧！（分句性替代）

2. 英汉替代的对比

在英汉两种语言中都存在着替代的衔接手段，但是相比之下，英语在替代的使用频率和使用手段上都比汉语丰富。

（1）替代的使用频率对比。汉语中替代手段的使用频率远远低于英语，这是因为汉语往往使用原词复现的方式来达到语篇的衔接与连续。例如：

Darcy took up a book; Miss Bingley did the same.

达西拿起一本书来，彬格莱小姐也拿起一本书来。

（2）替代的使用手段对比。英语的替代手段明显多于汉语。以名词性替代为例，英语有 this，that，one，ones，the same 等，而汉语大概只有"的"字结构。清楚认识这种差异对翻译实践有很大帮助，在英汉互译时就可以利用英汉语在替代上的差异来有效指导翻译活动。例如：

Efforts on the part of the developing nations are certainly required. So is a reordering of priorities to give agriculture the first call on national resoules.

发展中国家做出努力当然是必需的。调整重点，让国家的资源首先满足农业的需要，这当然也是必需的。

原文用 so 替代 certainly required，这种表达符合英语习惯。译文对"是必需的"进行了同义重复，则是适应了汉语读者的阅读习惯。

（四）连接

连接是表示各种逻辑意义的连句手段。通过使用各种连接词语，句子间的语义逻辑关系可以明确表示出来，人们甚至可以经前句从逻辑上预见后续句的语义。

1. 英语关系连接词

韩礼德将英语的连接词语按其功能分为以下四种类型。

（1）添加、递进。添加、递进（additive）指的是在一个句子之后还有扩展余地，可以再添加一些补充信息。常见的连接词包括 and，furthermore，what is more，in addition 等。例如：

The world is steadily becoming more and more over-populated. In addition, the resources of the world are being gradually used up.

在上文中，添加了 in addition 作为句子的连接词，从而使句子的衔接更加自然和清晰。

（2）转折。转折（adversative）是指前后句意完全相反。常见的连接词包括 but，however，conversely，on the other hand 等。例如：

The movements of these cycles are very much the same in a normal life, but the music must be provided by the individual himself.

（3）因果。因果（causal）指的是前后句存在原因与结果的关系。常见的连接词包括 because，since，as，for，for this reason，consequently 等。例如：

Be in a state of abundance of what you already have. I guarantee they are there; it always is buried but there. Breathe them in as if they are the air you breathe because they are yours.

（4）时序。时序（temporal）指的是篇章中事件发生的时间关系。常见的连接词包括 first，then，next，in the end，formerly，finally 等。例如：

Though he was thought foolish, he stuck to his purpose, and finally achieved great accomplishments.

上例中，出现了时序连接词 finally。这种时序连接词的出现能够使句子衔接更加完整，同时也使句子更加富有层次感。

2. 汉语关系连接词

和英语一样，汉语中也存在着表示上述四种关系的连接词。

（1）表示添加、递进意义的连接词有"而且""况且""此外""另外"等。

（2）表转折意义的连接词有"但是""然而""可是"等。

（3）表因果的连接词有"因为""故此""由于""所以""于是"等。

（4）表时序的连接词有"此后""最后""原先""此前""接着""后来"

等。

3. 英汉连接的对比

英汉两种语言的连接词都是意义明确的词项，都能够明白无误地表达句子之间或段落之间的语义关系和逻辑关系。但是，二者在具体的使用过程中又体现出不同的特点。具体来说，英语连接词呈显性，而汉语连接词呈隐性。例如：

A second aspect of technology transfer concentrates on US high technology exports. China has correctly complained in the past that the US was unnecessarily restrictive in limiting technology sales to China. Recently some liberalization has taken place and（1）major increases in technology transfers have taken place as the result. However（2），some items continue to be subject to restrictions and unnecessary delay, in part because（3）the US Government submits many items to COCOM for approval. There is significant room for improvement with the US bureaucracy and COCOM.

But（4）there is also reason to believe that the flow of technology will continue to grow and（5）that much of the major new technological innovation likely to occur in the US in coming years will be available to China. Also（6），as（7）new technology is developed in the US and other industrialized countries, older technologies will become available at a lower price and（8）export restrictions on them will ease.

技术转让第二方面集中在美国的高技术出口方面。过去中国曾抱怨说，美国不必要地限制对中国出售技术，这种抱怨是情有可原的。由于（1）近来限制有所放宽，技术转让大大增加。但是（2），还有些项目继续限制出口或受到不必要的延误，其中部分原因是（3）美国政府要把许多项目提交巴黎统筹委员会批准。美国的官僚主义和巴黎统筹委员会的做法都大有改进的余地。

我们同样也有理由相信技术交流会继续发展；在今后几年里，美国可能出现的重大技术革新项目，有许多会转让给中国。随着（7）新技术在美国和其他工业化国家发展，老一些的技术将以较低的价格出售，对它们的限制也（8）会放宽。

英语原文中共使用了八个连接词，它们分别是 and，However，because，But，and，also，as，and。在翻译成汉语的过程中，（4）、（5）、（6）被省略，（1）、（3）、（7）、（8）被分别改译为"由于""其中部分原因是""随着""也"，只有（2）保持了原义"但是"。

通过对上文分析得知，英语连接词使用比较明显的手段将句子进行连接。而汉语连接词有的不出现，有的则显得比较松散，但内在的语义仍是连续的，充分体现出其隐性连接的特点。

二、英汉段落结构对比

段落（paragraph）是具有明确的始末标记、语义相对完整、交际功能相对独立的语篇单位。完整的段落必须主题明确、结构合理、完整统一。

英汉两个民族在思维方式与语言表达习惯上的不同，使英语段落与汉语段落在结构与内容安排上也产生了一些差异。下面就来具体分析两种语言的段落结构特点。

（一）直线推理段落结构

英美人的思维模式是直线型的，通常按照逻辑直线推理的方式进行，且每个段落必须集中一个内容。因此，英语段落通常包括以下三个部分。

（1）主题句（topic sentence）：点明整个段落的中心思想或主题。

（2）扩展句（supporting detail）：通过细节对主题进行说明。

（3）结论句（concluding sentence）：重申段落主题，与主题句首尾呼应。

例如：

（1）Although the New Testament writers used the popular language of their day, they often achieved great dignity and eloquence. （2）Convinced of the greatness of their message, they often wrote naturally and directly, as earnest men might speak to their friends. （3）Although St. Mark's writing was not necessarily polished, he wrote with singular vigor and economy. （4）St. John struggled with the language until he produced sparse and unadorned prose of great beauty. （5）St. Paul, at his best, reached heights of eloquence which some consider unsurpassed in literature. （6）St. Luke, the most brilliant of the New Testament writers, gave us Jesus' Parable of the Prodigal Son. （7）Taken as a whole, the work of these great Christian writers of the first century has a dignity and splendor all its own.

这个段落由七句话组成，下面对其结构进行分析。

（1）和（2）点明了全段的主题：尽管那些《新约》的作者们用了他们当时流行的语言，他们常常达到了高贵和雄辩。深信他们言语的伟大，他们经常写得自然而直接，就像热心的人们向他们的朋友述说那样。换句话说，（1）和（2）告诉读者，作者将从文学作品而不是圣经的角度对《新约》进行讨论。

（3）、（4）、（5）、（6）分别以圣马可、圣约翰、圣保罗、圣卢克为例子来说明本段的主题：圣马可的创作有奇异的活力和简约的风格，圣约翰用精练和朴实创造出华美的散文，圣保罗的雄辩程度难以超越，圣卢克是最有才气的新约作者。通过对这四个例子的分析，读者可以明白，正是因为《新约》作者的文采才使得《新约》受到世人尊敬并享有雄辩的赞誉。

（7）作为段落的总结句再次重申了作者的观点：基督的作者们享有尊严和荣耀。

总体来说，这是一个典型的直线型段落，观点鲜明、理由充分、结论明确。

（二）螺旋型段落结构

中国人的思维模式是曲线型的，习惯跳动、迂回、环绕的方式，这使汉语段落呈现出螺旋型的特点。具体来说，汉语段落以反复而又发展的螺旋型形式对一个意思加以展开，中间做出的结论又被进一步展开，或者成了一个新的次主题的基础。例如：

索引在我国出现得较晚。有人认为起源于南北朝的类书就具备了索引的性质，这种说法是不科学的。类书是将群书中可供参考的资料辑录出来，分类或依韵编排的一种工具书。它具有文献摘要的性质，并且所记录的范围漫无边际，而索引则只注明文献的出处，使读者"执其引以得其文"，并不司摘录原文之职。并且索引还有严格的范围，如作《史记人名索引》就绝不可将《汉书》中的同名人物一并编入。

为古书作索引大体始于明清之际。明末的著名学者傅山曾编制了《春秋人名韵》《春秋地名韵》。乾隆时汪辉祖编制的《史姓韵编》是依韵编排的。嘉庆时毛谟所编制的《说文检字》，采用了用部首笔划来进行编排的方法。

本例中，"索引在我国出现得较晚"是主题句，但下面的段落并没有以此为中心思想展开。第一段主要是讨论类书和索引的区别。在第二段，作者才回到主题上来，继续谈索引在我国出现的时间。这充分体现出汉语段落迂回、反复的特点。

三、英汉语篇模式对比

语篇模式就是对语篇的发展布局和信息的分布进行的规划和设计。由于民族的差异性，英汉在思维、语言使用习惯上都存在着不同，因此其语篇发展模式也不尽相同。这里主要对英汉语篇模式进行对比。

（一）英语语篇模式

1.叙事模式

叙事是以记人、叙事为主要职能，对社会生活中的人或事物的发展变化进行叙述与描写的一种模式。叙事通常采取第一人称或第二人称，一般情况下要将"5W1H"交代清楚，即 when，where，what，who，why 和 how。

2. 匹配比较模式

匹配比较模式用来比较两种事物的异同点，常用于说明或议论。匹配比较模式的展开方式有两种，一种是整体比较，另一种是点对点比较。

3. 问题—解决模式

问题—解决模式的应用范围比较广泛，不仅出现在科学论文、新闻报道中，还出现在文学篇章中。完整的问题—解决模式包括情景、问题、反应、评价（结果）四个环节，但在实际应用中，这四个环节有可能会调整顺序或缺少其中某一个环节。

4. 概括—具体模式

概括—具体模式义称"预览—细节模式"（preview-detailed pattern）、"综合例证模式"（general-example pattern）或"一般—特殊模式"（general-particular pattern）。其具体的展开方式是，开篇先进行概括陈述，然后用若干个例进行具体陈述，以说明概括陈述的合理性。

5. 主张—反主张模式

在主张—反主张模式中，作者通常先提出一种普遍认可的观点，然后对该观点进行反驳并说明自己的观点，多出现于辩论性质的篇章中。

（二）汉语语篇模式

1. 横向模式

汉语语篇的横向模式要求文中各个层次互不从属，平行排列。例如：

陈小手的得名是因为他的手特别小，比女人的手还小，比一般女人的手还更柔软细嫩。他专能治难产。横生、倒生，都能接下来。据说因为他的手小，动作细腻，可以减少产妇很多痛苦。大户人家，非到万不得已，是不会请他的，中小户人家，忌讳较少，遇到产妇胎位不正，老娘束手时，老娘就会建议"去请陈小手吧。"（汪曾祺《陈小手》）

本例正面说陈小手的医术高明，侧面则从大户人家对陈小手的态度上体现了主题。整个语篇的层次关系靠语义自然衔接，属于平行关系，具有横向模式的特点。

2. 纵向模式

汉语语篇的纵向模式要求各个层次之间具有连接关系，层层递进。例如：

听见有人喊："出海市了！"只见海天相连处，原先的岛屿一时不知都藏到哪儿去了，海上劈面立起一片从来没有见过的山峦，黑苍苍的，像水墨画一样。满山都是古松古柏；松柏稀疏的地方，隐隐露出一带渔村。山峦时时变化，一会儿山头上现出一座宝塔，一会儿山洼里现出一座城市，市上游动着许多黑点，影影绰绰的，极像是来来往往的人马车辆。又过一会儿，山峦城市渐渐消散，越来越淡，转眼间，天青海碧，什么都不见了。原先的岛屿又在海上现出来。（杨朔《海市》）

本例描写了海市蜃楼从出现到消失的过程，采用了三种推进方式：按从大到小的方式描写山峦、山上的古松古柏、古松古柏后面的渔村；按从上到下的方式描写山峦、城市、人群；按从深到浅的方式描写海市蜃楼的消失。总体来看，全段层层递进，将海市蜃楼的出现和消失描绘得十分逼真。

3. 总—分—总模式

总—分—总模式在汉语语篇中出现得也比较频繁。具体来说，这种模式会在开头就点出主题，接着从细节处对主题进行说明、分析、描写或论证，结尾时则再次对主题进行概括。例如：

（1）盼望着，盼望着，东风来了，春天的脚步近了。

（2）一切都像刚睡醒的样子，欣欣然张开了眼。山朗润起来了，水涨起来了，太阳的脸红起来了。

（3）小草偷偷地从土里钻出来，嫩嫩的，绿绿的……

（4）桃树、杏树、梨树，你不让我，我不让你，都开满了花赶趟儿……

（5）"吹面不寒杨柳风。"不错的，像母亲的手抚摸着你……鸟儿将巢安在繁花嫩叶当中，高兴起来了……牛背上牧童的短笛，这时候也成天嘹亮地响着。

（6）雨是最寻常的，一下就是三两天……

（7）天上风筝渐渐多了，地上孩子也多了……

（8）春天像刚落地的娃娃，从头到脚都是新的，它生长着。

（9）春天像小姑娘，花枝招展的，笑着，走着。

（10）春天像健壮的青年，有铁一般的胳膊和腰脚，领着我们上前去。（朱自清《春》）

本例是《春》各段的主要内容。（1）是盼春，（2）到（7）分别从小草、树、雨、风筝等方面分别描绘了春天的景象，（8）到（10）则通过三个比喻歌颂了春天，总括了全文。本例充分体现出总—分—总模式的特点。

通过以上分析不难看出，英语与汉语在语篇发展模式上各有特点。总体来说，英语语篇多用显性连接方式，各种连接成分使语篇成为一个有形的网络。另外，英语语篇多采用演绎型思维模式，按照从一般到特殊的顺序先综合、后分析。而汉语语篇很少采取显性连接手段，语篇的中心意思也不是很突出，在很多情况下需要读者自己去揣摩、体会。

四、篇章翻译的技巧

英汉语言具有多方面的差异性，因此在进行篇章翻译的过程中，如果逐字逐句翻译难免会使译文生硬、不连贯。在实际的语篇翻译过程中，由于中英文衔接手段的差异，需要译者根据语言的特点对文章结构进行梳理，从而翻译出符合译入语国家语言习惯的译文。下面分别通过段内衔接、段际连贯、语域一致三方面对英汉语篇的翻译技巧进行介绍。

（一）保证段内衔接

由于英汉语言之间的差异性，在对原文进行翻译时，译者不能死译、硬译。这样会造成文章逻辑混乱、线索不明晰，最终影响整个篇章的结构和思想表达。

作者在进行文章的写作时，首先需要对文章进行总体上的布局，保证其整体性和连贯性。每一个连贯的语篇都有其内在的逻辑结构。因此，译者在翻译时也需要对语篇脉络进行分析，将语篇中的概念进行连接整合，进而使译文能够逻辑清晰，顺序明确。

在实际的语篇翻译过程中，译者可以使用具体的翻译技巧对文章段落进行内部的衔接和整合。

1. 替代与重复的翻译技巧

通常来说，英语段落是依靠词语的替代来进行句子与句子之间的呼应的，即使用代词、同义词、近义词以及代替句型等来替换前文出现过的词语；而在汉语段落里，句子间的呼应往往由重复的词语来完成。因此，在英译汉过程中，原文中替代的部分通常要用重复的手法翻译，即通过重复实现译文的段内衔接。例如：

Wrought iron is almost pure iron. It is not frequently found in the school shop because of its high cost. It forges well, can easily be bent hot or cold, and can be welded.

熟铁几乎就是纯铁。熟铁在校办工厂里不太常见，因为价格很贵。熟铁好锻，很容易热弯和冷弯，还能够焊接。

在上面的英语原文中，用代词 it 替代了 wrought iron，实现了句子间的衔接。在中文译文中，译者通过重复的手法来进行句子间的衔接，即重复使用"熟铁"这一词语。

在进行汉译英的翻译过程中，由于汉语原文中出现的重复词语较多，因而需要使用替代的方法。

2. 省略部分的翻译技巧

省略现象在英语和汉语中都很常见。多数情况下，英语按语法形式进行省略，如省略名词、动词、表语、主谓一致时的主语或谓语等。而汉语则往往按上下文的意义进行省略，包括省略主语、谓语、动词、关联词、中心语和领属词等。

前述内容提到，英语是重形合的语言，汉语是重意合的语言，从英汉对比的角度来看，英译汉时，许多英语原文中省略的部分，在相应汉语译文中就不能省略。例如：

A man may usually be known by the books he reads as well as[…] by the company he keeps：for there is a companionship of books as well as［…］of men；and one should always live in the best company, whether it be[…]of book or[…]of men.

要了解一个人，可以看他交什么样的朋友，可以看他看什么样的书，因为有的人跟人交朋友，有的人跟书交朋友，但不管跟人交朋友还是跟书交朋友，都应该交好朋友。

上述英语原文中，共有四处省略现象。第一处省略了谓语 be known，第二处省略了名词短语 a companionship，第三处和第四处省略了名词短语 the best company。总体来说，这些省略都是语法层面的省略。对应汉语译文中将这些省略部分都补充了出来，使译文读起来更为通顺、流畅。

3. 连接性词语或词组的翻译技巧

在对英汉篇章进行翻译的实践中，能够发现很多连接性词语或词组。对这些具有连接作用的词汇或词组进行准确翻译，不仅能够促进读者对文章结构和脉络的理解，同时还能加深读者对文章中心的感知。鉴于此，对具有连接性词语或词组的翻译进行掌握十分有必要。例如：

（1）表示举例或特指的 for example，for instance，in particular，specially 等。

（2）表示转折的 but，however，nevertheless 等。

（3）表示频率的 often，frequently，day after day 等。

（4）表示方向的 forwards，backwards，in front of，behind 等。

通过这些连接词或词组的使用实现段内或段落间的衔接与连贯。对于这些词的译法并没有统一的标准，有时会出现一词多译的现象，翻译时译者要根据上下文以及译入语的表达习惯进行灵活翻译。例如：

I woke up the next morning, thinking about those words—immensely proud to realize that not only had I written so much at one time, but I'd written words that I never knew were in the world. Moreover, with a little effort,

I also could remember what many of these words meant. I reviewed the words whose meanings I didn't remember. Funny thing, from the dictionary first page right now, that aardvark springs to my mind. The dictionary had a picture of it, a long-tailed, long-eared, burrowing African mammal, which lives off termites caught by sticking out its tongue as an anteater does for ants.

第二天早晨醒来时，我还在想那些单词。我自豪地发现不仅自己一下子写了这么多，而且以前我从来不知道世界上存在着这些词。并且，稍加努力，我也能记住许多单词的意思，随后，我复习了那些难记的生词。奇怪的是，就在此刻，字典第一页上的一个单词 aardvark（土豚）跃入了我的脑中。字典上有它的插图，是一种生长在非洲的长尾、长耳的穴居哺乳动物，以食白蚁为生，像大食蚁兽一样伸出舌头捕食蚂蚁。

上述英文原文中，使用了表示时间的 the next morning，译为"第二天早晨"，表示递进关系的 Moreover，译为"并且"。此外，译者依据上下文的需要，在译文中增译了表示时间关系的"随后"，以此实现句子之间的连贯。

汉语使用连接词和连词性词组的频率要低于英语。实际上，英语中的一些连接词和词组的相应汉译词汇也是汉语里常用的连接词和词组。汉译英中的连接词或词组的翻译也没有统一标准，如"虽然"一词可以译为 although/though，yet/and yet，in spite of，notwithstanding 等。因此，译者需要根据上下文的逻辑关系对其进行翻译。

（二）注意段际连贯

语言片段以语篇意向为主线所形成的语义上、逻辑上的连贯性称作"段际连贯"。同段内衔接一样，段际连贯也可以通过替代、重复、连接词的使用、省略等手段来实现，也可以通过一定的时空、逻辑关系的贯通来实现。

因此，译者在翻译的过程中，必须把每个词、每句话都放在语篇语境中去考虑，正确推断上下文的逻辑关系，领会作者的意图，适当遣词，从而保证译文的意思清晰、明了。例如：

When I first started to look into the origins of the symbol, I asked a Turk about the history of their flag...

As an explanation, however, this is at odds with astronomical data...

The rejection of this hypothesis on astronomical grounds is strongly supported by historical information that...

Going back in time, the next set of three hypotheses involves the fall of

Constantinople on 29 May 1453…

我最初开始研究星月图案起源的时候曾经问过一个土耳其的学生，问他土耳其国旗上星月图案的由来……

但是，这个土耳其学生的说法与天文资料的记载不符。据天文资料记载……

从天文资料的记载来看，这个土耳其人的说法不成立……

追溯历史，关于星月图案，还有三种说法，都与 1453 年 5 月 29 日君士坦丁堡的陷落有关……

上述英语原文中使用了替代的手法来实现各段之间的衔接，如用 the symbol 替代 the star and crescent，用 this，this hypothesis 来替代 the origins of the symbol。汉语译文中则主要是靠重复的手段实现文章的连贯。

需要注意的是，翻译时为了使译文条理更加清晰，易于译入语读者理解，译者需要改变原文的结构形式，对原文的段落进行适度的拆分与合并。

（三）保持语域一致

语域指的是语言因使用的场合、交际关系、目的等的不同而产生的语言变体，涉及口头语与书面语、正式用语与非正式用语、礼貌用语与非礼貌用语等方面。

语域是篇章翻译中不可忽视的一个方面，一篇好的译文既要将原文的意义准确、完整地译出来，又要恰当地再现原文的语域特点。例如，给不同的人写信，语气就不相同，因而写信人与收信人的亲疏关系就可以从信的字里行间透露出来。因此，在进行翻译时就应了解与把握这种语域区别，以使译文能够再现原文的意图。例如：

Dear Peter,

Sorry to trouble you, but I've got a bit of a problem with that necklace I lost. They've found it but don't want to send it back—they expect me to come and pick it! I've written to their head office in London, but do you think there would be any chance of your picking it up for me next time you're in Brighton on business? If you can do it, phone me in advance so that I can authorize them to give it to you. You'd think it was the Crown Jewels, the way they're carrying on!

Best wishes,

Mary

译文

彼得：

麻烦你一件事，我遗失的项链出了个小问题。他们已经找到，但不愿寄给我——让我自己去取，竟有这事！我已经写信到伦敦总店，但不知你下次到布莱顿出差时是否可能帮我代取一下？如可行，事先给我个电话，我好授权让他们交给你。他们煞有介事，你准以为是凤冠霞帔呢！

安好

玛丽

上述信函原文使用的是一种非正式的格式。对原文通读可以发现其语气平易亲切，句法口语化，简单易懂。因此，可以推知这封信是写给朋友的。掌握了这种信息，在译文中也需要对原文的口语化特点进行忠实反映，从而更好地实现原文想要表达的效果。

需要指出的是，如果原文是正式的公函，在翻译时就需要使用正式的语言表达方式。

第二节 英汉修辞对比探索

就修辞手法而论，英汉语言所拥有的修辞格相同或相似。英语中绝大部分常用修辞格都能在汉语中找到与它们相同或相似的修辞方式；同样，汉语的修辞方式在英语中亦能找到基本对应的表达。但是作为分属不同语系的两个语种，英汉修辞必定存在不同之处。双方历史发展的不同，风俗习惯和生活环境的相异，甚至美学观念的差别，往往赋予了同一种概念不同的比喻或不同的修辞格的表达方式。此外，双方不同范围的词汇搭配、不对应的语言音韵节奏，也决定了双方不同的修辞选择。

差异性的存在给翻译工作者带来了巨大的挑战。如何理解并且深入领会中西文化的差异是翻译工作者要解决的首要问题。作为文化的一个重要体现，修辞手法的准确阐释与表达是判定翻译质量的一大重要指标。译文若不能正确表现原文中的修辞手法，就不能忠实地表达原文的意思、精神和风格。即使大意差不多，也会削弱原文的语言感染力。这就要求我们分析两种语言修辞的异同，探讨它们各自常用的比喻形象能否为对方接受，以及它们的词汇搭配是否符合对方的习惯。因而，本章就英汉修辞手法异同展开论述，分析修辞差异产生的原因、修辞应用的异同，为翻译提供参考性的思路。

在英汉翻译实践中，初学者不时为这一问题所困扰：为什么译文总嫌整脚？换言之，为什么汉语（或英语）不够地道？这里的原因是多方面的。但其中重要的一条恐怕在于还没有完全掌握译入语的修辞规律。很显然，英语和汉语不但在词汇、句法乃至辞格的运用方面具有诸种差别，在修辞即遣词造句方面也有各自的规律和特点。探索和了解这些规律和特点，尤其是比较其间的主要差异，必然会有助于我们提高译文的质量。下面，我们将对英汉两种语言对修辞的影响展开讨论，试图分析不同修辞选择的内在原因，更好理解中西文化，以准确达意。

一、什么是修辞

修辞是嘴边之词，且在日常生活中随处可见。不消分说，稍稍在网上一搜，就可获得众多关于修辞的文章。那什么是修辞？

陈介白（1936）曾给修辞学下过这样的定义："修辞学是研究文辞之如何精美和表出作者丰富的情思，以激动读者情思的一种学术。"在他的定义中，我们可以发现，修辞实际上包含以下三个要点：一是文字表达要精美，这是要求形式美；二是要有丰富的情思，这是要求内容美；三是要能激起读者的情思，这是要求效果美。这主要是从美学的角度阐释了何为修辞这样一个概念。

"美化文辞"固然是修辞的一个重要显著性特征，但是，纵观修辞的使用和效果，我们发现"美化文辞"这一狭小的天地难以囊括修辞和修辞学的全部内容。比如从语体的角度而言，科技语体和公文事务语体并不追求什么"美化文辞"，但属科技语体和公文事务语体的文章、文件、著作，同样存在修辞问题，同样需要人们去认真加以研究。而这些不得不说也是修辞学的一大重要研究内容，需要在定义里将以囊括和体现。因而，就有了综合性的定义，例如胡裕树（1995）主编的《现代汉语》一书讲道："修辞是为适应特定的题旨情景，运用恰当的语言手段，以追求理想的表达效果的规律。修辞学就是研究这种规律的科学。"

由此可见，修辞不仅讲究恰当的语言表达以"求美"，还离不开特定的题旨情境，也就是所说的"规律性"。这一定义摆脱之前修辞学的美学束缚，从一个宏观的高度去囊括和审视，异中求同，寻找规律，不论题材、语言、文化的差异，因而，对于翻译研究具有一定的指导意义。

二、修辞与文化

上文我们在给修辞定义中提到"修辞是为适应特定的题旨情景，运用恰当的语言手段"，可见，修辞受到一定的题旨情境的制约，是人的审美观点在语言里的表现，而非随意的自由发挥、语言的堆砌。不同的民族，不同的文化，不同的审美观点，注定产生不同的语言修辞。修辞从本质上说是一种文化现象。修辞受文化的影响，文化在修辞中得以体现，两密不可分。我们这里所说的文化包括三类：物质文化、制度文化和心理文化。

（一）物质文化

物质文化属于文化的表层，是一切精神文化的基础，直接影响着人们的修辞活动。例如在比喻或借代的运作过程中，物质文化直接左右着喻体或代体的选择。如汉语常说"像老黄牛一样地干活"，英语却说"to work like a horse"（像马一样干活），因为汉民族历来用牛耕地，而英国早期用马耕地。可见物质文化对于英汉语言选择喻体具有主导的作用。不同的生存环境形成不同的观念文化；相反，相同或相似的外部物质环境必然造就共同的观念文化。例如英国和日本虽然分属东西方国家，但同时又都是典型的"岛国"，有着共同的"岛国文化"和"鱼文化"，因此英语和日本中的大量比喻来自海洋或鱼类。如"守口如瓶"英语表达为 as close as an oyster，日语中有相似的表达。可见，修辞受物质文化的影响，甚至被物质文化所主导。

（二）制度文化

所谓"制度文化"，指的就是成文或不成文的一切社会规约，包括风俗习惯。不同民族的制度文化也往往在比喻和借代中留下它们的痕迹。汉语常用"皇亲国戚"比喻"极有权势的人"；然而，在西方民族中却流行着这样一个幽默的比喻 could do no wrong like a king（像国王一样不会犯错误），因为西方实行议会制度，一切重大国事都要通过议会决定，国王毫无决策权，当然不会犯错误。同样以"皇帝"或"国王"作喻体，喻义却完全相反，这是不同的社会政治制度所使然。

（三）心理文化

所谓"心理文化"，即"观念文化"或"意识文化"，存在于人们的潜意识里，是文化的最底层，也是最为丰富多彩的。不同民族有着不同的民族心理文化，这在比喻的运作中展示得最为淋漓尽致。英语中有一个奇特的明喻成语 as merry/lively as a cricket/agrig，只因为莎士比亚在《亨利四世》中用过 as merry as crickets（像蟋蟀一样快活）。然而，与此正相反，"蟋蟀"在汉文化中却历来扮演着"悲哀、凄凉、烦恼"的角色。如"蟋蟀在堂，岁聿其莫。""蟋蟀在堂，岁聿其逝。"（《唐风·蟋蟀》）因此，英语明喻成语 as merry as a cricket 对汉民族的文化心理来说是不可接受的；对此，汉语有自己的喻体，即"快活如喜鹊"。但是反过来，这一明喻在英语中也是不可接受的。在英美传统文化观念中，"magpie"（喜鹊）并非快活的形象，而是形容喋喋不休而令人生厌的人。因此，英汉双语就遭遇所谓的"文化冲突"。可见，不同的心理文化，不同的修辞表达。

三、修辞与语言

众所周知，所有的修辞活动都是借助于特定的语言材料。语言是修辞得以实现的基础和载体，修辞受语言材料的制约和主导。一般而言，修辞材料来自于语言的三个层面，即语音、词汇和句法。由于各种语言的语音系统、词汇形态和句法结构各不相同，其修辞手法必然有所区别。

首先在语音和文字形态上。"语音是语言的物质外壳，文字是记录有声语言的视觉符号，都是语言赖以存在的物质形式，也都是重要的修辞资源之一。"（李国南，2005）东西方语言的语音系统和文字形态差别极大，各自都有一些特有的修辞方式。例如作为东西方语言都有的修辞方式"拟声"，由于东西方语言音系方面的巨大差异，拟声词（汉语也称"象声词"）不管在数量上还是在形态上都大不一样。汉语是以单音为主的语言，采用的又是表意文字，在描摹形状方面自有其不可比拟的优越性；可是在模拟声音方面，就不能不说稍逊一筹；而西方语言是多音的，采用的是拼音文字，在模拟自然声音方面自有无比的优越性，拟声词极为丰富。

其次是在词汇形态之上。作为重要的修辞资源之一的词汇，是修辞产生、发展和运作的基础。词汇对于修辞的制约作用在"借代"手法上的运用表现最为明显。如在汉语表达中，有用"八斤半"指代头颅，而英语中则没有这样的表达。此外，汉语中的复数形式，也是英语中无法准确表达的内容。如："单是周围的短短的泥墙根一带，就有无限趣味。油蛉在这里低唱，蟋蟀们在这里弹琴。"（鲁迅《从百草园到三味书屋》）"蟋蟀们"译成英语即复数式 crickets，但仅此名词复数式无法将"蟋蟀"拟人化。

最后体现在句法结构上。修辞活动也是一种话语活动，离不开句法结构。因此，修辞活动往往要受到特定的句法结构的约束。汉语属"意合"（Parataxis）语言，连接成分较少；然而，英语则为典型的"形合"（Hypotaxis）结构，多连接成分，这就使得两种语言在句法功能上大相径庭。以上述所提到的拟声词翻译为例，尽管汉语的拟声词在英语中可以找到对应的词汇表达，但是两者的句法功能却是天差地别。英语拟声词在英语词典里都有明确的词类标记，绝大多数作名词或动词，因此，它们在句中一般都作主语、宾语和谓语。英语拟声词的词类早已归属明确；可是，汉语拟声词却仍然还是个无家可归的词类。对其词类归属及语法地位，至今还是个见仁见智的大问题。尽管说法不一，与英语拟声词的名词性和动词性特征相比，汉语拟声词具有鲜明的形容词特征，最常见的是作状语、定语和补语。

（李国南，1999）此外，汉语"对偶"与英语 Antithesis 并非一一对应，实则不可同日而语。可以说，"对偶"是自然界的平衡对称规律与汉语言文字结合得天衣无缝的绝妙产物。汉语结构上重意合，连接成分少，顺来倒去皆成文章；构词上又以单音节词为基本表意单位，轻便灵活。可以说，"对偶"是汉语结构所决定的，是汉语言文化的特有产物。（李国南，1991/1997）

修辞手段运用于话语，而话语的建构又离不开语音、词汇和句法，因此，一种语言的语音系统、词汇形态和句法结构必然影响着修辞手段的产生、运作和发展。

四、修辞与翻译

著名翻译理论家费道罗夫（1988）曾说过："翻译是一门专业性很强的语言学学科，它研究两种语言的对比规律……任何一种翻译……都要靠两种语言的对比。"可见，对比是翻译理论的核心。翻译的理论、方法和技巧建立在英汉两种语言异同对比的基础上。就英汉两种语言而言，由于历史、文化和社会状况的不同，两种语言在很多方面存在不少的差异，这就给翻译工作者带来不少的挑战。

而翻译实践告诉我们：对双语研究得越深刻，对原文理解越准确，运笔自觉性也越高，从而真正做到胸有成竹，下笔有神。因而，可以说修辞，特别是修辞比较研究是翻译学的一个重要研究课题。了解并掌握好英汉修辞上的共性和异性有助于提高翻译的质量，不仅可以有助于翻译工作者正确地理解原文中所运用的修辞表达，更有助于译者根据意义，结合目标语境和文化，或直译或再创造，形成类似的表达，从而达到意形结合，形神统一，提高翻译的效果，从而引起读者的共鸣。

五、英汉具体修辞手法对比与翻译

人们要准确、鲜明、生动地运用语言并充分发挥其作为交际工具的作用，必须学习和讲究修辞。英语和汉语的修辞手法大多相同或近似。因此，对二者进行一些研究，做一些对比是有益的。下面就几种常见的英汉修辞进行对比，并试图提出翻译技巧，为翻译初学者提供一些参考性思路。

（一）明喻（Simile）

据剑桥《高级英语学习词典》表述，"Simile refers to （the use of) an expression comparing one thing with another, always including the words 'as' or 'like'"，换言之，明喻是指通过比喻词将具有某种共同特征的

两种不同事物连接起来的一种修辞手法。一般由三个部分组成：①本体，②喻体，③喻词。例如：

Beauty, sweet love, is like the moring dew.

美丽、甜蜜的爱，犹如清晨的露珠。

My love is like a red, red rose.

我的爱人像一朵红玫瑰。

My heart is like a singing bird.

我的心像一只歌唱的鸟。

Rise, like lions after slumber,

In unvanquishable number

Shake your chains to earth like dew,

Which in sleep had fallen on you—

You are many—they are few.

（Shelly）

像睡醒的雄狮一样站起来吧，

你们的人数多得不可征服；

抖掉你们身上的锁链，

像抖掉沉睡时落在身上的霜露：

你们是多数，他们是少数。

（雪莱）

相对应地，汉语中也有许多比喻词，如"像、好像、仿佛、宛如、恰似、如同、一般、一样"等。

例如：

过去的事，一切都如同梦幻一般消失。

她展眉而笑，宛如轻风拂起湖面的涟漪。

新雨之后，苍翠如灌的山岗，云气弥漫，仿佛罩着轻纱的少妇，显得那么忧郁、沉默。

她们从小跟小船打交道，驶起来就像织布穿梭缝衣透针一般快。

可见，英汉明喻修辞基本一致，可概括成下述公式：

A+ 比喻词 +B

在翻译的时候，大部分可以采取直译的手法。然而，正如一切事物均有例外，并非所有的明喻可以直接照搬源语，由于中西文化的差异，有些意象所传递的内涵是截然不同的。在这种情况中，直译是远远走不通的，需要转换意象，力求归化，达到达意传神的效果。例如在"他壮实得像头牛。"这个句子中，译者不能将其直译成"He is as strong as a cow."。这是非常不可取的。尽管"牛"这个意象，在中国是"健壮"的象征，但是英语中一直没有这样的表达习惯，而相反，"马"，在西方人眼中，是强壮的代名词。因而，在翻译这个句子的时候，译者应该充分理解中西文化的差异，基于此之上，转换意象，完成翻译"He is as strong as a horse."

同样，汉译英也要考虑文化因素。比如：as hungry as a hunter 不宜译成"饿得像狩猎者一样"，而应译成"非常饿"，以符合中文的表达习惯和思维方式。再比如 as bold asbrass，"脸皮像黄铜一样"，这样翻译尽管是一一对应，信息齐全，但是读起来别扭，始终不是正宗的中文表达。相反"脸皮厚如城墙"则更符合中文表达风格。

因而，明喻的翻译始终离不开对中西文化的熟知。在意象相同或相近的情况下，能直译便直译，尊重原文；然而在某些文化蕴涵出现分歧的地方，在理解文本意思的情况下，尊重目标语的表达习惯，采用目标读者熟知的意象，以达到生动鲜明的表达效果。

（二）暗喻（Metaphor）

剑桥《高级英语学习词典》将暗喻定义为"an expression which describes a person or object in a literary way by referring to something that is considered to possess similar characteristics to the person or object you are trying to describe:

"'The mind is an ocean' and 'the city is a jungle' are both metaphors. Metaphor and simileare the most commonly used figures of speech in everyday language."

也就是说，暗喻是明喻进一步的比喻，是一种隐藏的比喻，不使用比喻词，不表露比喻的痕迹，本体与喻体同时出现，本体隐藏在喻体内。如"She is a woman with a stonyheart."（她是一个铁石心肠的女人。），"我是妈妈的掌上明珠。"（I'm the apple of my mother's eye.）

可见，在暗喻这种修辞手法中，比喻是靠句子整体意象来传递，而非比喻词。试比较：

He is as stubborn as a mute.

He is a mute.

第一句以比喻词 "as...as" 来连接，是明喻，第二句直接是用 be 动词，将人物与意象等同，属于暗喻。

暗喻表达可以是名词，例如：

Failure is the mother of success.

失败乃成功之母。

可以是宾语：

He still has a ray of hope.

他仍抱有一丝希望。

可以是谓语：

His mind swept easily over the world.

他对世上各方面的情况了如指掌。

可以是定语：

A heavy purse makes a light heart.

有钱一身轻。

因而，不管是明喻还是暗喻，这种修辞手法都引起了审美主体——读者的联想、思索和体味，从而获得美感。

暗喻的翻译原则基本与明喻一致，可采用：

1. 保留差异，等值再现

Our state was suddenly disjointed and out of frame.

我们的国家突然脱了节，错了位。

frame（结构、框架）在英国伊丽莎白时代常用来指社会的秩序，不懂原文的人虽对这个形象不熟悉，但也能理解其喻义：一个政通人和的国家就如同一个很好的框架，而当政体有了恶变岂不就好像这个框架脱了节、错了位？

这种译法可谓 "形神兼备"，可最大限度地再现源语风貌，还可以借此丰富本民族语，体验一下异族情调的 "美"。

2. 代换比喻，去异求同

Mr. Smith may serve as a good secretary, for he is as close as an oyster.

史密斯先生可以当个好秘书，因为他守口如瓶。

as close as an oyster 这种表达方法对于中国人来说是陌生的，很难引起相同的联想和感情，因而，将喻体转换，改为 "瓶"，以符合汉语的表达习惯。

这种翻译方法，从审美角度看，并未损害译入语的接受美学功能，反而产生了相同的审美效果。

3. 放弃比喻，动态对等

The ship plows the sea.

船在乘风破浪地前进。

此处翻译放弃了"plow"的比喻手法，而将其译成"乘风破浪"。原因在于原比喻的差异既不能保留，又没有合适的代换。然而，我们可以发现，尽管舍弃了比喻，但是原文的美学价值还是被很好地保留下来。这就依靠良好的中英文功能以弥补缺失，从而获得审美效果上动态的对等。

（三）借代（Metonymy）

借代是说话或写文章时不直接说出要表达的人。

1. 以部分代替整体

On the stage, we can see a sea of faces.

在舞台上我们可以看到一片人海。

Great minds think alike.

英雄所见略同。

一群蓝眼睛推开门，走了进来。

A group of blue eyes opened the door and entered the room.

2. 以整体代替部分

In the match England has won.

在这场比赛中，英国队赢了。

3. 以种类代替属类

He sets a good table.

他摆了一桌好菜。

She is a good girl at her needle.

她针线活很好。

4. 以属类代替种

It is a pity that there is more ignorance than knowledge in our country.

在我国有知识的人太少，没有知识的人多，这是一件遗憾的事。

5. 以物质代替所制成的东西

He was bound in irons for three months.

他被戴上脚镣关了三个月。

6. 以个别代替种类

Shanghai is the Paris of the East.

上海是东方巴黎。

总之，借代即用某个特别、具体的特征来代替某一事物、某一部分。它是英汉两种语言共享的一种修辞手法。在翻译的时候，可根据具体情况或直译或意译法。

（1）直译法

直译法主要是针对那些与目标语"不谋而合"的借代或不至于影响理解的源语借代。

例如：

The Patriot successfully cracked the Scud.

爱国者（导弹）成功地拦截了飞毛腿（导弹）。

All of his purchases of recent years had to be liquidated at a great sacrifice both to his health and his pocketbook.

近年来他所购买的全部东西都不得不用来清偿债务。这对他的健康和钱包都是损失。

The whole village rejoiced over the victory.

全村（人）都为这一胜利而欢欣鼓舞。

（2）意译法

主要针对那些在目标语中找不到同等借代或直译不符合目标语表达习惯的借代。例如：

He drained the bitter cup of life to the bottom.

他饮尽了生活的苦酒。

It seems to me I have won my wager and recovered my glove.

看来我已赌赢，有可能参加拳击比赛了。

He has never earned an honest penny in his life.

他一生中从未用正当手段赚过钱。

He chose a gun instead of a cap and a gown.

他选择了当兵，而没有选择上大学。

The cat laughed and talked loudly.

这个包藏祸心的女人大声说笑着。

（四）拟人（Personification）

所谓拟人就是把无生命的事物当作有生命的事物来描写，赋予它人的动作或思想感情的一种修辞手法。例如：

"Oxford is always different," he said to me once. "Always I see her in a new mood of beauty from these hills."

"牛津总是千变万化。"他有一次对我说，"从这边小山看去，我总是发现她每次都表现出一种崭新的美的情调。"

How soon hath Time, the subtle thief of youth, stolen on his wing my three and twentiethyear!（Milton,"Sonnet"）

时间啊，这窃取青春的巧贼，竟这样迅速地用双翅带走了我的二十三岁！

在汉语中，拟人法用得也很多。例如：

珠峰哟，你雄伟，你峻峭，

珠峰哟，你幸福，你自豪。（《珠峰石》）

拟人可以是：

1. 把非生物当作人来描写

The thirsty soil drank in the rain.

干渴的土壤吸吮雨水。

隔墙有耳

Wall has ears.

2. 把动物当作人来描写

The lamb nodded as I came home.

回家时，小羊向我点头示意。

野兔嘲笑乌龟，因为他的行动很缓慢。

A hare laughed at a tortoise because he moved very slowly.

3. 把抽象概念当作人来描写

Truth never grows old.

真理长青不老。

Pride goes before a fall.

骄傲必败。

4. 把人当作动物描写

He is a bookworm.

他是个书呆子。

他是个披着羊皮的狼。

He is a wolf in sheep's clothing.

可见，无论是英语还是汉语，拟人手法都是常见的修辞格。在翻译的时候通常采用直译法，即按照字面意义进行翻译。这样一来，既保留了文章的意义，又使修辞手法得到保留，可谓意形结合。但是，很多的时候直译是远远不够的。要想到达意义上的对等，需要做些转换。转换源于两种语言拟人表达的不同。

按照邵志洪、邵惟蕺（2007）对于拟人手法的分类方法，英汉拟人修辞均包含两种：词汇化拟人（lexicalized personification）和修辞性拟人（rhetorical personification）。

词汇化拟人指一些约定俗成进入辞书的用法，例如"the arms （of a chair）""the legs （of a table）""the head （of a party）"。在汉语中，就有大量词汇化拟人表达法的存在，如"山头、山顶、山巅、山腰、山脚；兄弟厂、姊妹作、子母弹、母校、母语、子公司"等，一般是名词拟人。而在英语中，拟人最常见于英语动词系统，以 head 为例，head 既有同中文中类似的用法，表示"头"，亦可以作为动词，取其引申意义。具体如下所示：

His name heads the list.

他是名单上的第一名（头）。

head off a quarrel

阻止一场争吵（头掉下，引申为阻止，结束）

head for Tianjin

朝天津驶去（头伸往，引申为朝向）

The cabbages are heading up nicely.

长势很好（头直立，往上，引申为势头好）

head down peach trees in the first year of their growth

桃树生长第一年时截去树梢（头落下，引申为截去）

不难发现，英语多动词拟人，中文多名词化拟人；汉语多复合词，英语多单纯词。英语动词的拟人表达在汉语中基本无法对应，汉语对应的表达通常不用拟人。因而，在翻译此类表达的时候，以"选意"为主，将"形似"置于次要的位置，甚至牺牲"形"的要求。

修辞性拟人指将拟人作为修辞格使用，属于修辞手法，多见于文学作品之中。修辞性翻译虽在汉英两种语言中颇为常见，但是鉴于英汉语法有别：英语语法显性，汉语隐性；句式不同：英语属于"主语突出型"语言，汉语属于"话题突出型"语言；以及英汉语言心理迥异：汉语注重主体性描述，英语兼顾主体性与客体性描述，倾向于客体性描述；在做英汉翻译的时候，要特别注意转换，注意不同之处，选择合适表达，以得"意"而不忘"形"。特别是要做好以下两个转换：

①显隐转换

He is the head of the team.

他是队长。

在这句话中，"head"本是拟人词汇，但是在翻译成中文的时候，直接采用"队长"替代"头"，将隐性的拟人表述转化成显性的意思传递。

②主语转换

His good temper often brought him many friends.

他为人和善，因而朋友很多。

《黄帝内经》的作者早在春秋战国时期就总结了当时的医学知识。

In the Spring and Autumn Period, *The Emperors Canon of Interior Medicine summanzed* the then current medical knowledge.

在第一句中，英文原句中的主语是 his temper，主语为物，但是在翻译成中文后，主语摇身一变，成了人称，即人为主语。这主要考虑到中英文表达习惯上的不同。同样，在第二句中，原文中人为主语，而译文英语则以被动态表达，以物为主。由于英语是以综合型为主向分析型过渡的语言，有较丰富的形态和语法手段，所以英语中有很多倒置现象。汉语是分析型为主的语言，语序相对固定，很少有语序倒置现象，主谓倒装句也多出现于口语。因此，将英语倒装句译成汉语时，一般采取正常语序（"主 + 状 + 谓 + 宾"的结构），有时需根据具体情况加入一些象声词或副词（只、才、都、只要……就等等），增加句子的动感，例如：

Long live the People's Republic of China!

中华人民共和国万岁！

Up went the rocket into the space in an instant.

顷刻间，"嗖"的一声，火箭飞向太空。（加入象声词）

So fast did she walk that none of us was her equal.

她走路非常快，谁都赶不上她。

Only in this way can you succeed.

只有这样，才能成功。

Never in my life have I heard of such a strange thing!

我这辈子从来没有听到过这么离奇的事情！

（五）反语（Irony）

反语就是说反话，或是正话反说，或是反话正说。既可用恭维的言语暗含挖苦与讽刺，也可用抨击的语言示意保驾与解救。反语多数表示讽刺、嘲弄的意思，反语用得好，常比正面陈词更有力量。

英语中的反语就是说反话。例如：

What a noble illustration of the tender laws of his favored country!——They let the paupers go to sleep!

他们竟允许穷人睡觉！——这是多么"高尚"的例证！多么"仁慈"的法律！多么"可爱"的国家！

With shingle-shavings enough around to show what broke them down; a sow and a litter of pigs loafing along the sidewalk, doing a good business in watermelon rinds and seeds.

周围满堆的削木瓦的刨花足以说明是什么活把他们累倒了；一只母猪带一窝猪崽儿在人行道上消磨时光，贪婪地啃食着西瓜皮和瓜子，做尽了好事。

而在中文中，反语既可以是正话反说，例如：

我那时真是聪明过分，总觉得他说话不大漂亮，非自己插嘴不可……哎，我现在想想，那时真是太聪明了！（朱自清《背影》）

I was such a smart aleck that I frowned upon the way father was haggling and was on the verge of chipping in a few words...oh, when I come to think of it, I can see how smarty l was in those days!

还可以是反话正说，表示人物之间的亲切感情。如：

几个女人有点失望，也有些伤心，各人在心里骂着自己的狠心贼。

Disappointed and rather upset, each woman was secretly laying the blame on her heartless brute of a husband.

反语的翻译，最重要的一步在于理解。这就需要译者在翻译的过程中，通读全文，结合语境，理解字里行间的言外之意，在理解的基础之上准确达意。

（六）双关（Pun）

双关，是一个词语或句子兼有两种意思：一种是字面意思，一种是言外之意。这种一箭双雕的词句，字面意思是次要的，言外之意是主要的。根据各种英语词典对双关的定义可以推断，英语双关的范畴不仅包括借助一个显性铰链激活两层或多层不同意义的双关，而且包括借助两个或多个显性铰链传递两层或多层不同意义的双关。国内学者认为，汉语双关的范畴主要包括借助一个显性铰链激活两层不同意义的双关，但也有少数汉语双关是借助一个显性铰链激活多层不同意义或者借助两个显性铰链传递两层不同意义。

1. 英语双关

英语双关，就是种修辞手法，表面上说的是这件事，实际上是指另一件事。它可以是同音异义（homonym），例如：

An ambassador is an honest man who lies abroad for the good of his country.

大使为了本国的利益在国外多么忠诚地说谎！

句中 lie 有两个意思，既可以理解为"住在"，又可以理解为"说谎"。

也可以是同音异形异义词（homophone），如：

On the first day of this week he became very weak.

这个星期他身体变得虚弱了。

On Sunday they pray for you and on Monday they prey on you.

星期日他们为你祈祷，星期一他们抢劫你。

还可以是同形异音异义词（homograph），例如：

Finding tears on her coat, she burst into tears.

发觉外衣破了，她放声大哭起来。

2. 汉语双关

汉语双关语主要利用词语的多义或同音（或近音）条件构成，可分语义双关和谐音双关两类。

语义双关，是借用多义词来表达的，表面说的和所要表达的实际意思是两回事。例如：

周繁漪：这些年喝这种苦药，我大概是喝够了。（曹禺《雷雨》）

谐音双关，是利用同音（或近音）条件构成的双关。例如：

东边日出西边雨，道是无晴还有晴。

（The west is veiled in rain, the east enjoys sunshine. My gallant is as deep in love as day is fine.）

或一词两义的构造的修辞手段。

另外汉语中还有许多用谐音表示的歇后语，例如：

外甥打灯笼 —— 照舅（旧）

孔夫子搬家 —— 净是书（输）

可见，双关语表现形式多种多样，意义内涵丰富多彩。有些双关语是中西共享的，可以找到对应的表达。如：

"... Pale green does not suit you, especially green around the gills."

"……淡青色和你不相配，特别是脸色发青。"

green around the gills 是一个习语，意为（吓得）脸色发青。此处 green 的双关意思正好可用汉语的双关语表达，且英语习语对应汉语的四字成语，堪称巧合。

　　而对于英汉两种语言来说，这种对应的双关语表达毕竟是少数，更多情况下，双关语在目标语中找不到对应的表达，译者只能部分翻译出双关语所承载的玄妙意义，并不能完全地复制原文双关语的全部含义，或在译文中表现原文的双关语修辞形式。在这种情况下，如果一味地去强调"忠实"原则，那么翻译就无从谈起。因而译者应该将视线放在达意之上。这样一来，就打开了双关语翻译的思路。

　　在对待文学作品翻译上，译者可以通过增加注释来加以说明，如：

　　在对待影视作品翻译上，加注显然失效，但是译者大可采用重写或改变的方法以保留双关语形成的幽默风格。如：

Principal: Does any of you know martial art?

One teacher: I know Martial Schwartz.

译文一：校长：你们有谁懂得武术？

某教师：我认识马歇尔·施瓦茨。

译文二：校长：你们有谁懂得武术？

某教师：我懂得点巫术。

　　第一个译本，采用直译方法，尽管译出了基本信息，但是幽默效果全无；相反，第二个译本，虽然与原文在字词的平面上有小偏差，但是保留了原文幽默的基调。

　　再如：

"What flowers does everybody have?"

"Tulips. "（Tulips=two lips）

"人人都有的花是什么花？"

直译："郁金香。"（郁金香的英文与双唇的发音相似。）

改译："泪花。"（马红军译）

"What part of the fish weighs the most?"

"The scales. "

"鱼身上哪部分最重？"

直译："鱼鳞。"（scale 既可解释为"鱼鳞"，也作"秤"解。）

改译："鱼舌头（石头）。"

　　可见，在双关语的翻译上，重要的是保留原文的修辞效果和文本完整，而不一定要保留原文双关语的形式和双关意思，不一定要在完全相同的文本位置上制造双关语，甚至可以改动上下文，以维持原文的效果，我们就可以想出各种处理双关语的办法，更灵活地翻译双关语，大大增加双关语的可译性。

第三节 英汉语用对比探索

人们在使用语言传递信息时，往往不限于话语本身的字面意义，而是注意在一定语境条件下的交际信息。语境不同，话语的含义往往不同，这种现象便是语用学研究的内容之一。本节首先从两个方面来进行英汉语用方面的对比，然后探讨语用的翻译问题。

一、英汉语用的对比

（一）英汉语用语言对比

所谓语用语言，研究的主要内容是语言形式和语用功能之间的关系。英汉两种语言中语义相同、结构相似的短语或句子在不同的语境下可能会有不同的解释。例如，of course 在英汉语言中的语义是相同的，并且在汉语中该短语不含有贬义，但在英语对话中有时该短语含有认为问话者愚昧无知的含义。下面来看两个例句。

A：Would you like something to eat?

你要吃点什么吗？

B：of course.

怎么会不要呢？（当然。）

A：Is there a party on Sunday evening?

星期日晚上有个晚会吗？

B：of course.

怎么会没有呢？（当然。）

虽然同一种语言行为可以用很多种语言形式来表达，但通常情况下这些语言形式是不可以相互替换的。也就是说，在一种语言中用来表达某一言语行为的最常用策略在另一种语言中就不一定同样适用了。例如，在汉语中，人们去商店买东西常用"给我一个……"这样的祈使句，但在英语中则经常会用"Can I have...please?"这样的消极礼貌策略来表达。

另外，同一种言语行为在不同文化中使用的范围也是不同的。例如，说英语的人在表示要求别人做事时用的动词特别多，这些动词不仅所具有的特征不完全相同，而且所表示的说话双方之间的权利关系也不同，被要求的一方或许是受益者或许不是。

就目前而言，跨文化语用语言学研究的内容多是与"礼貌"密切相关的言语行为，如道歉、拒绝、恭维、请求等。通常而言，言语行为的研究主要包括如下几个方面的内容。

（1）在不同文化中，同一种言语行为使用范围以及频率的差异。

（2）不同文化对言语行为理解上的差异。

（3）不同文化在表达同一种言语行为时所使用的语言形式上的差异。

（4）不同文化中，能用于表达同一种言语行为的不同语言形式中最常用形式的差异。

（5）在表达某一种言语行为时，常常与之相配合使用的言语策略，如缓和语、敬语、礼貌语等方面的差异。

下面以否定句的语用功能为例来具体进行说明。

在英语中，如果一个命题本身是否定形式，即话语内容是（～P），那么再对这一命题进行否定就是"确认"（confirmation）。例如：

A：You are sure that I can't come with you.

B：（She shook her head. ）

以上 B 没有用言语应答，但"摇头"这个身势语与 No 具有相同意义，即确认"I can't come with you. "这个命题。再来看其他一些例子。

（1）A：She would not have believed it possible.

B：No, no, of course not.

（2）A：He would hardly be a friend of hers.

B：No, he wouldn't.

（3）A：He is not at all happy working here.

B：No. He isn't.

在例（3）中，B 是确认"He is not at all happy working here. "。

而在汉语中，如果要"确认"一个命题（～P），往往直接用肯定方式来表达。例如：

（1）A：她今天没来上班。

B：是。她感冒了。

（2）A：这一带没有图书馆。

B：是的，没有。

在英语中，"否定"一个本身是否定的命题（～P），即"～（～P）"，此时两个否定相互抵消，意味着用肯定方式肯定相应的命题（P）。而在汉语中，如果要"否定"一个命题（～P），则往往直接用否定的方式来表达。例如：

（1）A：You've not changed much, Peter.

B：Yes, I have. I've changed enormously.

A：皮特，你没有变多少。

B：不，我变了。我变多了。

（2）A：You don't like Italian food?

B：Oh，yes. I do! I do like it very much!

A：你不喜欢意大利菜？

B：噢，不，我喜欢，我确实喜欢意大利菜。

综上所述可知，从语用的角度出发，当要"确认"一个否定命题的时候，英语通常用否定方式，而汉语往往用肯定方式；相反地，当"否认"一个否定的命题时，也就是说对这个否定的命题表示异议时，英语用肯定方式来表达，而汉语用否定方式来表达。

（二）英汉礼貌策略对比

在不同的文化环境中，同一言语行为的语言兑现是存在差别的。下面对几种基本的交际言语行为进行一个简单的英汉对比分析。

（1）问候。问候（greeting）是当今社会中人们维系和保持人际关系的一种润滑剂或调节剂。文化背景不同，所使用的问候语也是不同的。

（2）称呼。称呼（addressing）是言语交际过程中的重要组成部分。因为言语交际所要表达的许多意义往往不是通过语句来传递，而是通过称呼来表达的。在许多情况下，称呼是开始交际的第一个信息。恰当的称呼是言语交际得以顺利进行的重要条件，不恰当的称呼则会使交际双方不快或使交际中断，甚至产生不良影响。例如，你的好友如果突然用尊称来称呼你，就会令你感到十分的"见外"，也显得很生分。

（3）致谢。致谢语是指当别人对自己有所帮助，自己为表示感谢而说的话。英汉语言中的致谢语在使用上存在着很大的不同。在西方国家，thank you 是挂在嘴边的话，几乎在任何场合、任何人际关系中都可以使用表示感谢的话，这是一种礼貌策略。与此不同的是，汉语中"谢谢"的使用频率没有那么频繁，是不能随处可用的。

（4）答谢。一般而言，对方致谢之后，英语国家的人士通常会用这样的语句来回答。

You're welcome.

不用谢。

Not at all.

别客气。

Don't mention it.

不用客气。

It's my pleasure.

很荣幸。

需要提及的一点是，英美国家在使用答谢语时也存在语言运用上的差异。英国人常用"Not at all."或"Don't mention it."或"It's my pleasure."来回答；美国人则常用"You're welcome."来回答。

汉语在回答致谢语时常用的表达有下列几种。

不用谢。

别客气。

没什么。

别这么说。

过奖了。

这是我应该做的。

综上可知，英语中表达答谢时比较直接，汉语则比较委婉。另外，汉语中"这是我应该做的"或者"这是我的职责"的话语，用英语来表达就是"That's what I should do."或"That's my duty."。从语用学的角度进行分析，这两句英译的致谢语其含义就变成了"这不是我情愿的，只是责任而已。"，英语国家的人听到这样的话会感到十分尴尬。这与汉语所表达的语用含义有所不同。因为在汉语中，职责范围内的事情不需要答谢，所以说话人说这句话是想表达："这是我的职责范围，不必客气。"，这恰恰是汉语特有的答谢方式。

（5）称赞。称赞（complimenting）是一种对他人品质、能力、仪表等的褒奖言行，恰当的称赞可以鼓励他人、缓解矛盾、缓和人际关系等。美国人对nice, good, beautiful, pretty, great 等形容词的使用比较多，最常用的动词有like, love 等。美国人所用称赞语中，下列句式出现的频率较高。

You look really good.

I real like it.

That's really a nice…

That's great!

对称赞的反应，英美人一般表示感谢，也就是正面接受称赞。不过并非全是接受，有时也有拒绝的情况出现。例如：

① A：That's a nice outfit.

B：What？Are you kidding?

② A：That's a nice watch.

B：It's all scratched up and I'm getting a new one.

需要说明的是，英美人拒绝称赞并非是因为谦虚，而只是出于观点不同的直接表达，即并非像中国人那样明明同意对方的观点却故意否定对方的赞扬。

中国人与英美人不同，一般不会爽快地以迎合的方式去接受对方的称赞或恭维，而是习惯使用"自贬"的方式来对待他人的赞美，如有中国学者作国际性学术报告，报告本身很有学术价值并得到与会者的一致认可，但在结束报告时，报告人通常会说一些让外国人觉得毫无缘由的谦虚话。例如：

As my knowledge and research is still limited, there must have been lots of mistakes in my work. I hope you will correct me and give me guidance.

由于本人学识和研究有限，错误在所难免，恳请各位批评指正。

二、英汉语用的翻译

（一）直译——保持语词的文化内涵

语言反映了客观现象和事物，体现了主观世界的思维。英汉两种语言虽然不属于同一语系，但其语言使用者会有相似或相同的认知语境或经验和经历，因而语言的表达方式就会出现相同或相似之处，对于这种相同或相似的表达形式，译者在翻译时可以加以保留，即采用直译（literal translation）的方法。

另言之，直译是指在不违背目的语语言规范的前提下，保留原文的修辞特点、民族特色和地方特色，以使译文传达出与原文相似或相同的表达效果。直译是建立在对源语、原文作者、目的语和译文读者的认知环境有充分了解的基础上的一种翻译方法。因此，翻译人员要对翻译的二三元关系，即对原文作者、译者、目的语读者之间的关系有充分的了解，否则就可能造成交际的失败。

有的文化词，即使认知环境不同，也仍然可以理解，在这种情况下直译能够完好无损地保留源语的语体形象和文化韵味，即语词的文化内涵。例如：

pie in the sky 天上的馅饼

上述例子中 pie in the sky 的说法源自美国作曲家乔·希尔在 1911 年所作的《传教士与奴隶》这首著名歌曲。显然，汉语的普通读者对这一特殊的社会文化认知语境是无从知晓的，但这一表达方式与汉语中的"天上不会掉馅饼"的说法很接近，因此汉语读者很容易理解 pie in the sky 的说法是用以形容不可能实现的事情的，可以将其理解为暗喻"渺茫的希望""不能实现的空想""空头支票""虚幻的美景"等。又如：

He was shanghaied to Africa before 1949.

1949 年前他被拐骗到非洲。

在上述例句中，词语 shanghai 这一词汇是由上海这个城市的读音传入英语中去的。其源自 19 世纪美国水手把开往中国的航行（实际上是开往上海）看作是危险的旅途，谁也不愿意前往，于是船长和大副们组织亲信来到酒吧，用酒或药将人灌醉劫持到船上，充当初级水手。当他们醒来，船已经航行了很远，只能身不由己到上海去。shanghai 这一词语便有了动词义，用以表达"拐骗""威胁""使失去知觉"的含义。

英汉两种语言中的有些习语在语言表层，即用词、语义和句法上存在相似或相同之处，而且这些习语隐含的意义很容易被目的语读者所理解。另言之，目的语读者与源语读者有着共同的生态文化的认知环境，如大自然的规律无论在世界哪个角落都是一样，翻译这类习语时宜采用直译的方法。例如：

If you run after two hares, you will catch neither.

同时追两兔，全都抓不住。

When the fox says he is a vegetarian it's time for the hen to look out.

狐狸表白吃素之日，该是母鸡提高警惕之时。

The cuckoo comes in April, and stays the month of May; sings a song at midsummer, and then goes away.

布谷鸟，四月到，五月在，仲夏唱支歌，随后就离开。

初生牛犊不怕虎。

New-born calves make little of tigers.

需要注意的是，这种翻译策略并不局限于习语的翻译，直译也同样适用于严肃文学的比喻中。如，在翻译毛泽东同志的论断"一切反动派都是纸老虎"中的"纸老虎"一词时，由于"纸老虎"这个形象对于英语国家的读者来说是陌生的，出于这一考虑，翻译人员先是将"纸老虎"一词译成了 scarecrow（稻草人），然而这一译法遭到了毛泽东主席的否定，后翻译人员将其直译成 paper tiger，这一比喻十分形象，充分地传达了中文的原意和思想，得以在英语国家传播开来。因此，在源语的文化色彩与目的语读者的认知环境不冲突的情况下就可以采取直译策略，保留源语丰富的文化色彩。

（二）意译——语用含意的全面嵌入

由于不同民族都有其自身特殊的思维方式，因而不同语词的表达方式就会存在巨大差异。这就需要翻译人员译出源语表达方式在特定语境中隐含的语用含意，即将源语的语用含意用译语完整、准确地再现出来，这种方法就是大家通常所说的意译。而从语用学理论角度来看，这种翻译就是语用翻译（translating the pragmatic implicature of the original expression）。

下面举例对这一策略的应用进行说明。

"不折腾"这一词语出自胡锦涛同志在庆祝改革开放 30 周年时的讲话："只要我们不动摇、不懈怠、不折腾，坚定不移地推进改革开放，坚定不移地走中国特色社会主义道路，就一定能够胜利实现这一宏伟蓝图和奋斗目标。"其中，对"不折腾"一词的翻译引起翻译界的广泛关注。一时间互联网上出现了二三十种译法。

陆谷孙教授在 2009 年《南方周末》第 23 版中发表的文章《不折腾好！》中，对于"不折腾"一词给出了以下几种译文。

Don't toss and turn as in bed.

别像在床上那样地辗转反侧。

No seesawing/wrangling over issues.

勿在争议问题上来回拉锯。

Up to no mischief. /No monkey business.

莫出花头经，或别捣蛋。

这一译法体现了胡锦涛同志对下面各级政府的要求。

No flip-flopping.

不要动辄"翻大饼"。

这一译法体现了底层老百姓的希望，表达了他们期望上面政策能够稳定。

陆教授的上述几个译文是以"不折腾"这三个字可能具有的语用含意为根据的，虽然这几种译法从某种角度来说是可行的，但是依然不是很贴切。研究员赵汀阳在 2009 年《南方周末》副刊第 29 版中的文章中对陆谷孙教授的译法做出了回应，他套用莎士比亚的典故将"不折腾"译为：

Never make much ado about nothing.

不要无事生非，不要无事忙。

中国驻纳米比亚大使任小萍认为，"折腾"言外之意指"挫折是自找的"，她建议将"不折腾"译为：

to avoid self inflicted setbacks

除了上面列举的译法之外，网络上还出现了很多译法。例如：

no dithering 不踌躇

no major changes 没有重大变化

no self-consuming political movements 不搞自我消耗的政治运动

no trouble making 别捣乱，不要制造麻烦

don't sway back and forth 别反复

don't mess things up 不要瞎搞

don't cause confusion 不要制造混乱

don't act capriciously 不要变化无常

don't act recklessly 不要采取不计后果的行动

avoid policy volatility 避免政策多变

avoid futile actions 不做无用工

stop making trouble and wasting time 别制造麻烦、浪费时间

由此可见，要想准确翻译"不折腾"一词，就有必要结合中国特有的社会文化语境，并分析胡锦涛同志在这么重要讲话中使用这一词语的语用目的。在改革开放前的中国曾经历一系列政治活动，国民经济遭到严重破坏，一落千丈，老百姓被"折腾"得很苦。十一届三中全会上邓小平同志提出实施改革开放政策，改革开放之后的这30年我国各方面取得的成效是举世瞩目的，胡锦涛同志说"不折腾"，前面是"不动摇""不懈怠"，后面还有两个"坚定不移"，可见他的用意是"别走岔路，而是认定已经确定的道路一步步努力向目标靠近"，相比较来说，下面译文的语用效果与"不折腾"的语用效果相当。

Don't get sidetracked.

虽然译文没有了"折腾"这一形象，但其更符合原说话者的语用用意，做到了与源语的社交语用对等。有些情况下，在对说话者意图有了充分地认识，对原文语境进行了透彻的分析后，为了实现语用等效译者可以适当增加形象。例如：

希望你今天好运！

I will cross my fingers for you today!

西方人通常用象征耶稣救世的十字架来祈福、避邪，但有时人们并没有随身携带十字架，说话者为了表达其语用含意只能把中指叠在食指上，两指交叉成X状，这样就有十字架的祈福、避邪功效了。现在人们往往使用 keep one's fingers crossed 或 cross one's fingers，来表达"好运"。译文采用了为英语读者所熟知的习语，将抽象概念具体化，表达地道，将源语的语用含意准确、生动地传达了出来。

（三）对译——弥补文化之间的差异

任何一种语言都有着丰富多彩的习语。由于认知环境存在差异，不同语言习语的比喻用法也就各不相同。但是，人类的思维方式在很多情况下是相通的，

很多时候一种语言的习语能在另一种语言中找到与之相对应的表达形式，只是有时喻体不同，但其语用含意却是相同或相近的，这种情况下就可以采用对译的方法，即将源语的表达方式用译语相对应的表达形式译出，而不改变其文化内涵。例如：

to have the ball at one's feet 胸有成竹

上述例句中的英语原指一个足球运动员已经控制了球，随时可以射门得分，现用以传达"稳操胜券""大有成功的机会"的含义，这与汉语中的成语"胸有成竹"的含义相当吻合，因此可以将其译为"胸有成竹"。再如：

to shed crocodile tears 猫哭老鼠

to laugh off one's head 笑掉大牙

to spend money like water 挥金如土

a drop in the ocean 沧海一粟

wait for gains without pains 守株待兔

需要引起注意的是，翻译人员在应用对译法时不能随心所欲，应尽量避免对文化差异的估计不足而导致的误译，因为英汉语言中的一些习语虽然在字面意义上相互对应，但其实际隐含意义却相去甚远。例如：

说曹操，曹操就到。

Talk of the devil and he will appear.

在英语中，单词 devil 带有有贬义色彩，而在汉语中"曹操"一词并无贬义，如果按照上面这样对译，就不能很好地传递源语的文化内涵。

（四）移译——保留语词的文化外壳

所谓移译（transference），是指把源语的表达方式部分或全部地移入目的语中，也就是说译语中保留了源语的书写形式，即文化外壳。在现在的日常生活中这种翻译随处可见，如卡拉 OK、VCD、DVD、E-Mail、Internet 等。一般来说，这些词语属于社会语言学层面中的文化词，都具有强烈的时代气息。

从翻译的角度看，这种保留源语书写形式的文化传输虽然含有很大的文化信息量，而且具有浓郁的时代特征，但这种翻译从本质上来说并不是真正的翻译，只能当作是语词借用（即以"外来词"形式出现）。然而，由于这种翻译在高度浓缩中，只保持了语词的文化外壳，摒弃了源语的完整语词表达形式或话语形式，从而实现了"翻译"的交际效用，体现了一定的语用策略。例如：

I'd like to have Jiaozi.

我喜欢吃饺子。

I practices Chinese Kongfu every day.

我每天练习中国功夫。

我们靠 E-mail 联络，既方便又快捷。

我们全家都是 Nike 武装，出发去旅游了。

随着国际社会、文化交流的日益频繁，不同民族将会享有越来越多的共同的认知环境，国际通用的名称和符号也会越来越多，移译凭借其简洁易行的优点将会得到越来越广泛的应用。

综上所述，要做好英汉语用方面的翻译，译者必须准确把握源语和目的语的文化信息，而不是简单地进行意义对等传输。不论是为了入乡随俗的归化，还是为了异国情调的异化；不论是技巧性地转换形象，还是创造性地增加形象，只要能符合原作者的意图和源语的语境，体现源语的语用效果，译者就可以适当采用各种切实可行的语用策略。

第五章 中西动植物文化差异探索

在人类社会的发展过程中，动物、植物、山水等自然生态文化始终与人们的生活息息相关。而由于不同民族的历史、地理等的不同，人们对生态文化所产生的情感态度也不尽相同，这就需要在翻译过程中格外注意。本章就以动植物文化为例，探讨英汉生态文化的对比及其翻译。

第一节 中西动物文化对比探索

大部分动物在英汉语言中都能找到对应的词汇，但是由于英汉民族所在的地域不同、生活方式不同，相同的动物对人们所起的作用和联系也不同。因此，在翻译过程中，不能只看表面词汇的对等而忽视其蕴含的文化含义。本节就对英汉动物文化进行对比，并在此基础上探讨其翻译问题。

一、英汉动物文化对比

这里主要从以下三个方面进行英汉动物文化的对比。

（一）相同动物词汇表示相同的文化内涵

尽管东西方文化之间存在巨大的差别，但是这不代表两者之间没有任何共同之处。就动物文化而言，有些词汇表示的文化内涵是相同或相似的。

1. pig—猪

在中国有些地方的文化中，猪是"馋""懒""笨"的象征，究其原因，主要是因为猪肥胖的形象及其贪吃、贪睡的习性所致。而由此也衍生出了很多表达，这些成语大多是贬义的。例如，"懒得像猪""肥得像猪""笨得像猪""猪狗不如""猪朋狗友""辽东之猪""泥猪瓦狗"等。

当然，猪在中国有些地方的文化中也有憨厚、可爱的形象。例如，中国民间有"金猪"一说，很多存钱罐惯以猪的形象制作。在我国四大名著之一的《西游记》中，猪八戒虽然好吃懒做、贪图美色、自私自利，但仍不乏吃苦耐劳、憨厚率直的美好品质，受到很多观众的喜爱。而红极一时的电视剧《春光灿烂猪八戒》中也塑造了一个憨厚、可爱的猪八戒。

西方文化中，pig 的文化内涵与中国的"猪"基本相同：肮脏贪婪、行为恶劣。因此，与猪有关的说法经常带有贬义色彩。例如：

pig it 住在肮脏的环境里

make a pig's ear out of something 弄得一团糟

This place is a pigsty.

这地方又脏又乱，跟猪圈一样。

You mean you've eaten all three pieces of cake? You greedy pig!

你是说你把三块蛋糕全吃完了？你真是头贪吃的猪！

此外，在英语文化中，pig 还可以作为一个中性词出现。例如：

make a pig of oneself 吃得太多

teach a pig to play on a flute 教猪吹笛；做不可能实现的事

bring one's pigs to the wrong market 卖得吃亏

buy a pig in a poke 未见实物就买了

pigs might fly 异想天开，无稽之谈

pig in the middle 两头为难，左右不是

2. snake—蛇

（1）蛇在汉语文化中的内涵

在传统中国文化中，蛇是一种毁誉参半的形象。作为汉文化图腾崇拜——龙最初的原始形象，蛇无疑具有一种积极的含义。在中国神话传说《白蛇传》中，蛇是一种极具同情心、敢于追求美好生活的动物生灵。但是在传统的中国文化中，人们更倾向于把蛇与恶毒、邪恶、狡猾、猜疑等联系起来，如汉语中有"地头蛇""美女蛇""毒如蛇蝎""人心不足蛇吞象"等说法。此外，在汉文化中，蛇又是一种令人捉摸不定的物种，所以汉语中的蛇也是众多性情的代名词。

（2）snake 在英语文化中的内涵

根据《圣经》中的记载，蛇在撒旦的唆使下，诱惑人类始祖夏娃犯下了原罪。这是公元前 5 世纪左右的记载。《圣经》中的故事实际上反映了远古人类对蛇诡秘的行踪和剧毒的恐惧。因为毒蛇常置人于死地，于是蛇成为魔鬼与邪恶的象征，在英语中的含义也多为负面的。例如：

a snake in the bosom 恩将仇报的人

a snake in the grass 潜伏的敌人，潜伏的危险

warm（cherish）a snake in one's bosom 姑息坏人，养虎遗患

此外，蛇在英语中单独使用时还可以用来指阴险冷酷的人或叛逆不忠的人。

可见，英语中的蛇有着与汉语中相近的含义，但是汉语中的蛇更具有双面性的联想意义。

3. fox—狐狸

在汉语文化中，狐狸通常象征着奸诈狡猾、生性多疑。例如，"狐假虎威""满

腹狐疑""狐疑不决"。

在英语中，fox 也常常含有狡猾、诡计多端的含义。例如：

as sly as a fox 像狐狸一样狡猾

play the fox 行为狡猾

An old fox is not easily snared.

老狐狸不会轻易被捉住。

4. peacock—孔雀

孔雀有十分美丽的外表，尤其是在开屏的时候，鲜艳夺目、五颜六色。正因如此，在中西方文化中，孔雀都有骄傲、虚荣、炫耀、洋洋得意的含义。例如：as proud as a peacock（像孔雀那样骄傲）。不过，在汉语中孔雀还象征着吉祥好运。

在汉语中，驴通过用来形容人比较"笨、愚"，如有"笨驴"的说法。在英语中，an ass 也表示a foolish person，即"傻瓜"。可见，ass 和驴的文化内涵基本是一致的。

除了上述介绍的几种动物词汇的文化内涵相同，还有一些英汉动物词汇的文化内涵也是相同或相似的。例如：

as black as a crow 像乌鸦一样黑

as busy as a bee 像蜜蜂一样忙

as free as a bird 像鸟儿一样自由

as slow as a nail 像蜗牛一样慢

（二）相同动物词汇表示不同的文化内涵

由于不同的地理环境、历史、宗教等因素的影响，相同的动物词汇在不同的民族中具有不同的文化内涵。

1. dragon—龙

（1）龙在汉语文化中的内涵

我国在远古时期就有了龙的雏形——人面蛇身。这些人面蛇身像大多描绘的是女娲、伏羲等一干众神，后来就逐渐演化成了龙。这反映了远古人类最原始的崇拜和敬畏。在远古人类的生活中，有太多的东西不被当时的人所理解，也有太多的东西使人们感到畏惧与无助。于是，法力无边、呼风唤雨的龙就出现了，并逐渐形成了龙图腾。这可以说是人类将自然具象化的结果。正是由于龙的上述特性，后来就被用于象征帝王、皇权，成为权力和地位的象征，大约从秦始皇开始，就有把帝王称之为"龙"的说法。汉朝以后，"龙"就成了帝王的象征。与帝王有关的事物也被冠以了"龙"字。如，"龙体""龙颜""龙椅""龙床""龙袍""龙子龙孙"等。再后来，龙就逐渐带有了权威、力量、才华、吉祥等褒义涵义。例如，"真龙天子""卧虎藏龙""蛟龙得水""龙吟虎啸""望子成龙""龙凤呈祥""乘龙快婿"等。

时至今日，龙的形象已经成为中华民族的象征，至今海内外的炎黄子孙仍自称为"龙的传人"，在世界上以作为"龙的传人"而自豪。

（2）dragon 在英语文化中的内涵

英语词典里对 dragon 一词的定义有很多，但大多都含贬义。如，它是一种长有翅膀、有爪子的、喷火的类似鳄鱼或蛇的怪物（*Oxford Advanced Learner's Dictionary of Current English*）；它是一种长着狮子的爪子、蛇的尾巴、模样像巨大的爬行动物的怪物（*The American Heritage Dictionary*）；它常常跟邪恶联系在一起（*The New Columbia Encyclopedia*）。

在西方，人们通常认为 dragon 是有翅膀、吐火焰的怪物。在一些描写圣徒和英雄的传说中讲到和龙这种怪物进行斗争的事迹时，也多以怪物被杀为结局。因为人们认为它是恶魔的化身，是一种狰狞、凶残的怪兽，应该予以消灭。例如，《圣经》中说龙是被圣乔治用大梭镖捅死的。而在基督教美术中，龙也总是代表着邪恶。又如，在著名的英雄叙事史诗《贝奥武甫》（*Beowulf*）中，与贝奥武甫搏斗的就是一只会喷火的凶恶巨龙。即使在现代，英语中也经常用 dragon 来代指凶悍之人。例如，国外将可恶的专门打人的警察叫"龙"。总之，dragon 在西方是指一种没有"地位"的爬行动物，是西方人心目中凶恶而丑陋的象征。例如：

Two fiery dragons could not have been more furious than they were.

他们当时凶神恶煞，两条喷火恶龙也会难以望其项背。

The angel child and the dragon mother, Hagan thought, returning the mother's cold stare.

"天使般的女儿，恶龙般的母亲"，夏根想道，勇敢地回应着她母亲那冷冰冰的目光。

可见，龙与 dragon 虽然都是神话中的动物，但它们在中西方文化中的内涵却相去甚远。随着近几年来中西文化交流的不断加强，西方人士对中国的传统文化了解日渐增多，知道中国的"龙"远非 dragon 可比。因此，一些人在翻译"龙"时用 Chinese dragon 以示与西方 dragon 的区别。

2. dog—狗

西方人与中国人都有养狗的习惯，但是两者对狗的看法和态度截然不同。

（1）狗在汉语文化中的内涵

中国人自古就有养狗的习惯，但是中国人从民族感情、文化传统、思维方式上对狗并不像西方人对狗那样亲近。狗在汉语文化中是一种卑微的动物。汉语中凡是同"狗"连在一起的成语、词组大都表示贬义。例如，"狗仗人势""偷鸡摸狗""猪狗不如""狼心狗肺""狐朋狗友""狗嘴里吐不出象牙""狗咬吕洞宾""狗头军师""狗尾续貂""狗眼看人低""狗急跳墙""丧家之犬""狗血喷头""鸡鸣狗盗"等，它们基本都是含有贬义、辱骂性质的词语。

当然，随着我国人民生活水平的提高，人们在物质上得到了满足，开始有了精神需求，于是养狗的人数大大增加，给狗看病的医院也十分常见。现如今，狗也逐渐成为很多城市人生活中不可缺少的一部分。

（2）dog 在英语文化中的内涵

在西方，dog 主要是一种爱畜、宠物，尤其对英国人而言，dog 既可以帮助人们打猎、看门，也可以作为宠物或伴侣看待。在西方国家，dog 通常被看作是人们的保护者和忠实的朋友，甚至被视为人们家庭中的一员，因而 dog 常常被称为 she（她）或 he（他）。可见，"狗"在西方文化中的形象比较积极、正面。正因如此，在英语中以"狗"作为喻体的词语多数含有褒义。西方人用 dog 指人时，其意思相当于 fellow，不仅没有贬义相反还略带褒义，使语气诙谐风趣。例如：

a lucky dog 幸运儿

a jolly dog 快活的人

top dog 重要人物

Every dog has his day

凡人皆有得意时。

Love me，love my dog.

爱屋及乌。

He works like a dog.

他工作努力。

英语中的 dog 一词除了含有褒义之外，还有表示中性的含义，如 dog eat dog（残酷竞争）。当然，在英语中，也有少数与 dog 有关的习语也表示贬义。例如：

a dirty dog 坏蛋

a lazy dog 懒汉

a dog in the manger 占着茅坑不拉屎的人

a dead dog 毫无价值的东西

但总体而言，dog 在西方文化中褒义的成分居多。

由此可见，英汉语言中狗的文化内涵有很大区别，在翻译过程中要多加注意。

3. cock—鸡

（1）鸡在汉语文化中的内涵

中国文化中，雄鸡破晓而啼预示了一天的开始，象征着勤奋、努力和光明的前途。例如，《孟子·近心上》有云，"鸡鸣而起，孳孳为善者，舜之徒也"，意思是"鸡一叫就起身，孜孜不倦地行善的，是舜这类人"，这是孟子对行善者勤勉、德行的赞美。而毛泽东的《浣溪沙·和柳亚子先生》中则有"一唱雄鸡天下白，万方乐奏有于阗，诗人兴会更无前"的诗句，表现了新中国朗朗乾坤的气象。

鸡还有武勇之德。传说中，鸡鸣日出，带来光明，因此鸡被认为可以驱逐妖魔鬼怪，也成为画家画中的辟邪镇妖之物。也正因如此，斗鸡在我国民间久盛不衰，斗鸡甚至被用到军队中以鼓舞士气。可见，雄鸡作为善斗的勇士，其英姿气魄被人们所称颂。

另外，由于"鸡"与"吉"同音，鸡在中国也常有吉祥之意。例如，我国电影界有一个著名的奖项就是"金鸡奖"；市场上也有一些与鸡有关的品牌，如"金鸡牌"闹钟、"金鸡牌"鞋油、"大公鸡"香烟等；而部分民间地区更有在隆重仪式上宰杀大红公鸡和喝鸡血酒的习俗。随着时代的变化，"鸡"字在今天又被赋予了一个极不光彩的含义，即提供性服务的女性，这也是由于"鸡"和"妓"谐音所造成的。

（2）cock 在英语文化中的内涵

在英语中，cock 也有着丰富的文化内涵，这主要体现在以下几个方面。

①具有好斗、自负的含义，这主要与公鸡的习性有很大关系。英语中常用cock 来描绘人好斗、自负的行为。例如：

I've never heard such cock in my life.

我一生从未听说过这样的胡说八道。

The jury did not believe the witness' cock and bull story.

陪审团不相信证人的无稽之谈。

He's been cock of the office since our boss went back to America.

自从我们老板回了美国以后，他就一直在办公室里称王称霸。

②具有迎宾的含义。在英国的一些小酒馆里，人们经常可以看到cock and pie 的字样。这里的 cock 就有翘首以待来客的含义。

③具有宗教含义。在基督教传统中，cock 通常被置于教堂的尖顶，它在清晨一声鸣叫，魔鬼便惶然隐退，因此被视为圣物。在希腊神话中，cock 引起了人们对东升旭日的注意，因此它被专门奉献给太阳神阿波罗（Apollo）。而在罗马神话中，墨丘利（Mercury）系为众神传信并管商业、道路的神，而 cock 在清晨的啼叫中使千行百业开始工作，故被奉献给墨丘利。

4. cat—猫

（1）猫在汉语文化中的内涵

在汉语文化中，猫的天职是捕鼠，昼伏夜出，主动出击，从不偷懒，满足了人们除鼠保粮的愿望。因此，猫在汉文化中的形象通常是温顺可爱的，带有褒义。如，形容某人嘴馋会说"馋猫一只"；称小孩嘴馋为"小馋猫"或某人懒为"大懒猫"等。当然，汉语中也有一些对"猫"不大好的说法，如"猫哭耗子假慈悲"等。

总体来看，汉语中关于"猫"的负面联想比较少，与"猫"有关的词语也相对较少。这是因为，中国长期处于封建农业社会，城市发展时期很短，而猫作为一种城市化动物，在汉语词语中的活跃程度也自然较低。

（2）cat 在英语文化中的内涵

cat 在英语中是一个非常活跃的词，与它相关的说法很多。这在很大程度上是因为 cat 在西方是一种城市动物。在西方文化中，cat（猫）有着各种各样的形象，且褒贬共存。人们对 cat 有各种各样的昵称，如 puss，pussy，pussycat，称呼小猫则用 kitty，kitten；land like a cat 表示安然脱离困境，带有褒义。而 cat 所含有的贬义也是显而易见的。例如，魔鬼撒旦常化身为黑猫游荡，女巫身边也有黑猫陪伴；美国人则认为，走路时如果前面跑过一只猫，就是不吉祥的征兆。当然，cat 在英语中也有一些带有中性含义的表达。下面就列举一些有关 cat 的说法。

a cat nap 打盹

rain cats and dogs 下倾盆大雨

that cat won't jump 这一手行不通

have not a cat in hell's chance 毫无机会

a barber's cat 面带病容和饥饿的人

old eat 脾气坏的老太婆

copy cat 抄袭别人的人，看样学样的人

She is a cat.

她是一个包藏祸心的女人。

A cat has nine lives.

猫有九条命。

The hope could not be killed, as it had more lives than a cat.

这种希望是消灭不了的，它比猫更具有生命力。

5. rat，mouse—鼠

（1）鼠在汉语文化中的内涵

在汉语文化中，老鼠是一种形象负面的动物。这主要是因为它面目丑陋、偷吃人类食物、破坏人类家居陈设，因而普遍为人们所憎恶。汉语中关于老鼠的表达大部分都是负面的。如，"鼠目寸光""鼠肚鸡肠""胆小如鼠""官仓老鼠""贼眉鼠眼""抱头鼠窜"等均有"猥琐、卑微、心胸狭窄"的含义。《诗经·硕鼠》中也痛斥了老鼠的恶行："硕鼠硕鼠，无食我黍！三岁贯女，莫我肯顾。逝将去女，适彼乐土。乐土乐土，爰得我所！"正因如此，人们也常将憎恶之人比作"过街老鼠——人人喊打"。

（2）rat，mouse 在英语文化中的内涵

在英语文化中，rat 和 mouse 也是一种不受欢迎的动物，常被用来形容那些自私的、不忠的人。例如：

smell a rat 对……觉得可疑，感到事情不妙

A rat crossing the street is chased by all.

过街老鼠，人人喊打。

不过，rat/mouse 在英语中的形象主要还是以胆小、安静为主，因此常被用来形容胆小、害羞的人。例如：

as timid as a mouse 胆小如鼠

as mute/quiet/silent/still as a mouse 悄没声儿

a mousy girl 没有多少女子气质的或不太谦逊的女孩

He's such a mouse，he never dares complain about anything.

他很胆小，从来不敢抱怨什么。

当然，在西方的影视作品里，观众仍然能够看到可爱、充满正义感和智慧的老鼠，如《米老鼠和唐老鸭》中的 Micky Mouse，《猫和老鼠》中的 Jerry，《精灵鼠小弟》中的 Stuard 等。

6. phoenix—凤凰

（1）凤凰在汉语文化中的内涵

在中国古代神话中，凤凰是主掌风雨的神鸟，也是鸟中之王。史记中就有"凤凰不与燕雀为群"之语，认为凤凰是不与燕雀为群的高贵之鸟。在古代，人们认为如果凤凰出现，则是"时代呈祥"的吉兆。同时，凤凰也象征着人间美德，如"凤毛麟角"就指珍贵而不可多得的人或事物。此外，根据古书记载，凤和凰性别不同，凤是雄性，凰是雌性，因此凤凰也象征着爱情。司马相如在《琴歌》中唱道："凤兮凤兮归故乡，遨游四海兮求其凰"，表达了对卓文君的爱情。随着岁月的变迁，凤凰被简化为了雌性的凤，象征着富贵和吉祥。到了今天，凤已经成了普通女性的专用词，很多中国女性的名字里都有"凤"字。汉语中还有"百

鸟朝凤""有凤来仪""凤毛麟角"之类的成语。

此外，凤和龙在中国文化中是不可分割的，它们共同构成了我国独特的龙凤文化。人们多用龙比喻皇帝，用凤凰比喻皇后。普通百姓生了男女双胞胎就称为"龙凤胎"，还有很多成语中也包含了"龙""凤"二字，如"龙驹凤雏""龙凤呈祥""龙章凤彩""龙飞凤舞""望子成龙、望女成凤"等。

（2）phoenix 在英语文化中的内涵

相传，phoenix 是一种供奉太阳神的神鸟。公元前5世纪的希腊历史学家希罗多德（Herodotus）将其描述为一种有着红色和金色羽毛、像鹰一样的神鸟。在西方文化中，phoenix 总是与复活、重生有关。phoenix 的生命周期是500年，在生命周期结束时，它会建造一个焚烧场所，并在其中烧成灰烬，然后在灰烬中又会出现一个新的 phoenix。因此，phoenix 在基督文学作品乃至其他文学作品中都象征着"死亡""复活"和"永生"。例如：

Much of the town was destroyed by bombs in the war but it was rebuilt and in the following decade rose from the ashes like the phoenix.

该城的大部分在战争中被炸弹摧毁但是又得以重建并且在以后十年中像火中的凤凰一样从灰烬中再生。

7. bat—蝙蝠

（1）蝙蝠在汉语文化中的内涵

在汉语文化中，蝙蝠是幸福、吉祥和健康的象征。这些联想很可能由于蝙蝠本身的名称，因为"蝠"与"福"同音。也正因如此，蝙蝠在我国的剪纸、绘画、器物纹饰中十分常见，备受青睐。例如，古人做寿时常有五只蝙蝠围绕篆书"寿"字或寿桃的图案，即"五福捧寿"，寓意多福多寿。另外，蝙蝠也常与梅花鹿、寿桃、喜鹊画在一起，即"福禄寿喜"，寓意生活美满、吉祥幸福。

（2）bat 在英语文化中的内涵

bat 喜欢居住在阴暗潮湿的地方，因而英国人认为 bat 是邪恶的动物，总是将它与邪恶、黑暗势力等联系在一起。英语中的 vampire bat（吸血蝠）更是令人不寒而栗。在英语中，凡带有 bat 的词语大多含有贬义。例如：

be bats 神经不正常

crazy as a bat 发疯，精神失常

have bats in the belfry 精神失常，行为乖张

as blind as a bat 跟蝙蝠一样瞎；有眼无珠

bat out 粗制滥造（多指故事、报道等）

8. bear—熊

（1）熊在汉语文化中的内涵

熊在汉语中多有"愚笨"的联想意义。如，"你真熊"，意思就是"你真笨""你真窝囊"。此外，"熊包""熊样"等词也有"无能""废物"的意思。

（2）bear 在英语文化中的内涵

bear 一词在英语中主要有"鲁莽汉""饥饿""脾气暴躁的人"等联想意义。例如：

He is as cross as a bear.

他的脾气像熊一样坏。

I rushed to the dining room like a hungry bear.

我像只饿熊一样向食堂冲去。

值得一提的是，"熊"在俄罗斯人的心目中是特别崇高的形象，1978 年莫斯科奥运会就曾把熊定为吉祥物。

9. hare，rabbit—兔子

（1）兔子在汉语文化中的内涵

兔子在中国文化中的形象较为复杂。它既有温顺、可爱、敏捷的一面，如"兔辉""玉兔""动如脱兔"等；又有狡猾、缺乏耐性的一面，如"狡兔死，走狗烹""狡兔三窟""兔子不吃窝边草""兔子尾巴长不了"等。另外，汉语中还有一些粗俗语也带有"兔"字，如"兔崽子""兔孙子"等。

（2）hare，rabbit 在英语文化中的内涵

在英语文化中，hare 和 rabbit 通常都带有贬义，常指那些不可靠的、耍弄花招的人。例如，英语俚语中，hare 指坐车不买票的人，口语中的 rabbit 则多指拙劣的运动员（尤指网球运动员）。兔子在西方文化中的这种负面形象在其他一些词语中也有所体现。例如：

odd rabbit 真该死

make hare of somebody 愚弄某人

breed like rabbits 生过多的孩子

mad as a march hare 十分疯狂的、野性大发的

rabbit on about sb./sth. 信口开河；絮絮不休地抱怨

（三）不同动物词汇表示相同的文化内涵

1.lion 与老虎

在汉语文化中，虎是"山兽之君""百兽之王"。是英勇大胆、健壮有力、坚决果断、威猛勇武的象征。中国人常借虎以助威和驱邪，保佑安宁。传说中老虎还是神仙和道人的坐骑，道教首领张天师就是乘坐猛虎出行。因此，虎的勇猛

形象自然就成了英勇作战的将士们的象征，故汉语言里有"虎将""虎士""将门虎子"之称，成语表达则有"猛虎下山""如虎添翼""虎踞龙盘""虎胆雄威""虎背熊腰""虎虎有生气""九牛二虎之力"等。不过，人们在尊虎为"百兽之王"的同时，也对虎的凶残毫不掩饰，如"虎穴""虎口拔牙""拦路虎""虎视眈眈"等词。

在西方文化中，百兽之王不是虎（tiger）而是狮子（lion）。在英语中，lion是勇敢、凶猛、威严的象征。英国国王 King Richard 曾由于勇敢过人而被人称为 the Lion-Heart，而英国人则以 lion 为自己国家的象征。

可见，英语中 lion 的文化内涵与汉语中老虎的文化内涵是相似的。因此，在对有关 lion 或老虎的词语进行翻译时要注意做相关调整。如，虎将（brave general），虎胆英雄（hero as brave as a lion），虎虎有生气（vigorous and energetic；be full of vigor），虎背熊腰（of strong build），虎威（powers of general），as brave as a lion（勇猛如狮），fight like a lion（勇敢地战斗），great lion（名人，名流），lion-hearted（非常勇敢的），make a lion of（捧红某人）。

2. horse 与牛

中国古代是农耕社会，牛是农业生产劳动中最重要的畜力，这种密切的联系使人们常常把牛当作喻体来形容人的品质。因此，在中国文化中牛是勤劳、坚韧、任劳任怨的象征，汉语中有"牛劲""牛脾气""牛角尖""牛头不对马嘴"等词语。

而在西方文化中，牛主要是用来做祭祀的一种动物。在西方的许多宗教活动中，祭牛是一种主要的仪式，献祭的牛被看作是人间派往天国的使者；同时，在西方文化中，牛也是能忍受劳苦、任劳任怨的化身。例如，as patient as an ox（像牛一样具有耐力）。此外，a bull in china（闯进瓷器店里的公牛）用来形容举止粗鲁、行为莽撞、动辄惹祸、招惹麻烦的人。但是，由于英国气候湿润凉爽，不利农耕但适宜畜牧，所以牛的主要用途就是奶和肉。

正因如此，在西方国家牛没有得到与在中国一样所得到的重视。相反，牛在中国所得到的厚爱在英国却主要落到了马的身上。这是因为在英国历史上人们打仗、运输和体育运动都离不开马，马也以其力量和速度受到西方国家人们的喜爱。因此，在表达同一意思时，汉语中的"牛"往往和英语中的 horse 相对应。例如：

牛饮 drink like a horse

吹牛 talk horse

力大如牛 as strong as a horse

饭量大如牛 eat like a horse

二、英汉动物文化的翻译

（一）直译：保留形象

如果英汉动物词汇的表达形式和文化内涵都是相同的，也就是说，当英语和汉语用动物词汇表示事物性质或者人物品质并且在意义形象、风格上是相同的或者具有相似之处时，就可行直译，保留原文的动物形象。例如：

to play the lute to a cow 对牛弹琴

as faithful as a dog 像狗一样忠诚

barking dogs do not bite 吠犬不咬人

as sly as a fox 像狐狸一样狡猾

to stir up the grass and alert the snake 打草惊蛇

to be like a frog at the bottom of a well 井底之蛙

to drain to catch all the fish 竭泽而渔

feel just like fish in water 如鱼得水

the great fish eat small fish 大鱼吃小鱼

Don't make yourself a mouse，or the cat will eat you.

不要把自己当老鼠，否则肯定被猫吃。

（三）套译：改换形象

在翻译动物词语时，将其在源语中的象征意义传达到目标语中或者用目标语中具有相同象征意义的词来替代，这就是套译。例如：

a lion in the way 拦路虎

as happy as a cow 快乐得像只鸟

teach a pig to play on a flute 赶鸭子上架

Better be the head of a dog than the tail of a lion.

宁做鸡头，不做凤尾。

Don't believe him，he often talks horse.

不要信他，他常吹牛。

It had been raining all day and I came home like a drowned rat.

终日下雨，我到家时浑身湿得像一只落汤鸡。

（二）意译：舍弃形象

当无法保留动物形象进行直译，并且无法改变动物形象进行套译时，我们可以舍弃原文中的动物形象进行意译。例如：

big fish 大亨

top dog 最重要的人物

be like a bear with a sore head 脾气暴躁

Dog does not eat dog.

同类不相残。

It rains cats and dogs.

下着倾盆大雨。

My father will have a cow when I tell her.

我爸爸听说后一定会发怒的。

Last night, I heard him driving his pigs to market.

昨夜，我听见他鼾声如雷。

第二节 中西植物文化对比探索

英汉语言中的很多植物词都具有丰富的文化内涵，这些内涵有些是相似的，有些是不同的，此外还存在文化内涵空缺的现象。本节就对英汉植物文化进行对比，并探讨其翻译。

一、英汉植物文化对比

（一）相同植物词汇表示相似的文化内涵

1. rose—玫瑰

玫瑰（rose）在英汉语言中都象征着爱情、美丽，这可以说是相同植物词汇具有相同文化内涵的典型例子了。尽管如此，玫瑰在汉语文化中所象征的爱情含义主要是受英语文化的影响，因为玫瑰对汉民族来说是外来物种。而 rose 在西方国家则是一种十分常见的花。

虽然在汉语中对玫瑰的描述并不多见，不过我们还是可以从一些文学作品或诗句中略窥一二。比如，《红楼梦》的作者曹雪芹在描写探春的美丽形象与性格时就使用了玫瑰。宋朝杨万里在《红玫瑰》中这样描述："非关月季姓名同，不与蔷薇谱牒通。接叶连枝千万绿，一花两色浅深红。风流各自燕支格，雨露何私造化功。别有国香收不得，诗人薰入水沉中。"

在英语中，借 rose 歌颂爱情的诗歌很多。比如，苏格兰农民诗人彭斯有脍炙人口的诗句："My love's a red red rose."（我的爱人是一朵红红的玫瑰。）而玫瑰与百合放在一起（lilies and roses）更是用来形容女性的"花容月貌"。

除了上述相似的这些文化内涵，英语中的 rose 还有保持安静的意思，如在会桌上悬挂一枝玫瑰就意味着要保持安静；而汉语当中常把漂亮而不易接近的女性比喻为"带刺的玫瑰"，这是二者寓意的细微不同之处。

2. lily—百合

在中国，百合是一种吉祥之花、祝福之花。由于百合洁白无瑕的颜色与"百年好合"构成了联想意义，所以深受中国人的喜爱。比如，福建省南平市和浙江省湖州市就都以百合为市花。而我国古代文人也有咏颂百合的诗词。比如，宋代韩维的《百合花》："真葩固自异，美艳照华馆。叶间鹅翅黄，蕊极银丝满。并尊虽可佳，幽根独无伴。才思羡游蜂，低飞时款款。"此外，百合还具有医学价值。中医认为，百合具有养心安神、润肺止咳的功效。因此，百合常被用作食材，经常出现在日常饮食之中。

西方文化中，lily 通常象征着贞节、纯真和纯洁。比如，在"圣母领报节"（the Annunciation, Lady Day）的宗教图画中经常有这样一个场景：天使加百利（Gabriel）手持百合花枝，奉告圣母玛利亚（the virgin Mary）耶稣即将诞生。而正跪着祈祷的玛利亚面前就放着一个插着百合花的花瓶。因此，lily 经常和 white 搭配，表达"纯白""天真""完美"之意。例如：

He marveled at her lily-white hands.

他惊讶于她洁白的双手。

It's ironic that he should criticize such conduct-he's not exactly lilywhite himself.

讽刺的是，他自己也不是毫无过错，竟然还批评别人的行为。

可见，百合（lily）在英汉语文化中的内涵是很相似的。

3. oak—橡树

橡树（oak）具有高大挺拔、质地坚硬的特点。在英语文化中，oak 代表勇敢者、坚强者。例如：

a heart of oak 坚忍不拔者

Oak may bend but will not break.

像橡树一样坚韧顽强。

在汉语中，橡树常常用以形容坚强不屈的男性，如当代女诗人舒婷在其《致橡树》一诗中就把自己的爱人比喻为一株橡树。

4. laurel—桂树

桂树（laurel）象征吉祥、美好、荣誉、骄傲。在英汉两种语言中，人们都把桂树和"出类拔萃、荣誉"联系在一起。在中国文化中，桂树象征着吉祥、美好、优秀、出类拔萃。例如，张九龄的《感遇》："兰叶春葳蕤，桂华秋皎洁。欣欣此生意，自尔为佳节。谁知林栖者，闻风坐相悦。草木有本心，何求美人折。"封建社会的举人若考中了状元，则被称为"蟾宫折桂，独占鳌头"。现代汉语依然沿用了"折桂"这一说法，喻指在考试、比赛中夺得第一名。

英美人喜欢用桂枝编成花环（laurel wreath）戴在勇士和诗人的头上，后来桂枝渐渐成了荣誉和成功的象征。在英美国家，人们就把那些取得杰出成就、声名卓著的诗人称为"桂冠诗人"（poet laureate）。再如：

gain/win one's laurels 赢得荣誉

look one's laurels 小心翼翼地保持荣誉

rest on one's laurels 满足于既得之功，不思进取

桃花（peach）因其外形优雅、色彩略带粉色而受到人们的广泛喜爱，常常用以比喻"美人，美好的东西或人"。英汉民族中都用桃花来形容皮肤细洁、白里透红的妙龄少女。在汉语中也有"人面桃花相映红"，"山桃红花满上头，蜀江春水拍岸流。花红易衰似郎意，水流无限似侬愁"等诗句。

在英语中，peach 可以表示美好的事物。如 a peach of a room（漂亮的房间）；而"She is really a peach."则常用来形容漂亮有吸引力的女子。桃花色还常常被用来形容女性白里透红的肤色，特别是双颊的颜色。

（二）相同植物词汇表示不同的文化内涵

1. willow—柳

（1）柳在汉语文化中的内涵

①象征女子的姿色。由于柳枝轻盈柔软、风姿绰约，因而在中国文化中常用于形容女子姿色。比如，白居易的《长恨歌》："归来池苑皆依旧，太液芙蓉未央柳。芙蓉如面柳如眉，对此如何不泪垂。"

②象征风尘女子。每年春天柳絮都会纷纷扬扬到处飘飞，这就使人们觉得柳树过于轻浮、妖娆，因此柳树也就有了一层不好的含义。比如，"花街柳巷"指代妓院等色情场所，而"寻花问柳"则表示男子寻访风尘女子，嫖娼作乐。再如：

这贾蔷外相既美，内性又聪明，虽然应名来上学，亦不过虚掩眼目而已。

仍是斗鸡走狗，赏花阅柳。

（《红楼梦》第九回）

③象征着忧伤。柳树之所以成为离别的象征，一方面是因为"柳"与"留"谐音，有"挽留"之意；另一方面是因为柳条纤细柔韧，象征绵绵的情谊。比如，刘禹锡的《柳枝词》："清江一曲柳千条，二十年前旧板桥。曾与美人桥上别，

恨无消息到今朝。"

④象征友情。古时候，人们通常将柳树作为朋友分别时赠送的礼物，以期友人能够像柳树一样随遇而安。比如，王之涣的《送别》："杨柳东风树，青青夹御河。近来攀折苦，应为离别多。"

（2）willow 在英语文化中的内涵

在英语文化中，willow 主要有以下几个寓意。

①象征女子身材苗条与动作优雅。由于柳枝细长绵软，很容易让人联想起女性优美的身段。因此，英语中多用 willow 来形容女子。例如：

She is a willowy young actress.

她是一个苗条的年轻女演员。

Clothes always look good on her because she is so tall and willowy.

她又高又苗条，穿什么都好看。

②用于驱邪。在复活节前的星期日，西方人常用柳树来祈福，将之挂于家中驱赶所有的邪恶。

③象征失恋、哀伤、死亡。这一象征意义与以前英国人戴柳叶花圈以示哀悼的习俗有关。在莎士比亚的著名戏剧《奥赛罗》（*Othello*）中，黛斯德蒙娜（Desdemona）说道：

My mother had a maid call'd Barbara;

She was in love, and he she lov'd prov'd mad

And did forsake her; she had a song of "willow";

An old thing't was, but it expressed her fortune,

And she died singing it.

And then comes the song:

The poor soul sat sighing by a sycamore tree,

Sing all a green willow;

Her hand on her bosom, her head on her knee,

Sing willow, willow, willow;

The fresh streams ran by her, and murmur'd her moans;

Sing willow, willow, willow;

Her salt tears fell from her, and soften'd the stones:

Sing willow, willow, willow.

2. lotus—莲

（1）莲在汉语文化中的内涵

莲又名"荷花""芙蓉",在中国文化中,它常被用来形容女子的娇美。这在中国古代的诗词作品中极为常见。比如,唐代王昌龄的《越女》:"越女作桂舟,还将桂为楫。湖上水渺漫,清江不可涉。摘取芙蓉花,莫摘芙蓉叶。将归问夫婿,颜色何如妾?"

此外,莲虽生于污泥之中却仍纯洁无瑕,故而有着"花中君子"的美誉。这也是莲在中国文化中最重要的文化形象。比如,唐代温庭筠的《莲》:"绿塘摇艳接星津,轧轧兰桡入白萍。应为洛神波上袜,至今莲蕊有香尘。"

(2)lotus 在英语文化中的内涵

在英语文化中,lotus 是象征企图摆脱尘世痛苦的忘忧树。传说中,如果人吃了莲的果实就会忘记朋友和家人,也会失去回到出生地的愿望。因此,在英语中 lotus 就有懒散、舒服、无忧无虑的含义。例如:

lotus land 安乐之乡

lotus easier 过着懒散舒服生活的人

lotus-eating 醉生梦死、贪图安逸的行为

a lotus life 懒散、悠闲和无忧无虑的生活

3. peony—牡丹

(1)牡丹在汉语文化中的内涵

①象征着国家的繁荣昌盛。在古代,牡丹就有国家繁荣昌盛的代表意义,这在很多诗句中都有体现。例如,唐代诗人刘禹锡写道:"惟有牡丹真国色,花开时节动京城。"之后,牡丹便成为幸福吉祥、国家繁荣昌盛的象征。

②象征人们对富裕生活的期盼。人们赋予了牡丹富贵的品格,一提到牡丹,人们就很容易想起"富贵"二字。因此,人们常用牡丹表达对富裕生活的期盼与追求。

③象征不畏权贵的高风亮节。牡丹虽然被誉为"富贵之花",但是其并不娇嫩脆弱,因此被赋予不畏权贵和恶势力的含义。

④象征纯洁和爱情。在中国传统文化中,牡丹还是美、纯洁与爱情的象征。例如,在我国西北广为流传的民歌"花儿"指的就是牡丹,也是对唱双方中男方对女方的称呼。

此外,在汉文化中,牡丹还可以与别的花一起被赋予象征意义,这多体现在一些传统工艺和美术作品中。例如,牡丹与芙蓉一起具有"荣华富贵"的含义;牡丹与海棠一起具有"门庭光耀"的含义;牡丹与水仙在一起具有"神仙富贵"的含义;牡丹与长春花一起则具有"富贵长春"的意义。

（2）peony 在英语文化中的内涵

在英语文化汇中，peony 一词源于神医皮恩（Paeon，the god of healing），确切来说，peony 是以皮恩的名字命名的。这源于皮恩曾经用牡丹的根治好了天神宙斯（Zeus）之子海克力斯（Hercules）。因此，在西方文化中牡丹被看作具有魔力的花；而在欧洲牡丹花与不带刺的玫瑰一样，都象征着基督教中的圣母玛利亚。

4. plum—梅

（1）梅花在汉语文化中的内涵

梅花原产于中国，可以追溯到殷商之时。因它开于寒冬时节、百花之先，所以在中国文化中象征着坚毅、高洁的品格，为我国古代的历代文人所钟爱，很多诗词歌赋都以咏梅为主题。比如，宋代陆游的《卜算子·咏梅》："驿外断桥边，寂寞开无主。已是黄昏独自愁，更著风和雨。无意苦争春，一任群芳妒。零落成泥碾作尘，只有香如故。"

此外，梅花还象征着友情，成为传递友情的工具，享有"驿使"的美称，而"梅驿"成了驿所的雅称，"梅花约"则是指与好友的约会。比如，在王安石的《梅花》中，"驿使何时发，凭君寄一枝"一句中的梅花便成为传达友情的信物。

总之，梅花在中国文化中有着崇高的地位，是高洁、傲骨的象征，象征着中华民族典型的民族精神。毛泽东也曾对梅花大加赞赏，曾作诗"风雨送春归，飞雪迎春到。已是悬崖百丈冰。犹有花枝俏。俏也不争春，只把春来报。待到山花烂漫时，她在丛中笑。"此外，毛泽东还用"梅花欢喜漫天雪，冻死苍蝇未足奇"一句来表达中国人民像梅花一样不畏严寒与风雪做斗争的英雄气概。

（2）plum 在英语文化中的内涵

在英语中，与梅花相对应的词语 plum 既指梅树或李树，又指梅花或者李子。在基督教文化中，梅树表示忠诚；在英国俚语、美国俚语中，plum 表示奖品、奖赏。现在，plum 则成为美国国会常用的委婉语。例如：

A congressman or senator may give a loyal aide or campaigner a plum.

国会议员会给重视的助手和竞选者一个有好处、有声望的政治职位，作为对其所做贡献的回报。

5. red bean—红豆

（1）红豆在汉语文化中的内涵

红豆又称"相思豆"，在汉语文化中表示思念和爱情。这是由于红豆呈心形，且有着鲜艳如血的红色和坚硬的外壳，所以多象征着忠贞不渝的爱情。我国古代还有一个传说：一位男子出征边塞，他的妻子因过于思念外面的丈夫而夜夜在树下哭泣，以致眼泪流干且流出了鲜红的血粒。血粒凝结不化，便在地上生根发芽，长成大树，结满红豆，这就赋予了红豆以思念的寓意，在交通不便的古代，寄托了人们深深的思念。很多古诗都借红豆以寄相思。比如，唐代温庭筠的《酒泉子》："罗带惹香，犹系别时红豆。泪痕新，金缕旧，断离肠。一双娇燕语雕梁，还是去年时节。绿阴浓，芳草歇，柳花狂。"

（2）red bean 在英语文化中的内涵

英语中 red bean 的文化内涵受《圣经》的影响颇深。《圣经》中，以撒为了一碗红豆汤而出卖了长子权。因此，red bean 在西方文化中象征着见利忘义，为了微小的眼前利益而违背原则、出卖他人。例如，sell one's birthright for some red bean 表示"为了眼前的利益出卖原则，见利忘义。"

二、中西植物文化的翻译

（一）直译：保留形象

如果某一种植物词汇在英汉语言中具有相同的文化内涵，或者文化内涵大致相同，即源语中的植物词在译入语中可以找到相同或相似的对应植物的形象时，我们就可以采取保留植物形象直译的方法。使用直译的方法不仅能够保留源语的文化特征，传递原文的风格，再现原文的神韵，而且能够使译文生动活泼，并且增进英汉文化的交流，丰富译文的语言。例如：

laurel wreath 桂冠

peachy cheeks 桃腮

Oak may bend but will not break.

橡树会弯不会断。

（二）意译：舍弃形象

在翻译植物词汇时，我们可以舍弃源语中的植物形象进行意译，即抛弃原文的表达形式而只译出原文的联想意义。例如：

harass the cherries 骚扰新兵

He is practically off his onion about her.

他对她简直是神魂颠倒。

If you lie upon roses when young, you lie upon thorns when you are old.

少壮不努力，老大徒伤悲。

Every bean has its black.

凡人各有短处。

（三）直译加注释

在翻译植物词汇时，有时候为了保留原文的异域风味，丰富民族语言，同时便于译入语的读者理解，我们会使用直译加注释法进行翻译，即在翻译原文的植物词汇时保留原文的植物形象，同时阐释其文化意义。例如：

as like as two peas in pot 锅里的两粒豆（一模一样）

A rolling stone gathers no moss.

滚石不生苔（改行不聚财）。

The proof of the pudding is in the eating.

欲知布丁味道如何，只有吃上一吃（空谈不如实践）。

While it may seem to be painting the lily, I should like to add something to your beautiful drawing.

我想给你漂亮的画上稍加几笔，尽管这也许是为百合花上色，费力不讨好。

（四）转换形象翻译

植物词汇一般具有两层含义，一层是字面意义，另一层是由其引申而来的文化联想含义。字面意义相同的植物词汇，其联想含义可能不一致，而字面意义不同的植物词汇，其文化联想含义可能一致。而一种语言一旦被翻译为另一种语言，译入语的读者就会按照自己民族的文化传统来解读植物词汇所具有的文化内涵。因此，当一种植物在英汉语中所具有的文化内涵不一样的时候，译者在翻译植物词汇时就不得不考虑两种语言的文化差异、译入语的文化传统以及译入语读者的习惯，并据此调整植物词汇在译入语中的表达方式。例如：

as red as a rose 艳若桃李

spring up like mushrooms 雨后春笋

potatoes and roses 粗茶淡饭

Oaks may fall when reeds stand the storm.

疾风知劲草。

My new jeep is a lemon.

我的新吉普真是个蹩脚货。

（五）引申阐发译

对于一些特殊的表达，在翻译过程中，为了更加准确地表达原文含义，译者可以根据上下文以及逻辑关系，对原文中植物词的内涵进行引申。此外，有时还需要进行阐述解释，以保证译文的流畅自然。例如：

Tom will come to the party; the chance of a free drink is like a carrot to a donkey to him.

汤姆一定会来参加宴会的，白喝酒的机会对他来说是很有诱惑力的。

第六章 中西色彩词语文化对比探索

在漫长的生产、生活过程中，出于需要，人类创造了颜色词。颜色词经过长期的文化沉淀，时至今日，往往已不再单纯地表示颜色，更蕴藏着丰富的文化内涵，从中可以折射出一个民族的历史、审美情趣及民族心理等。基于此，颜色词作为语言的一个重要组成部分，也是我们进行深入学习探讨时不可忽视的重要内容。

第一节 汉英语言中颜色词的分类与比较

绚丽多彩的大自然为人类提供了繁衍生息的场所和文明发展的基础。科学研究表明，世界上可以辨别的色彩就有七百多万种。色彩与人类的生活息息相关，从某种意义上说，没有五光十色的色彩，就没有多姿多彩的生活。色彩不仅具有明显的美感功能，同时还具有丰富的信息功能。各种颜色在不同的社会文化中具有不同的文化附加意义。所以说，色彩是人类认识世界的重要领域，它不仅具有物理的本质属性，还具有丰富的文化内涵。

在词汇极为丰富的汉英语言中，表达颜色的词语数量多寡不一，但分类大体相同。汉语和英语的颜色词基本上可分为三大类：基本颜色词或称为单色词（basic color words）、实物颜色词（color words with colors of objects）和色差颜色词（color words in shades）。

一、基本颜色词

虽然中西方民族文化有很大差异，但是汉英民族对于基本颜色词的分类基本相同，都是将基本颜色分为七种：红、橙、黄、绿、青、蓝、紫。例如，毛泽东同志的诗词《菩萨蛮·大柏地》的上半阙的原文是：

赤橙黄绿青蓝紫，

谁持彩练当空舞？

雨后复斜阳，

关山阵阵苍。

如果将这几句译成英语，就可以是：

Red, orange, yellow, green, blue, indigo, violet,

Who is dancing, waving this colored ribbon against the sky?

The sun returns slanting after the rain.

All hill and pass grow a deeper blue.

这首词用了七种颜色来描绘夏天雷雨过后天空彩虹的颜色，这与英美百科全书中用来描写 rainbow 的七种颜色词完全一致。

二、实物颜色词

所谓实物颜色词，就是指用自然界的物体本身所具有的色彩来表示颜色的词，如黄金（gold）、白银（silver）、铅（1ead）、橙子（orange）、栗子（chestnut）等本是自然界中存在的金属和植物的果实，在汉英语言中都可以用来表示颜色。汉语中有金（黄）色、银（白）色、橙色、橘红色、栗色、铅灰色，英语中有与之相对应的 gold，silver，orange，chestnut，leadgrey。这类颜色词生动、直观，是人们认识和感知颜色的最基本、最直接的方法，因此这些词广泛地使用于人们的日常生活和文学作品中。例如：

宝玉道："松花配什么？"莺儿道："松花配桃红。"宝玉道："也罢了。也打一条桃红，再打一条葱绿。"（曹雪芹《红楼梦》）

"For what color sash?" asked Baoyu.

"That would go well with peach-pink," replied Ying-erh.

"All right. Do one also in peach-pink and another in leek green."

粉色的吴少奶奶，苹果色的一位女郎，浅黄色的又一位女郎，都在那疯狂地跳、跳！（茅盾：《子夜》）

Mrs. Wu Sunfu in pink, a girl in apple-green, another in light yellow, all were frantically leaping and whirling around him.

树上起了鸟叫声。两只画眉在枝上相扑，雪白的玉兰花片直往他的身上落，但是过了片刻又停止了。（巴金《家》）

Birds sang in the trees. A pair of grey thrushes fluttered on a branch above, bringing a shower of snow-white magnolia petals down on his head.

这类颜色词的构成大都是"实物 + 颜色词"的方式，在汉语中如此，英语中也常如此。但是在译成英语时，还可以译成"as+ 颜色词 +as+ 实物"的表达形式，意为"像……一样的颜色"。如：

……到了铁公祠前，朝南一望，只见对面千佛山上，梵宇僧楼，与那苍松翠柏，高下相同，红的火红，白的雪白，青的靛青，绿的碧绿，更有那一株半株的丹枫夹在里面……（刘鹗《老残游记》）

When he reached the temple he looked southwards and saw on the other side of the lake the Mount of a Thousand Buddhas. There were temples and monasteries, some high and some low, scattered among the greyed pines and green cypresses; the red were as red as fire, the white as white as snow, the blue as blue as indigo and the green as green as emerald, while here and there were a few red maples.

三、色差颜色词

基本颜色词和实物颜色词，有时候还不能满足准确反映色彩斑斓的自然界的需要。自然界中各种颜色在阳光的照射下都有深浅、明暗之分。英语中的 shades 和 hues 就是表示颜色的细微差别的。汉语中常常用深蓝、浅蓝、蔚蓝、鲜红、暗红、通红、翠绿、嫩绿、青绿、乌黑、漆黑、淡灰、浅黄、明黄等描绘各种颜色的色差程度。例如：

众人走出松林，到了湖滨。湖水带着浅蓝色，半天红霞映在水面，给它染上一层蔷薇色，但是水上已经笼罩了暮色。（巴金《家》）

Passed through the grove of pines, they came to the edge of the lake. The sunset clouds, the color of the rambling rose, were reflected in the pale-blue water, which was already draped with twilight mists.

我们的船向前走，两岸的青山在黄昏中，都成了深黛色，连着退向船后梢去。（鲁迅《故乡》）

As we set off, the green mountains on the two banks became deep blue in the dusk, receding toward the stern of the boat.

供桌前面放了一个火盆架子，火盆里燃烧着熊熊的火。几十个"炭圆"山也似的堆得高高的，烧成了鲜红的圆球。

In a large basin in front of the altar, several dozen chunks of charcoal, piled up like a mountain, glowed hotly with a bright red flame.

（巴金《家》）

第二节 常见颜色词的词意比较

汉语言文化中的颜色词，不仅使事物变得活泼、生动，而且强化了语言形象，从而给人留下深刻的印象。从历史上看，中国封建王朝就有"黄袍加身"之说；在民间习俗中，人们也习惯用"红白"来代表"喜事"与"丧事"。这类颜色词如此长久地沿用，足以证明其在汉语中的重要性。作为英语学习者，我们可以从各种词汇中确认颜色词在英美文化中的广泛应用 —— 代表忧郁的蓝色，不如意的黑色，纯洁无瑕的白色。颜色词在中西文化和汉英语言中有时具有相同的内涵，有时却内涵不同。很多时候，我们对英语的某些说法不理解，是因为每种语言都扎根于自己的文化之中，并浸入了文化的内涵，于是就形成了感知定势，这种感知定势便决定了不同文化的人对于同一种现象会赋予不同的意义。因此，就本章所说的颜色词，它在实际应用中，由于各民族在历史、政治、经济、文学、宗教等方面的巨大差异，而激起人们不同的反应，于是就形成汉英语言中颜色词语的文化内涵差异。在这里，只对汉英语言中几组常见常用的颜色词的文化内涵进行对比分析。

一、英语 white 与汉语"白"

1. 英语中的 white

西方文化中，white 的文化内涵非常丰富，主要表现在以下几个方面。

（1）象征纯洁、清白、光明等。英语国家在婚礼上会穿白色的婚纱，以示新娘的纯洁无瑕。此外，white 还象征爱情的忠贞不移，如 white rose of innocence/virginity。

（2）象征幸运、善意。例如：

a white day 吉日

days marked with a white stone 幸福的日子

a white lie 善意的谎言

（3）表示正直、合法。英语中的 white 可引申出"正直"等含义。例如：

a white man 忠实可靠的人

a white spirit 正直的精神

stand in a white sheet 忏悔

white hope 被寄予厚望的人或事

white light 公正无私的裁判

white-handed 正直的

（4）英语中的 white 也不总是用来象征美好的事物，有时人们也会用它来表示负面影响或消极情绪。比如，在战争中，失败一方会打出白旗（white flag）以示投降；在斗鸡中，认输的一方会竖起颈上插着一根长长的有点白色的羽毛，于是就有 show white feather 的表达。再如：

white trash 指没有文化、贫穷潦倒的美国白人

white night 不眠之夜

2. 汉语中的"白"

在中国文化中，白色有着丰富的文化内涵，主要表现如下。

（1）代表纯洁、素洁、纯净。比如，《增韵》中记载："白，素也，洁也。"白色还代表没有任何额外的东西。比如，白条，白汤，白水。

（2）在中国古代，平民经常穿的就是没有任何修饰的白布衣服。"白衣"代表没有文化和身份的贫苦贫民。

（3）在中国民俗里，丧事要穿白色孝服，白色代表着肃杀、死亡，是丧事的标志。

（4）表示落后、反动、投降。白色在其发展过程中受政治的影响，从而具有腐朽、反动、落后的象征意义。比如，"白色恐怖"指反动政权制造的镇压革命的恐怖氛嗣，"白军"指反动军队。其他词语还有"白区""白匪""白色政权"等。

（5）在现代社会中，白色是对女性美和婴幼儿健康标准的评判。人们普遍认为美丽的女性应该看起来白，因此在中国有"一白遮百丑"的说法，而人们对婴幼儿的一个褒义评判标准也是"又白又胖"。

（6）表示奸邪、阴险。比如，忘恩负义的人被称为"白眼狼"；在京剧脸谱中，白色表示阴险奸诈，比如，戏剧中演奸臣的角色被称为"唱白脸"。

二、英语 yellow 与汉语"黄"

1. 英语中的 yellow

在西方文化中，yellow 作为普遍存在的颜色，其内涵存在褒、贬两个层面，其中贬义色彩更为浓厚一些。英语中 yellow 的贬义含义主要体现在以下几个方面。

（1）表示胆怯、懦弱。在英语中，黄色能带给人们喜悦、兴高采烈的心情，但有时也能使人情绪不稳定，常与懦弱、卑怯有关。例如：

yellow dog 懦夫，胆小鬼

yellow livered 胆小鬼

yellow streak 性格中的怯懦

（2）表示警告、危险。例如：

yellow line 黄色警戒线

yellow flag 黄色检疫旗

yellow warning 黄色警告

（3）表示疾病或指秋天的落叶萧条、死亡或枯黄。例如：

yellow blight 枯黄病

yellow leaf 枯叶

yellow fever 黄热病

（4）表示以庸俗的文字、耸人听闻的报道吸引读者的报刊或新闻。例如：

yellow journalism 黄色新闻

yellow press 色情出版

（5）表示不值钱的、廉价的、无用的。比如，yellow covered 指（法国出版的）黄色纸张印刷或黄色封皮的廉价小说。

（6）表示非法合约名称或机构名称。例如：

Yellow-dog contract 美国劳资间签定的劳方不加入工会的合约

Yellow Union 黄色工会，常待命出动破坏罢工

（7）表示种族歧视。例如：

yellow peril 希特勒散布黄种人危害西方文明的东方文化威胁论

yellow badge 纳粹德国要求犹太人佩带的标志

yellow 在西方文化中的褒义内涵则主要体现在以下两个方面。

（1）象征财富。例如：

yellow 金币

（2）表示荣誉或竞技。例如：

yellow jersey 环法自行车赛冠军所得奖品

yellow ribbon 士兵团结一致的战斗精神

此外，在美国，黄色还表示怀念、思慕和期待远方亲人归来的意思。比如，yellow ribbon 除了表示战斗精神，还指人们在书上、车上或其他地方挂的黄色丝带，用来表示希望正在国外处于困境的亲人早点归来。

2. 汉语中的"黄"

在中国文化中，黄色是一种特殊又矛盾的有代表性的颜色。可以说，黄色自古以来就与中国传统文化有着不解之缘。而从古代到现代，人们也赋予了黄色一些极其不同的文化联想意义。具体来说，黄色的文化内涵主要有以下几个。

（1）象征皇权、尊贵。在中国，黄色常常象征着地位的高贵。特别是在中国封建社会中，黄色是皇权的象征，是权力的标志。比如，"黄袍"是天子穿的衣服，"黄榜"是指皇帝发出的公告。再如，在古代建筑中，只有皇宫、皇陵才可以使用黄色琉璃。由此可见，黄色是尊贵的。

（2）象征神灵。"黄"在传统的中国文化中还带有一层神秘色彩，即象征神灵等。比如，"黄道吉日"是指宜办喜事的吉日；"黄表纸"是祭祀神灵时烧的纸；"黄泉"是指阴间。

（3）象征富足。中华民族发源于黄河流域，又由于金子与成熟的谷物呈黄色，因此黄色还是富足的象征。古时大户人家常使用各种黄金器皿，佩戴各种黄金首饰，以此显示其富有或显赫的地位。

（4）象征稚嫩。由于婴儿的头发是细细的黄毛，所以黄色可以用来指幼儿，如"黄童白叟"。另外，黄色也常用来讥诮未经世事、稚嫩无知的年轻人，如"黄口小儿""黄毛丫头"等。

（5）象征色情、淫秽、下流、堕落。受 yellow back（轰动一时的廉价小说）一词的影响，黄色在现代汉语文化中具有了色情淫乱的象征意义，如"黄色小说""黄色图片""黄色书刊""黄色音乐""黄色电影""黄段子"等。

（6）在中国戏剧中，黄色脸谱代表着凶猛和残暴。

三、英语 red 与汉语"红"

1. 英语中的 red

在西方文化中，red 的负面含义更加明显，主要表现如下。

（1）表示负债、亏损。在西方，若账单、损益表中的净收入是负数时，人们会用红笔表示出来以突出显示。因此，red 可以表示负债、亏损。例如：

red ink 赤字

red figure 赤字

in the red 亏本

red balance 赤字差额

（2）表示暴力、流血。红色如血，因此西方人常将 red 与流血、暴力、危险、激进联系在一起。例如：

red alert 空袭报警

a red battle 血战

red revenge 血腥复仇

the red rules of tooth and claw 残杀和暴力统治

red hot political campaign 激烈的政治运动

（3）表示放荡、淫秽。由于红色鲜艳，极其夺目，因此在西方文化中还有诱惑、邪恶之美等隐喻含义。例如：

paint the town red 花天酒地地玩乐

a red light district 红灯区（花街柳巷）

a red waste of his youth 因放荡而浪费的青春

（4）表示愤怒、羞愧。人生气或害羞的时候会脸红，因此 red 也常指愤怒、羞愧的感情。例如：

to see red 使人生气

become red-faced 难为情或困窘

waving a red flag 做惹别人生气的事

除此以外，red 在西方文化有时也作为褒义词，表示尊贵、荣誉、尊敬。比如，在电影节开幕式或欢迎他国首脑的仪式上，主办方常铺红毯（the red carpet）以迎接来宾。

2. 汉语中的"红"

红色是中国人最为喜爱的喜庆色，是一种被人们崇尚的颜色，通常具有积极的文化内涵，主要表现如下。

（1）红色在中国人眼中首先象征着热烈、欢快、喜庆、吉祥、吉兆、财运等。在中国古代，王公贵族所居住的豪宅大院其大门多漆为红色，用以象征富贵。如今，中国人在结婚、过节、欢庆时都用红色作为装饰色调。比如，过节要贴红对联、挂红匾、剪红彩；生孩子要送红蛋；结婚要贴红喜字，用红被面、红枕头等。人们在本命年时，不论大人还是小孩，都要扎上红腰带，认为这样可以避凶消灾。

此外，表示兴旺和发达的词有"开门红""红光满面""红日高照""满堂红""红利""红包""分红"等；表示成功和圆满的词有"走红""演红了""红得发紫""红极一时"等。

（2）红色在中国文化中还有忠诚的含义，尤其是在戏剧中，红色是正义忠良的色彩。比如，关羽在戏剧中是红脸人物，被视为忠心耿耿的英雄。此外，中国人还常用"一片丹心""赤子""赤胆""红心"等来称赞英雄，激励自己。

（3）由于红色与血与火的色彩相联系，因此在中国红色还用来代表革命，这使得红色被抹上了一层政治色彩。比如，20世纪中国共产党所领导的大革命时期就有"红军""红心""红旗""红区""红领章""红色政权""红色根据地""红色资本家"等词。

（4）红色在现代汉语中还象征着青春、健康和积极向上。例如，"红光满面""红润"等。

总之，不仅中国人十分喜爱红色，在西方人眼里，红色也是中国独具特色的文化象征之一。当然，红色在汉语文化中也可作为贬义。比如，红色可以表达某种消极情绪，如"面红耳赤""脸色通红""眼红"等。

四、英语 black 与汉语"黑"

1. 英语中的 black

在西方文化中，black 常被当作是"死亡之色"，可见其贬义色彩更为浓厚一些。英语中 black 的文化内涵主要体现在以下几个方面。

（1）象征悲痛、死亡和苦难。欧美国家的人认为黑色能使气氛显得庄严肃穆，令人肃然起敬，是丧礼时的专用色彩。比如用黑色面纱、黑色眼睛、黑色围巾用于表示对死者的哀悼。

（2）常用于描述态度不好、心情坏、脸色差或状况不明。例如：

black-browned 愁眉苦脸的

to be in a black mood 生气，发脾气

be/go black in the face 非常生气

再如，Black Tuesday 指的是 1987 年 10 月 19 日星期二那天华尔街股市崩溃，进而引起世界各地股市的接连崩溃这一特定的历史事件。black economy（黑色经济）指国家经济的一部分，但是建立在未申报收入的基础上，且无法估计税额，实际上属于非法收入。

（3）表示耻辱、不光彩、邪恶、犯罪。例如：

Black Man 邪恶的恶魔

a black eye 丢脸、坏名声

black guard 恶棍、流氓、坏蛋

black deeds 卑劣的行为

black lie 阴险的谎言

black magic 邪恶的魔力

（4）象征着隆重、严谨和谦虚。black 以其色调暗、朴素而沉稳，是西方传统服装的主色。例如：

black suit 黑色西装

black dress 黑色礼服

（5）表示盈利。这里的用法正好与 red 相对，西方人习惯以记账通用的黑色字体来标注盈利的数字，因此就有了 in the black（盈利、有结余）的说法。

（6）在《圣经》文化中，black 象征邪恶、妖魔和黑暗。例如：

black box 黑匣子（意味着灾难或不幸）

black mass 魔鬼的信徒仿照基督教之礼拜仪式；黑弥撒

（7）表示没有希望。例如：

black news 坏消息

the future looked black 前景黯淡

此外，black 还有许多引申义。例如：

black tea 红茶

black mouth 诽谤者

Black Hand 黑手党；从事犯罪活动的黑社会组织

black humor 黑色幽默

a black-letter day 倒霉的一天

2. 汉语中的"黑"

"黑"是诸多基本颜色中最为常见的一个，也是颜色词汇中含义较多的一个。在中国的传统文化中，黑色的文化内涵十分复杂，也是褒贬共存的。一方面，黑和白普遍被认为是黑暗和光明的对立象征，因此其本身并不被喜欢；另一方面，黑色中性特质所表现出的庄重内涵又为人所崇尚。具体来说，汉语文化中的黑色主要有以下几种文化内涵。

（1）象征尊贵、庄重。在春秋时期，黑色是作为官员上朝时所穿的朝服，古书《毛诗故训传》就有这样的解释："缁，黑色，卿士听朝之正服也。"就是指古代用黑色帛做的朝服，以显其尊贵、庄严的气势。可见，黑色在古代的地位并不低。即使在今天，黑色仍具有"庄重、显贵、正式"的含义。例如，一般的公务车是以黑色为主导色彩，因为人们认为黑色显得沉稳厚重。

（2）象征刚直不阿、公正无私。在戏剧舞台上，人们一般用黑色或以黑色为主色调来表示刚直不阿、严正无私和憨厚忠诚的人物特点，如包拯、李逵、尉迟恭、张飞等人的脸谱色彩都是黑色。

（3）由于黑色常使人联想起黑夜，因此就有了负面的基本联想。当人们想起黑夜时，会感到恐怖和无助，当人们看到一些黑色的动物和鸟类，如乌鸦、猫头鹰、猪等也会产生厌恶之感。此外，中国人认为黑色是地下冥间的色彩，鬼之色就是黑色。

（4）黑色还象征着反动、邪恶等。在现代汉语中，有很多用黑色来表示的词语都说明了"黑"不受欢迎的一面。例如，"黑手""黑话""黑幕""黑市""黑人""黑户""黑店""黑心""黑帮""黑货""黑会""黑枪""黑金""黑账""黑交易""黑道""黑车""抹黑""黑社会""黑势力""背黑锅""黑爪牙""黑干将""黑名单""黑色收入"等。

五、英语 blue 与汉语"蓝"

1. 英语中的 blue

在英语中，blue 的文化内涵主要表现在以下几个方面。

（1）blue 象征着荣誉和对美好事业的追求，被视为当选者或领导者的标志。例如：

blue book 蓝皮书（用于刊载知名人士）

blue ribbon 蓝带（象征荣誉）

（2）blue 象征博大、力量、永恒。常让人联想到天空和大海等博大的事物。比如，苍天和大海常被称为 the blue。

（3）蓝色也用于表示反面的含义，如悲哀、空虚、阴冷、抑郁等。例如：

in the blue mood/having the blues 情绪低沉；烦闷；沮丧

blue devils 蓝鬼（沮丧、忧郁的代名词）

a blue Monday 倒霉的星期一

blue about the gills 脸色阴郁；垂头丧气

blues 曲调忧伤而缓慢的布鲁斯

此外，还有一些带有 blue 的英语短语。

blue chip 热门股票，蓝筹股

a blue-collar worker 体力劳动者

a bolt from the blue 晴天霹雳

blue-pencil 校对，删改

to be blue with cold 冻得发青

till all is blue 彻底地

into the blue 无影无踪；遥远地

a blue film 黄色电影

blue revolution 性解放

2. 汉语中的"蓝"

在自然界的色彩中，蓝色给人以轻快明亮的感觉，这是因为大海、天空均为蓝色。但是，以蓝色为核心的词语构成在汉语中是十分贫乏的。无论是在古代汉语还是现代汉语中，"蓝"字通常都是就事论事的使用，没有其他的引申义，如《荀子·劝学》中的"青，取之于蓝而青于蓝"，白居易《忆江南》中的"日出江花红胜火，春来江水绿如蓝"。

如果说象征意义的话，在现代，蓝色的一个比较常见的代表意义是"依据"。比如，"蓝本"原本是指书籍正式复印之前为校稿审订而印制的蓝色字体的初印本，后来专指撰著、改编等所依据的底本、原稿。又如，"蓝图"一词源自英语单词 blueprint，原指设计图纸，因其为蓝色而得名，现在也用以喻指建设所依据的设计、规划以及人们对未来的宏大设想等。

此外，在中国文化中，蓝色还用来代表稳定、沉着、勇敢和素净。例如，在传统戏剧中，蓝色的脸谱代表着坚毅、勇敢。

六、英语 purple 与汉语 "紫"

1. 英语中的 purple

在英语文化中，purple 被视为高贵的颜色，其文化内涵主要表现在以下几个方面。

（1）表示高雅、显贵、优雅、权力与荣耀。古代的帝王和有权势的高官等都穿紫袍。purple 还可以代指那些具有高官头衔的人，甚至是皇族或贵族。例如：

be born in the purple 出生于王室贵族或身居显位

the purple 帝位，王权、高位，即指古罗马皇帝或红衣主教所穿的紫袍

marry into the purple 嫁到显贵人家

purple passion 暗中被爱着的人

（2）表示华丽、智慧。例如：

purple prose 风格华丽的散文

raised to the purple 升为红衣主教

purple passages/patches 文学作品中辞藻华丽的段落；浮词丽句的段落。

此外，purple 还可以用于描述情绪，如 be purple with rage（气得满脸发紫）。

2. 汉语中的 "紫"

在中国文化中，紫色虽然不是基本色，由红色和蓝色合成，但也具有丰富的文化内涵。

在我国古代，紫色是高贵、祥瑞的象征和标志，因此封建的帝王将相经常使用。古代皇宫即为 "紫禁城"。民间传说有天帝位于 "紫微宫"（星座名称），因而以天帝为父的人间帝王以紫为瑞。同时，还将 "紫气" 作为祥瑞之气。因而，直到如今紫色仍有祥瑞之意的文化内涵。

七、英语 green 与汉语 "绿"

1. 英语中的 green

（1）在英语文化中，绿色是植物王国的颜色，因此也代表着青春、生命、希望，是春天的象征。例如：

a green age 老当益壮

in the green 血气方刚

in the green tree/wood 在青春旺盛的时代，处于佳境

再如，中世纪的画家通常会把十字架画成绿色的，象征着基督带来的新生以及人们死后回归天堂的希望。

（2）表示新鲜。例如：

green meat 鲜肉

a green wound 新伤口

（3）表示幼稚、新手、没有经验、不成熟、缺乏训练等。例如：

green hand 新手

as green as grass 幼稚

be green as grass 幼稚，无经验

Do you see any green in my eye?

你以为我是幼稚可欺的吗？

You are expecting too much of him. He's still green, you know.

你对他要求太高，他还没经验！

（4）表示妒忌。例如：

green with envy 眼红

green-eyed 害了红眼病；妒忌

在汉语中，表示这一意义用的则是"红"字。

（5）表示钞票、金钱。由于美国的钞票以绿色为主色调，因而绿色具有钞票的象征意义。人们称"美钞"为 green back，并由此延伸出 green power（金钱的力量，财团）这一说法。

如今，随着环保概念的深入，东西方现在都认同"绿色"为环境保护的代名词，例如：

green and luxuriant 绿葱葱

make green by planting 绿化

green food 绿色食品

greenish 同情环保事业的

green consumerism 绿色消费

the Green Revolution 绿色革命

the Greens 保护环境的政治团体

Green Peace Organization 绿色和平组织

2. 汉语中的"绿"

自古以来，绿色是植物的生命之色，通常象征着生机。同时，绿色在光谱中处于中间位置，是一种平衡色。在中国，绿色代表着生命、希望、安全、太平和和平。

（1）在古代，屈原的《楚辞》第九章《橘颂》中记载："绿叶素荣，纷其可喜兮。"

（2）在现在汉语中，绿色一般指没有污染，如绿色能源、绿色旅游、绿色食品、绿色科技、绿色工厂等。"绿"作为颜色以及绿化之意，和英文基本上是对等的。

（3）绿色象征和平。最为典型的例子就是世界和平组织有绿色橄榄枝拥着白鸽的图案，是和平的象征。

（4）汉语中的绿色也带有贬义色彩。比如，人们通常说的"戴绿帽子"就出于明代郎瑛的《七修类稿》："吴人称人妻有淫者为绿头巾。"

第三节 汉英常见颜色词的比喻和联想

汉英语言，由于受各自文化背景的影响，同样的颜色词语，各自的联想意义和比喻意义就不完全相同或完全不同。随着社会和文化的发展，汉英语言中的颜色词语的比喻意义和联想意义都有所变化，彼此之间也产生了影响与融合。但是，毕竟各自的文化基础不同，所以异同之处仍然是我们广大英语学习者和语言工作者需要重点了解、研究和注意的内容。在本节中，就汉英色彩词语的联想和比喻意义的异同之处，从以下四个方面进行简单探讨：第一，联想对应——字面意义不同，联想意义相同；第二，联想重合——字面意义相同，联想意义也相同；第三，联想碰撞——字面意义相同，联想意义相反或相异；第四，联想空缺——字面意义相同，联想意义一方空缺。当然，这种划分是在理想的状态下进行的，在现实生活中，它们常常是彼此交错，相互包含，你中有我，我中有你。下面的讨论希望能够对广大英语工作者和学习者有所裨益。

一、联想意义对应——字面意义不同，联想意义相同

这里所说的联想对应，是指在汉英两种语言中，一种语言中的某个色彩词和另一种语言中的某个色彩词字面意义虽然不同，但却能够引发相同的联想意义。汉英两种语言中有不少色彩词存在这种现象。

（一）黄色与blue

汉语中的黄色和英语中的blue虽然是两种截然不同的颜色，但在中西方文化中，却会引起相似的联想。

第一，这两种颜色都象征王权和高贵。在英国文化中，blue和purple总是和王室联系在一起，象征王权的高贵和尊严。如have blue blood表示具有王室血统，a blue-blooded family指一个具有王室血统的家庭。Blue book是英国皇家政府发布的官方报告。同样，在汉文化中，黄色是中国古代帝王的专用服色，象征皇权的尊严与高贵，受到老百姓的普遍敬畏和崇拜。从隋唐到清代的1000多年间，

封建帝王都是黄袍加身。黄色在封建社会一直是法定的尊贵颜色，只准帝王使用，老百姓则禁止使用，如果违反，就犯了僭越罪，会被杀头的。"黄袍加身"就是拥立某人当皇帝，这与英语中的 raise sb. to the purple 有异曲同工之妙。"黄钺"是皇帝专用的战斧，"黄榜"是天子的诏书，"黄屋"是天子御用的马车，皇宫是红墙黄瓦。

黄色之所以在汉文化中象征高贵和尊严，这源于中国古代盛行的五行说。古代把色彩分为两种：正色和间色。青、赤、黄、白、黑是正色；绿、碧、紫、骝黄是混合色，即间色。正色指纯正的颜色，间色是指不纯正的颜色。如绿色是青色和黄色混合相杂而成的间色。根据阴阳五行说的理论，黄色是火与土相互促进而产生的正色，因此象征尊贵和正统。绿色则是木和土相互抵制而产生的间色，象征卑贱和非正统。故《诗经·邶风·绿衣》中有"绿衣黄里""绿衣黄裳"的句子，前者是说把尊贵的黄色做衣服里子而把卑贱的绿色做衣面穿在外面，后者是说把尊贵的黄色做裤子而把卑贱的绿色做上衣。宋代大学者朱熹注释说，这是在讥讽庄公宠爱贱妾而冷落正嫡。现在，成语"绿衣黄里"多用来形容正邪不分，贵贱倒置。"黄钟大吕"形容音乐高妙庄严，"黄钟毁弃"比喻德学高尚的人得不到重用。唐代人喜欢赏牡丹，当时黄色的牡丹和紫色的牡丹最值钱，所以有"姚黄魏紫"之说。

第二，黄色与 blue 都象征病态和下流。矛盾无处不在无时不有，世界上任何事情都是矛盾的对立统一体。色彩词的联想意义也不例外。汉语中的黄色和英语中的 blue 既代表王权与尊贵，又象征着疾病与下流，这难道不是封建统治者荒淫无度的寄生生活的真实反映吗？难怪法国思想家卢梭抨击人类文明只不过是一层虚伪的面纱，因为高贵与卑贱、聪明与愚昧是一对联体婴儿，这大千世界至今仍然是清明与昏暗共存，开化与愚昧齐观，和平与战争同步，富裕与贫穷同在。

汉语中常用"面黄肌瘦""黄皮寡瘦"来指人身体不健康。汉语中黄色还常常与淫秽、下流联系在一起，如"黄色书刊""扫黄打非""黄色电影"等。在中国封建社会，健康的性科学被认为是淫秽的下流知识，于是东汉有专讲房中术的《黄书》，唐代药王孙思邈在他的名著《千金要方》中讲到房内补益时也提出了"赤日黄月"之说。在英美文化中，blue 和 lavender（淡紫色）都有疾病的联想。如 beat sb. black and blue 指被打得遍体鳞伤，be laid up in lavender 表示某人身体欠佳，lay sb. out in lavender 指把某人打得不省人事。另外，blue 还有下流的联想，如英语中的 blue ball, blue movie, blue joke, blue revolution 都是与"黄色、下流""性"有关的表达。blue gown, 本是一种女睡衣，如果穿在圣母或天使的身上便象征信义、忠诚、谦虚，如果穿在普通女子身上，就指妓女。

第三，黄色与 blue 都象征忠贞和正义。英语中，blue 让人联想到蓝蓝的天空，永不变色，blue heaven 是上帝的住所，因为上帝是正义和真理的化身，因此 blue 就有忠实、正义的含义，a true blue 泛指任何忠实、可靠的人。中国人喜欢用黄色来形容忠贞，"黄花闺女"比喻贞洁的女子，此处的"黄花"指的是金针菜（又名黄花菜），所以黄花寓含贞洁之意。"黄花晚节"比喻文人晚节坚贞，也说"寒花晚节"，这里的"寒花""黄花"都指菊花。菊花是中国士大夫喜爱的花之四君子之一，文人们常以之比拟自己富贵不能淫、威武不能屈、贫贱不能移的坚贞节操。因为"黄"与菊花密不可分，所以黄色在汉文化中象征坚贞。

又因为无论在东方的儒教文化中，还是在西方的基督教文化里，天都是天帝或上帝的居所，而天帝或上帝又是正义的化身，于是黄色和 blue 在中西文化中都代表正义，黄色和 blue 就都有了忠贞、正义的联想意义。

（二）黄色与 green

中国人和英美人都发现黄色是绿色的底色，这是因为地球上有四季的更替，经过长期观察，人们发现草木在秋季由绿变黄，到了春天又由黄变绿，所以黄色是绿色的底色，绿色是春天的象征。而到了春天，草木萌发，万象更新。宋代诗人杨万里在《新春即景》中写道："诗家清景在新春，绿柳才黄半未匀。"宋代大文学家王安石在《春风》中也写道："日借嫩黄初着柳，雨催新绿稍归田。"可见大自然的第一缕新绿是鹅黄色。美国诗人弗罗斯特（Robert Frost）有一首诗 "Nothing Gold Can Stay"，诗人在第一节中写道：

Nature's first green is gold,

Her hardest hue to hold,

Her early leaf's a flower,

But only so an hour.

由此可见，汉英民族对大自然的观察是多么相似！于是中国人用黄色形容年轻幼稚，而英美人用绿色来形容年轻幼稚。可见汉语中的黄色和英语中的 green，虽然是不同的颜色，却都能使人联想起年轻、幼稚、没有经验。中国人用"黄毛丫头"形容不谙世事或发育未熟的少女，用"黄口小儿"来讽刺男青年年少无知。英美人则用 a green hand 表示刚入门的生手，用 as green as grass 形容天真、阅历浅薄，用 be not as green as one is cabbage-looking 表示并不像看上去那么单纯幼稚。埃及女王克莉奥帕特拉对待从查米恩诉说她对安东尼的思念：

My salad days,

When I was green in judgment, cold in blood,

To say as I said then… (Antony and Cleopatra Ⅰ.Ⅴ.)

我青葱的日子，

判断能力幼稚，

血气未温才那么说：……

第一行诗中 My salad days 是指埃及女王的少女时代，salad 和 green 同义，这源于西方人吃 green salad 的习惯，green in judgment 是形容她自己涉世未深缺乏判断力，所以才认为恺撒是天下最优秀的男人，并嫁给了他。

另外，黄色与 green 都有金钱的联想。在汉语中，黄色总让人联想起"黄金"。人们常说"走黄道发财"，此处的"黄道"就是指经商挣钱。"黄金地段"指城市中商业繁华、交通便利、好挣钱的地方，"黄金水道"指船舶往来繁忙的河流。因为美元钞票一般是泛绿色的，所以 green power 指金钱的威力。反过来英美人也容易由黄色想起金钱，他们把金钱戏称为 yellow boy 或 mean yellow，the golden touch 指点金术。

二、联想重合——字面意义相同，联想意义一致

这里所说的"重合"只是相对而言。两种语言中的色彩词在联想意义上不存在绝对的重合。相对联想重合就是指英汉两种语言中某些色彩词不仅字面意义相同，而且在许多方面产生相同的联想。如紫色在汉英两种文化中都能产生高贵的联想，汉语中说"纡青拖紫""芥拾青紫""朱紫尽公侯""满朝朱紫贵"，英语中也有 be born in the purple（出身于富贵之家）、raise sb. to the purple（拥立某人为王或升某人为主教）。莎士比亚曾经用紫色（purple）来刻画埃及女王克莉奥帕特拉乘坐画舫的富贵：

The barge she sat in, like a burnished throne,

Burned on the water: the poop was beaten gold;

Purple the sails, and so perfumed that

The winds were lovesick with them; the oars were silver,

Which to the tune of flutes kept stroke, and made

The water which they beat to follow faster,

As amorous of their stroke…

（Antony and Cleopatra Ⅱ.ii. 191～197）

18 世纪浪漫主义诗人雪莱在《致云雀》（To a Skylark）一诗中也曾用紫色来描述他心中的神鸟云雀：

The pale purple even

Melts around thy flight;

Like a star of heaven.

In the broad daylight.

Thou art unseen, but yet I hear thy shrill delight.

除了高贵的联想意义外，紫色在英汉两种文化中还可以引发疾病的联想。"把某人打得浑身青紫"意思就是打伤某人；身体受了皮肉之伤，可以用"紫药水"；"紫疳"是指有心血管病的人皮肤常发紫。英语谚语 lay sb. out in lavender 就表示把某人打得不省人事或打死某人；purple heart 在英语中表示一种镇静剂。另外，紫色在英汉两种文化中都有生气的联想，如 turn purple with rage 是指气得脸发青。

虽然紫色在汉英文化中都有高贵、疾病与生气的联想，但是我们并不能因此就说中国人看见紫色和英美人看见紫色产生的联系完全相同，这是一种同中有异的联想重合。就高贵的联想意义来讲，汉语中的紫色是间色，一般用来象征王公贵族的高贵地位，很少用于形容皇帝的神圣威严，虽然皇帝住的地方叫紫禁城。与此相反，紫色在西方文化中一般用来形容君王的显赫富贵，很少用于普通大臣。换句话说，在东方儒家文化中，黄色是王权的象征，紫色是贵族的象征；而在西方基督教文化中，紫色是王权的象征，深红色才是贵族的象征。据《圣经》记载，耶稣在被总督拉多下令处死之前，一群罗马士兵用荆棘编了一个王冠戴在耶稣的头上，并给他穿上紫袍（robed him in a purple cloak）。他们一边抽打他的脸，一边挖苦地叫道："恭喜你啦！犹太人之王！"所以，purple robe 或 purple cloak（紫袍）在西方文化中象征王权的高贵。著名翻译家霍克斯在翻译《红楼梦》的《好了歌》中的"紫袍"时，就注意到这一点，没有直译成 purple robe，而是译成了 scarlet robe（红袍）。虽然 scarlet 和紫色字面意义不对等，但是联想意义一致，都指王公的高贵。

同样，红色与 red 在汉英文化中，也出现了联想重合。红色在汉英两种文化中都有热烈、喜庆、羞涩的联想。在中国的传统婚礼上，新郎和新娘都要穿红色的礼服，胸前挂着红色的绢花，新房里点上红烛，新人用的家具上都贴有红色的"囍"字，以后生了小孩，亲朋好友还要去吃"红鸡蛋"；逢年过节，大人还会给小孩"红包"；结婚、生子、过生日这些重大事件在中国文化中都叫"红喜事"。类似，英美人在迎接贵宾时，也喜欢铺上红地毯（red carpet），以表示隆重；red-letter 表示喜庆、值得纪念的意思。中国人说"羞红了脸"，英美人说 turn red with blush。红色在东西方文化中还都有恼怒、危险、暴力的联想，如汉语中的"刺刀见红""杀红了眼"，英语中的 red battle，red activities，red rules of tooth，red alert 等表达中，红色就有恼怒、危险、暴力的含义。红色在东西方文化中还有色情、健康、高贵的联想。

三、联想碰撞——字面意义相同，联想意义不同

所谓的联想意义碰撞（associative conflict）是指一种语言中的某个色彩词能够在另一种语言中找到对应词，这种对应词虽然字面意义完全相同，其联想意义却不完全相同甚至相反，因为汉语和英语分别属于不同的文化价值系统，不同的民族文化背景往往会影响人们对民族语言内容的理解。比如，中国是社会主义国家，中华人民共和国国旗和中国共产党的党旗都是红色的，红色就成了革命的象征，含有忠贞、进步的褒义色彩。但在英美人生活的资本主义社会，受西方资产阶级政府宣传的影响，人们看见红色（red）就联想到暴力革命和流血冲突，于是红色在西方文化中含有贬义。因此，要想熟练地掌握和运用一门外语，就要熟悉这种语言背后的民族文化的特殊性。我们可以说，民族语言的特殊性就是民族文化的特殊性，民族文化的特殊性就是民族语言的特殊性。二者相互影响，相互依存，密不可分。语言作为民族文化的表现形式和载体，是我们感知、理解、认识世界的工具，所以，胡文仲教授说："学习一门外语就意味着学习它所构筑的一整套文化世界；掌握一门外语，就意味着获得了一种新的对世界的看法。"这就是萨丕尔－沃尔夫假说："人们不是自由地感知世界，而是通过语言来感知世界，语言是个过滤性的结构，它会扭曲现实世界并因此影响和控制人们的思维。"我们通过比较汉英色彩词字面意义的相同和联想意义的不同，可以了解到汉英两个民族在文化价值观念上的差异，以及这些差异对词语联想意义的影响。

（一）红色与 red

红色与 red 在字面意义上是相对应的，但它们的联想意义却不完全相同（虽然有些方面有相通之处，见本章前面谈到的相关部分）。红色是中华民族最喜爱的颜色之一，红色又称为"朱色"或"赤色"，有富贵、兴旺、进步、忠贞等联想，是个褒义词。如汉语中的"根正苗红"表示出身进步家庭，"红军""赤卫队"都是革命军队，"一颗红心永向党"表示坚定不移的共产主义信念，"红砖碧瓦""朱门绮户"形容富贵人家，"红火""开门红""红得发紫""走红"形容事业兴旺发达。另外，红色还有爱情的联想，如"红娘"是指媒人，"红颜知己"常指爱人，"红粉佳人""绿窗红烛"等词语都与才子佳人的爱情生活有关。前面已经说过，"红娘"不能译成英语中的 red lady，因为 red lady 在英语中是

指"放荡的女人"。中国人把红颜与早逝联系在一起，常说"红颜薄命"，英语中 pink face 却形容人（尤指女子）面色红润健康，in the pink 表示人身体健康。

在西方文化中，红色给人的联想是粗俗、暴力、亏损、疾病等，所以西方人一般厌恶红色。如 red-necked 形容粗俗的红脖子乡巴佬，red-bricked 形容暴发户做的二流的红砖房，The Red May 专指 1968 年巴黎学生动乱，go to the red 表示开始亏损，a red month 表示这个月入不敷出，go out of red 指还清欠债，catch sb. red-handed 表示抓住某人正在干坏事。Red belt 指苏联控制下的东欧集团，red regime 指共产主义政权，red party 指共产主义政党，这三个政治术语在西方新闻媒体中都含有贬义。西方资产阶级把共产主义运动称为 red plague（红色瘟疫），因此西方国家中许多信仰马克思主义的政党纷纷标榜自己是 pink party（粉色政党，社会民主党，略带左翼色彩的政党），以免引起选民的反感。英语中 red flag 表示危险，而汉语中的"红旗"喻指先进单位、先进个人或指领先。A red heart with two preparations 和汉语中的"一颗红心两种准备"意义不同，西方人读了这个词组会想起心脏移植手术，two preparations 暗示这场手术有可能成功，也有可能失败。

汉语中，"红豆"是爱情的信物，王维的《红豆词》在中国家喻户晓。而红豆在西方是愚蠢的象征，伊索（Essau）为了一碗红豆汤（red bean stew）充饥竟然出卖了自己的长子权！香港梁丽芳女士在翻译《红楼梦》中的《红豆词》时，将"滴不尽相思血泪抛红豆"，译为"Still rolling down like dropping love beans are my blood tears of longing，把"红豆"译成 love beans 就是为了避免文化碰撞。

英语中的 red carpet 与汉语中的"红地毯"所引发的联想意义并不相同。英美人的红地毯是用来接待贵宾用的，red carpet 含有"隆重的""贵宾待遇的"联想意义。而汉语中的"红地毯"是婚姻的象征，"走上红地毯"表示某人即将举行婚礼。英美人结婚时一般走 white-runner，用白色表示喜庆。

（二）白色与 white

虽然白色在汉英两种文化中都会让人产生纯洁（purity）、高雅（elegance）的感觉，但有时候白色在两种文化中引起的联想会产生碰撞。如，前面谈到的"白毛"不可直译成 white feather，"白脸"不可译成 white face，"白发"并不总是译成 white-haired，"白手"不可译为 white-handed，都是由于此原因。再如下面的句子翻译：

年复一年，女人在女儿、妻子、母亲中熬白了头发，可是回首往事时，依然

是那句朴素的"我愿意"，这时的女人，纵然是布衣钗裙也好，洗尽铅华也罢，都是最美的！（陈祖德《女人什么时候最美》）

Each time she gives the same plain comment on every turn of her past when she looks back，"It's my choice，I'm willing." How beautiful she is at the moment even though in homespun clothes without any makeup. So calm is she as she undergoes grinding and regrinding in the mill of time，which turns the daughter into a wife，and then a mother with her hair greying in the progress.

汉语中的白色还有反动、恐怖的联想意义，如"白区""白匪""白色恐怖"。这一点英语中却不用 white 表示。而英语中的 white lie 只是指没有恶意的谎言，与清白、无辜、纯洁都无关。汉语中还有"红白喜事"之说，此中的"白"是无法与 white 产生相同联想的。因为此中的"白"指丧事，而西方人举行婚礼时新娘总是穿白色婚纱礼服。

同样，黑色与 black，黄色与 yellow，也都会在中西文化中产生联想碰撞，在此不再赘述。

四、联想空缺——字面意义对应，联想意义空缺

色彩词语的联想意义是由色彩词的字面意义派生出来的，在跨文化交际时，当一种语符换成另一种语符时，源语语符所引发的联想意义并没有转移到目的语语符上，因为目的语操持者缺乏与源语操持者相同的文化背景，他们大脑中缺乏与源语使用者相对应的记忆痕，因而从源语中译入的词语并不能在他们大脑中引发相似的联想。所谓联想，就是恢复记忆，就是色彩词与语言使用者大脑中储存的某些已知信息发生联系。联想空缺就是词语在甲语言中能引发某种固定的联想，而在乙语言中却不能。色彩词的联想空缺在汉英两种语言中都存在，但这种语义空缺并不单独存在，它往往与联想对应、联想重合或联想冲突相互包容。

绿色在汉英文化中既存在联想重合，又存在联想空缺。无论在中国还是在西方，人们都把绿色和春天、大自然、青春少年联系在一起，在这方面是联想重合。但是，汉语中绿色至少有两种联想意义在英语中不存在：一是女性的联想；二是淫荡的联想。如汉语中的"红男绿女"，其中的"绿"就是形容女性。中国古代，闺房的窗户叫"绿窗"，年轻女子的头发叫"绿云"或"绿鬓"。另外当"绿"字形容女子时，"绿"与"红"的联想意义相同，可以互换使用，如"绿窗"可以说成"红窗"，"翠楼"可以说成"红楼"，"翠袖"可以说成"红袖"，古

代有"红袖添香"的故事。而汉语中"绿帽子"的"绿"就具有"淫荡"的联想意义。"青楼"指的是古代的妓院,而"青"就是"绿"的意思,在此就既指"女子",又有"淫荡"的联想意义。Green 在英语中有嫉妒的联想意义,汉语中却是没有的。《奥赛罗》中的伊阿古把嫉妒形容为 a green-eyed monster,所以英语中有 turn green with envy 的说法。

红色在汉英两种文化中都有恼怒、色情的联想,但汉语中"红娘"却无法使西方人产生爱情的联想,因为 red lady 在英语中是指生活放荡的女人,同样 pink lady 在英语中也不会使人想到爱情,因为它是一种鸡尾酒。汉语中的"红旗"是一个有积极意义的褒义词,而相反,在英语中 red flag 一词就像 red traffic light 一样,是指应该回避和特别注意的事物。由于西方有斗牛的文化传统,所以 red 具有使生气的联想意义,英语中就有 like a red rag to a bull 表示惹人生气的东西。因此汉语中"你红光满面"翻译成英语时,就要注意,不可译成 Your face is very red,这在英语中表示"害羞、不好意思或处于窘境",如果译成 A ruddy complexion,虽然有"身体健康,面色红润"之意,但没有把汉语中隐含的"精力充沛"的意思译出来,所以,建议翻译成:You look so healthy and full of pep 或 You look the very picture of health and energy。这两者都是表示"你红光满面"之意,根本没必要把"红"译出来。另外,汉语中"红"还有"革命、先进"的褒义联想意义,如"红军""又红又专"。但在英语中 Red(大写 R)一词,常指"共产主义者"或"共产党员"。所以,"又红又专"如果译成 red and expert 表达不出汉语词语的原意,不如译成 both socialist-minded and professionally qualified。

在英语中 white 没有像汉语中"白"所具有的"徒劳"这样的含义,如"白费劲"。Black 在英语中有"好"的联想意义,如在商业英语中 in the black 就指"经营一个企业盈利"。汉语中说"红利",在英语中 in the red 指负债、亏损。

还有汉语中一个独特的颜色词"青",在汉语中可以指绿色(green),如"青山绿水""青椒";可以指蓝色(blue),如"青天白日";也可以指黑色(black),如"青丝变白发""青布衫"。英语中无法找出一个颜色词,与"青"所具有的含义和联想意义完全对应。

汉英语言对于颜色词的使用还有一个有趣的现象,就是对于同一物体或现象却用不同的颜色词加以描述。如英国人喝的 black tea 在汉语中不叫"黑茶",而叫"红茶"。美国人谈到皮肉受伤时,说 be bruised black and blue,而中国人会说"被打得青一块紫一块"。

第四节 颜色词的社会属性

人类生活在色彩缤纷的世界中，人们对颜色的感受不可避免地受本民族文化传统的影响。人们的颜色观也是文化观的有机组成部分，颜色词语不仅反映着颜色的物理属性，也折射着社会属性和时代特征。颜色词作为"文化限定词"，具有强烈的民族文化特征，所以，每个民族都有自己的颜色观。在不同民族的文化中，同一种颜色表达着不同的文化心理，产生不同的联想，具有不同的文化内涵。在本节中，简单谈一谈颜色词的社会属性。

一、颜色与政治

在中国，颜色往往有着浓厚鲜明的政治色彩，最为典型的就是红色。受苏联十月革命后政治术语的影响，它象征着革命、中国共产党、无产阶级和社会主义制度，而与其相对应的"白"色意味着反革命，"黑"色象征着反动、腐朽、没落的事物。新中国成立后，中国在政治生活中曾经使用过诸如"红色政权""又红又专""白专道路""黑五类""黑帮"等以颜色词寓意的政治术语，这些术语不仅广泛出现在特定时期的官方文件、报纸杂志和日常生活中，也不可避免地进入了文学作品之中。如在杨沫的《青春之歌》中有这样一段话："一九三三年夏天，北平党的组织遭受到严重的破坏，剩下来的少数同志，在残酷的白色恐怖中，风雨飘摇，随时都处在被捕的危险中。"

而在西方，人们对于颜色也赋予了一定的政治含义，但似乎没有像中国这样泾渭分明。西方社会中有各种各样的政党和政治派别，其中有不少政党、派别、军队、组织也是以颜色词命名的。例如：

Black Hand 黑手党（指在美国从事犯罪活动的一个意大利移民秘密组织）

Black Panther 黑豹党（指美国的黑人政党）

Green Panther 绿豹党（指激进派自然环境保护者）

Grey Panther 灰豹党（指美国激进派老年人党）

Green Beret 绿色贝雷帽（美国特种部队的绰号）

Red Army（Faction） 红军派（红色军团，指西德一恐怖组织）

Red Brigades 红色旅（指意大利一极左派秘密恐怖组织）

这些党派、组织名称中的颜色词，有些没有特别的政治含义。值得注意的是，汉语、俄语与英语中的"红色观"是截然不同的，所以英语中的 Red Army（Faction）和 Red Brigades 绝不是"革命"的含义，都是恐怖集团，red 有"流血的、恐怖的"

含义。

二、颜色与历史

在中国古代汉民族的传统观念中，在所有色彩中黄色最为尊贵。黄河被誉为中华民族的母亲河，黄河流经的陕、甘黄土高原和晋南、豫中一带，是中华民族文明的发祥地，那里的土地是黄色的，这是古人重视黄色的重要原因之一。黄色象征着至高无上的权力和地位，象征着帝王的威严，因此皇帝登基也叫"黄袍加身"。

黄色在我国从唐代开始便正式成为皇室的专用色，其下依次为赤（红）、绿、青、蓝、黑、灰、白。官宦百姓的建筑各有其色：皇宫、寺院、庙宇用黄、红色调，王府、官宦人家的建筑用绿、青、蓝等色，百姓民舍只能用黑、灰、白等色。明清时期更加明文规定，只有皇帝的宫殿、陵墓建筑及奉旨修建的庙坛才能准许使用黄色琉璃瓦，亲王、郡王等高官贵族只能用绿色顶盖，蓝、紫、青等色为官宦人家的府宅用色，普通百姓的住所还是只能用黑、灰、白等色。

三、颜色与礼仪

人们在特定的社交场合穿戴某种颜色的服饰，这是一个民族传统文化长期积淀的结果，以此表达或寄托一定的感情，这方面最为明显的是婚礼和葬礼上的服饰颜色。

汉语中的"红白喜事"是指"婚事"和"丧事"，这两种事都被中国人视为人生命中的重大喜事。象征"吉祥喜庆"的红色是中国传统婚礼的主色。爱新觉罗·溥仪在《我的前半生》中描写他与婉容结婚大典时有过这样的描述："按照传统，皇帝和皇后新婚第一夜，要在坤宁宫一间不过十米见方的喜房里度过。这间屋子的特色是：没有什么陈设，炕占去了四分之一，除了地皮，全涂上了红色……进入这间一片暗红色的屋子里，我觉得很憋气。新娘子坐在炕上，低着头，我在旁边看了一会儿，只觉着眼前一片红：红帐子、红褥子、红衣、红裙、红花朵、红脸蛋……好像一摊融化了的红蜡烛。"这种爱红喜红的民族心理依然影响着人们的观念和行为，英雄模范人物要戴大红化，先进人物的名单上红榜，重大节日报纸头版新闻会套红色印刷，公司开张营业时要剪红色彩带。

而在办丧事的时候，白色又是主色。由于受佛教"超度"之说的影响，把老人寿终正寝看作"白喜事"，因此丧家人在治丧时必须穿白衣、戴白帽、系白腰带或胸前戴白花表示悼念，就连办丧事而临时搭建的棚屋也叫"白棚"，这是中国人数千年流传下来的民风习俗。

而在西方的婚礼上，新娘总是身披白色婚纱，给人一种圣洁高雅的美感，象征爱情的纯洁珍贵；而在丧礼上则穿黑色礼服以表达对死者的哀悼。因此，由于中西方对婚礼和丧礼观念和服饰颜色习俗的迥异，对于汉语中的"红白喜事"，就绝不能按照字面意思直译，而应该解释性地译成 weddings and funerals。

四、颜色与服饰

我国从商周时期开始，逐渐形成了"君臣士庶，服饰有制"的服饰等级观念。服饰的等级不仅体现在款式上，而且体现在颜色的使用上。

服饰颜色表示官品等级。我国唐代对官员的服装实行"品色衣"的制度，即各品官员的官服都有规定的颜色。官服分为三种颜色：四品以上为紫色，六品以上为绿色，九品以上为青色。其中六品官服是深绿色，七品官服为浅绿色，八品官服是深青色，九品官服为浅青色。白居易在《琵琶行》诗中写道："座中泣下谁最多？江州司马青衫湿。"诗中的"青衫"就指九品官服，当时白居易谪居九品芝麻小官。另外，在中国现代军队着装上，士兵和尉官的军装为浅草绿色，而校官和将官的军装是深草绿色。外国的军队着装，也是在颜色上就能区别出军人的级别来。

服饰颜色表示身份地位。中国古代民间服饰的颜色通常也表示人的身份或地位。"白袍子"表示举人，唐代举子参加考试，都穿白色衣服。"青衿"也称"青襟"，泛指读书人，而在明清的科举时代专指秀才。"赭衣"是指古代囚犯所穿的赤褐色的粗布服，也就是用来指犯人的代称词语。"青衣"表示婢女，因为自汉代以后，青衣是地位卑贱者的服饰色；而明清时代"青衣布帽"也指普通百姓。"黄衣"是道士的服饰。因为传说中黄帝穿黄衣戴黄冕，到了后汉初期，道教崇尚黄色为道袍和道冠的颜色，以后历代相沿成习。这些具有特定民族文化背景的服饰，在英语中都没有对应的词语，译成英文时大多要意译或直译加注释。

服饰表示职业。以服饰颜色表示职业的类别，在西方社会比较流行。随着东西方文化交流的频繁，西方的服饰颜色表示职业类别的名词术语在汉语中也开始广泛流行起来，最明显的，如：white-collar workers（白领阶层，指受过专门教育或技术训练的脑力劳动者），blue-collar workers（蓝领阶层，指普通的体力劳动者），grey-collar workers（灰领阶层，指服务性行业的职工），pink-collar workers（粉领阶层，指职业妇女群体），golden-collar personnel（金领阶层，指既有专业技术技能，又懂经营管理的复合型人才）。

五、颜色与经济

经济活动与人们的日常生活息息相关。日常生活指常用的颜色词必然会直接进入经济活动领域。颜色词在经济术语中使用频繁，而且异常活跃，如赤字（in red ink）、亏本（in the red）、赢利（in the black）、黑市（black market）、黑货（smuggled goods）、灰色收入（grey incomes）、黄牛（即投机倒把分子，scalper）、红利（dividends）、红运（good luck）、红包（bonus）、（生意）红火（prosperous 或 flourishing business）等。

通过上述对汉英色彩词的对比研究，我们可以发现，人类文明的共性寓于其特殊性之中，色彩词语的联想意义是建立在民族文化心理和人类共同的生理反应基础上的，其中特定的民族文化心理起着决定性的作用。通过比较，还可以发现汉英两种语言之间的相互交融与渗透。这些对于我们掌握和使用英语，对于我们用英语进行跨文化交际有着十分重要的意义。

第七章 中西习俗、节日与宗教文化差异探索

第一节 中西习俗文化对比探索

习俗是一个民族在特定的历史条件和地理环境中不断发展并承袭下来的，它是某种文化形态的象征和体现。由于习俗文化是跨文化交际活动的一大障碍，所以人们在跨文化交际中必须具备扎实的文化功底，形成良好的习俗差异意识。本章就对中西习俗方面的文化内涵差异进行系统论述。

一、中西称谓习俗的文化内涵差异

（一）中西亲属称谓习俗的文化内涵差异

亲属称谓语属于语言使用中的一个重要现象。亲属称谓是任何一种语言都不可或缺的一个部分。可以说，在人类社会中，每一个特定的社会结构及其关系都是类似的。这些亲属之间的关系构成了一个基本的社会群体单元。但在某一个特定的社会中，人们又会使用不同的称呼来表示这些关系。这些不同的称呼不但表达了亲属之间的关系，而且也表明了他们在这一家庭中的地位、责任与义务。因此，这些有着各自特点的称谓语在某种程度上也揭示了一个社会发展的状况。由于中国与英语国家分别是在不同的社会状态下发展起来的，也因为它们的文化有着各自的特点，所以使这些相同或相似或不同的称谓语有着不同的内涵与解释。

在传统的中国社会中，各个家庭成员之间的称呼已经有了一定程度的细化。每一个成员在这一家庭中都有着不同的称呼。每一个成员在家庭中的不同地位和责任也都能通过称谓得到体现。因此，这些称呼也成为责任与义务的标志符号。同时，这些称谓语决定了亲属之间的亲疏关系，还可以区分内亲与外戚的关系。与英语中家庭称呼的泛化不同，汉语中家庭称呼非常复杂，甚至有时连自己都很混乱。一般人都认为，两方家庭中各个成员之间的称呼之所以单一、简单是两方社会工业经济高度发达而使家庭独立导致的，而家庭的独立又是社会与家庭关系的单薄、家庭成员之间交往减少而造成的。另外，西方社会中的社会关系金钱化也使这一问题更加明显。

这里我们将导致西方家庭称谓语泛化的原因总结为两点：一是西方社会有着较早的工业化进程，二是中西方封建社会的结构不同所造成的。

中西亲属称谓系统的特点是：汉语亲属称谓详细而具体，属于叙述式

（descriptive）系统；而英语亲属称谓简单而笼统，属于类分式（classificatory）系统。

1. 汉语亲属称谓系统的特点

汉语的叙述式亲属称谓系统是以几千年来传承的"九族五服制"为基础的，既包括由血缘关系产生的亲属系统，也包括由婚姻关系产生的姻亲配偶系统。因此，汉语亲属称谓详细且复杂，严格区分了直系亲属和旁系亲属、父系亲属和母系亲属，同时也表明了长幼尊卑。复旦大学教授游汝杰先生（1993）在《中国文化语言学引论》一书中就对中国的亲属系统进行过详细描述。

（1）行辈上的特点

在中国，亲属称谓是随辈分的变化而不断变化的。相关研究表明，中国现代亲属称谓中的 23 个核心称谓都是分辈分的，包括父、母、夫、妻、子、女、兄、弟、姐、妹、嫂、媳、祖、孙、伯、叔、姑、舅、姨、侄、甥、岳、婿。另外，中国的行辈差别还体现在长辈与晚辈之间的称呼上：长辈可以直呼晚辈的名字，而晚辈则不可以直呼长辈的名字。

（2）同辈长幼上的特点

对于同辈亲属，汉语称谓一般因长幼的不同而有所差别。比如，古代妻子称丈夫的哥哥为"兄公"或"公"，称丈夫的弟弟为"叔"，称丈夫的姐姐为"女公"，称丈夫的妹妹为"女叔"。而在现代汉语中，称父亲的哥哥为"伯"，称父亲的弟弟为"叔"。此外，同辈亲属间还有哥哥与弟弟、姐姐与妹妹、兄嫂与弟媳等区别。这些均能体现被称呼者的年龄及与自己的关系。

（3）父系母系上的特点

在中国文化中，即使是对同辈亲属的称呼也会因为父系、母系的不同而有所区别，如称父亲的姐妹为"姑"，称母亲的姐妹为"姨"；称父亲的哥哥和弟弟为"伯"或"叔"，而称母亲的哥哥和弟弟为"舅"等。

（4）血亲姻亲上的特点

汉语中的姻亲关系也会导致同辈亲属称呼的不同。比如，叔叔与姑父，哥哥与姐夫，弟弟与小舅子，姐姐与嫂子，妹妹和弟媳等。

（5）直系旁系上的特点

在汉语中，直系、旁系的差异也会导致对同辈亲属的称谓不同。比如，父亲与叔叔，母亲与姨妈，儿子与侄子、外甥，女儿与侄女、外甥女等。

但是，"兄弟"与"表兄弟""姐妹"与"表姐妹"之间却没有因直系、旁系而产生差异，因为其核心词语都是"兄弟""姐妹"。正如古制中，父亲的兄弟为从父，母亲的姐妹为从母，从父有伯父、叔父之称。但这些称谓的核心词都是"父""母"，所以并未体现直、旁系导致的差异。

2. 英语亲属称谓系统的特点

英语类分式的亲属称谓特点源自其以辈分来划分家庭成员关系的制度，其承认的血缘包括五种基本形式：父母、子女、祖父母、孙儿孙女、兄弟姐妹。下面对这五种基本形式进行具体描述。

第一等级包括我自己、我的兄弟姐妹及种种从表兄弟姐妹之属。

第二等级包括我的父母以及他们的兄弟姐妹和种种从表兄弟姐妹之属。

第三等级包括我的祖父母以及他们的兄弟姐妹和种种从表兄弟姐妹之属。

第四等级包括我的儿女以及他们的种种从表兄弟姐妹之属。

由以上描述可知，英语父母、子女、祖父母、孙儿孙女、兄弟姐妹都有具体的称谓，而其他亲属就没有这种精确的称谓。例如，父母这个等级中，父称father，母称mother。而对父母的兄弟姐妹的子女统一称cousin。此外，英语亲属称谓的同辈之间也很少区分长幼，如英语中的brother，可表示"哥哥"和"弟弟"，uncle可表示"伯伯"和"叔叔"等。

可见，英语亲属称谓系统是以辈分来标记亲缘关系的，而不标明亲缘关系的远近，也不区分父系亲属和母系亲属。

（二）中西社会称谓习俗的文化内涵差异

除上述涉及的亲属称谓语外，在中国社会中，各个成员之间的称谓，不论在口语还是书面语中都很讲究。社会称谓语，即社会成员之间的称谓。作为社会礼制的反映，社会称谓语受社会制度、伦理习俗的影响颇深。由于中国古代是一个封建宗法社会，注重礼仪，而西方则是自由民主、崇尚基督教的社会，这就造成了中西方各自不同的社会称谓的差异，即和亲属称谓差异一样，中国的社会称谓繁杂、等级性强，而西方的社会称谓则比较简单、等级性较弱。尽管今天中国的社会制度、伦理习俗发生了很大的变化，但社会称谓是在历史的长河中逐渐形成、发展和流传的，因此汉语中的社会称谓仍保留了很多旧习惯，和西方社会称谓之间仍有较大差异。

1. 汉语通称

所谓通称，即不对被称谓者的年龄、职业、身份等进行严格区分。这种社会称谓语在社会上的使用极为广泛。通称的社会称谓语的特点是：数量少，使用人数多，使用频率高。汉语中常见的通称社会称谓语包括如下四种。

（1）小姐、女士、太太、先生，它们的前面可直接用"姓氏"表示。

（2）阿姨，它是对母辈女性的称谓，称呼时显得很亲切、随意。

（3）大妈、大伯、大哥、叔叔等，这些称谓是由亲属称谓转换而来的，是一种泛亲属称谓现象。

（4）朋友，具有讲哥们儿义气的感觉。它前面可以加"小、老"以体现年龄或亲密度。

请看下面例句。

鸿渐道："怪不得贵老师高先生打电报聘我做教授，来了只给我做副教授。"（钱锺书《围城》）

1938年初秋，一个薄雾弥漫的日子，我和黄阿姨以及她的丈夫来到了伦敦，是他们把我从老家南昌千里迢迢带到英国来的。

"老伯是明白的，我玉英向来不掉枪花。我也不要多，小小的菜头就行了！"（茅盾《子夜》）

她（孙柔嘉）初来时叫辛楣"赵叔叔"，辛楣忙教她别这样称呼，鸿渐暗笑。（钱锺书《围城》）

2. 汉语职务称谓语

所谓职务称谓语，是指用受话人所具有的官衔、职衔、学衔、军衔等作为称谓语，它其实是一部分职业称谓的具体化。有时，这些称谓语也可以体现出称谓者的身份和权势。具体来说，汉语职务称谓语可以分为如下几种。

（1）官衔，如总统、主席、总理、市长、局长、校长、处长、院长、主任、科长、所长等。

（2）职衔，如教授、总工程师、工程师、高工等。

（3）学衔，如博士、硕士等。

（4）军衔，如元帅、将军、上尉、参谋长等。

请看下面例句。

"导师制是教育部的新方针，通知各大学实施，好像反应不太好。咱们这儿高校长是最热心奉行的人 —— 我忘掉告诉你，李瞎子做了训导长了，咦，你知道了这位部视学顺便来指导的，明天开会他要出席，可是他今天的讲话不甚高明……"（钱锺书《围城》）

方博士是我世侄。我自小看他长大，知道他爱说笑话，今天天气很热，所以他有意讲些幽默的话。（钱锺书《围城》）

那女人讲了一大串话，又快又脆，像钢刀削萝卜片，大意是：公路票买不到，可以搭军用运货汽车，她认识一位侯营长，一会儿来看她，到时李先生过去当面接洽。（钱锺书《围城》）

3. 汉语职业称谓语

职业称谓语是指以受话人从事的职业来称呼的称谓语。在一些正式的交际环境中，如机关、学校等，人们经常会使用到职业称谓语。职业称谓语可以表示对对方职业和劳动的尊重，是一种礼貌称谓语。例如，"老师""教练""医生""律师"等。但是，在有些场合中，人们不知道被称呼者的姓名时，中国人习惯根据某人的衣着和从事的职业头衔来称谓，如"护士""警察""记者"等，或者在一些非正式场合也会用"开车的""送货的""卖菜的"等称谓。

4. 汉语中的拟亲属称谓语

拟亲属称谓是一种亲属称谓语的变体，它是由亲属称谓语泛化而来的。一般情况下，拟亲属称谓语表现了谦虚、恭敬或亲热，被称呼者感到受到尊重、喜爱和礼遇，可大大缩短交际双方的心理距离。具体的拟亲属称谓语有如下几种。

（1）直接用亲属称谓语，如爷爷、奶奶、伯伯、叔叔、哥哥、姐姐、嫂子、妹子等。

（2）姓 / 小 / 大 / 老 + 亲属称谓语，如李哥、王伯伯、孙姨、小姐姐、大妈等。

（3）职业称谓语 + 亲属称谓，如款爷、空嫂、富姐、打工妹等。

请看下面例句。

陆虞候道："阿嫂，我同兄长到家去吃三杯。"林冲娘子赶到布帘下叫道："大哥，少饮早归。"（施耐庵、罗贯中《水浒传》）

那时候，方鸿渐也到甲板上来，在她们前面走过，停步应酬几句，问"小弟弟好"。（钱锺书《围城》）

5. 汉语中的敬称与谦称

人们在社会交往中往往使用恭敬的口吻称呼他人、他事，而用谦恭的口吻称呼自己以及和自己相关的人或事。尤其是中国，受到儒家尊卑有序思想的深刻影响，人们更加注重社会交往时称呼的礼仪，敬称抬高对方以示敬意，用谦称贬低自己以示谦恭。

目前，汉语中的很多敬称和谦称在日常交际中已并不常见，但在一些正式场合以及文学作品、各类典籍中仍有使用。

（1）对自己和亲属的敬称与谦称

汉语中常谦称自己的为不才、鄙人、下愚、晚生、后学等。

汉语中敬称对方的父亲为令尊、令翁、尊君、尊公、尊侯、尊大人；谦称自己的父亲为家父。

汉语中敬称对方的母亲为令堂、令慈、令母、尊夫人、尊堂、尊上；谦称自己的母亲为家母。

汉语中敬称对方的兄弟姐妹为尊兄、令兄、尊姐、令弟、令妹；谦称自己的兄弟姐妹为家兄、家姐。

汉语中敬称对方的妻子为夫人、太太、令妻、贤内助、令正、贤阁；谦称自己的妻子为贱内、内人、爱人。

汉语中敬称同辈或晚辈（叔父母以外）的堂、表兄妹为贤兄、贤弟、贤姐、贤妹。

汉语中敬称对方的子女为令郎、令子、令嗣、令爱、令媛；谦称自己的子女为：犬子、不肖子、小儿、小女。

汉语中敬称对方的孙子、孙女儿为令孙、令孙女儿。

汉语中长辈对晚辈的敬称为贤弟、贤侄、贤婿等。

汉语中还常用"贵+所指事物"来构成对和对方有关的事物的敬称，如"贵姓""贵庚""贵国"等。

（2）以职位表敬称

古代对皇帝的敬称有天子、人主、人君、君王等。

古代对宰相的敬称有丞相、中堂。

古代对将帅的敬称有大将军、主帅、主将。

现代社会中常用"姓+被称呼者的职位"来敬称对方，如"王校长""张处长""李省长""赵主任"等。

需要指出的是，职位多有正副之分，而使用"姓+被称呼者的职位"的称呼方式就难免遇到这一问题。中国人注重礼貌和尊敬他人，因此常将职位中的"副"字省去，如称"王副秘书长"为"王秘书长"。

现代社会中也常用"姓+被称呼者的职业"来敬称对方，如"钱大夫""孙教授""马法官""韩律师""成师傅"等。

现代社会中对男士、女士的广泛敬称通常为先生、小姐、太太等，如"蔡先生""费小姐""刘太太"。

（3）其他敬称和谦称

敬称对方的著述为大作、大著、大札；谦称自己的著述为拙著、拙文、拙译。

敬称对方的住所为府上、尊府；谦称自己的住所为寒舍、白屋、舍下。

敬称对方的见解为高见、指教；谦称自己的见解为愚见、鄙见。

6. 英语中的敬称

通过前面的阐述不难发现，汉语中敬称、谦称的表达极为复杂，相比之下，英语中的敬称方式则较为简单。下面对其总结如下。

（1）对王公贵族的敬称

英语中对国王的敬称为 Your Majesty，His or Her Majesty。

英语中对王后的敬称为 Madam。

英语中对王子、公主的敬称为 Your Highness，His or Her Highness。

英语中对公爵、侯爵、伯爵、子爵、男爵等贵族或高级官员的敬称为：the lords。

（2）对男子、女子的敬称

英语中对男子的敬称主要有以下几种表示方法。

① "Mister/Mr. + 姓"是对男子的常用的一般性敬称，比如 Mr. Stinson。

② "Sir+ 姓名 / 职务"。这种称谓方式通常是对不认识的男子、上级、长辈或担任某一职务的人的敬称。例如，Sir Smith，Sir Judge。

③ "Sir+ 姓名 / 名字"，表示"……爵士"。需要指出的是，这种 Sir 不能放在姓氏之前。比如，Sir John White，Sir John。但不存在 Sir White 的说法。

英语中对女子的敬称主要有以下几种表示方法。

① "Mrs. + 姓"通常表示对已婚女士的敬称。比如，Mrs. Pope。

② "Lady+ 姓"可表示对已婚和未婚女士的敬称。比如，Lady White。

③ "Miss+ 姓"用来表示对未婚女士的敬称。比如，Miss Fox。

（3）以职务表敬称

以职务表敬称的现象不仅常见于汉语中，也常见于英语中。"Doctor+ 姓名"表示对医生、大夫的敬称；"Professor+ 姓名"表示对教授的敬称；"Governor+ 姓名"表示对地方长官、总督的敬称。另外，神职人员也多采用类似的方式表示尊敬，如"Father+ 姓""Sister+ 教名"。The lord 表示对大主教的敬称。

二、中西餐饮习俗的文化内涵差异

（一）中西饮食观念的文化内涵差异

1. 中国的泛食主义与西方的实用主义

在中国，饮食的形式背后包含着丰富的心理和文化意义以及人们对食物的认识与理解，从而获得了更加深刻的社会意义，并转换成了社会心理的一种调节。中国的诸多学者都将"民以食为天"的观念称作"泛食主义"的文化倾向。中西方文化的差异带来了饮食文化上的差异，而这种差异又多源自中西方人的不同思维方式和哲学观念。中国人注重"天人合一"，而西方人则强调"以人为本"。中国人的这种观念形成了中餐以食表意、以物传情的特点，注重食物的意、色、形、香、味一应俱全，却忽视了食物的营养。可见，中国人对食物的美性追求大大超越了理性，这种饮食观念是与中国传统的哲学思想吻合的。中国哲学的显著特征是宏观、直观且模糊。这就导致中国人对饮食所追求的是一种难以言表的"意境"。中国人将烹饪当作一种艺术，与其他艺术一样，烹饪带有一定的趣味性和游戏性，吸引着无数以饮食为乐的中国人。

相反，西方人在烹饪过程中始终坚持着食物的实用性，均会从营养的角度出发。注重食物对人体的健康，不追求花样和其他功能。西方人认为，吃仅是一个生物的机器注入燃料，确保其正常运转，只要吃了就能保持身体的健康、结实，可以抵御各种病菌和疾病的侵入。可见，吃在西方人的心中仅具有维持生命的作用。就交际手段而言，宴请是为了向提供服务者表示感谢；对达成某一比交易而庆祝；为赢得客户的信任；请他人帮忙；建议或讨论某些看法等。尽管吃对人类很重要，但西方人对其文化意义的理解仅停留在简单的交流和交际上，并没有像中国那样被赋予了更多、更加重要的意义。

2. 中国的和合与西方的分离

群体文化是中国的主导价值观。中国人希望国家"政通人和"；称美好的婚姻是"天作之合"。而西方国家则更强调个体主义，特别是个人的尊严和价值、个体的特征与差异。这两种价值取向也在中西饮食上有所体现。

通常来说，中国人在请客吃饭时会采用"共享"的方式，大家共享一席，共同品尝桌上的菜肴。这也许与"饮食所以合欢也"的集体主义思想有关，突出一个"合"字。相反，西方人在宴请客人时一般会采用分餐制。客人们可以自己点自己的菜，想吃什么自己点，也充分体现了西方追求个性、尊重他人个性的特点。上菜后，每个人一盘，各吃各的，各自随意添加调料。付账也多采用 AA 制，各自平均付账。

（二）中西烹饪方式的文化内涵差异

1. 中国的烹饪方式

中国的烹调方式可谓技术高超、品种丰富。具体来说，体现在如下几个方面。

（1）中国文明开化较早，烹调技术较为发达，对食材的冷与热、生与熟以及同种食材的不同产地都讲究颇多。此外，在烹制的过程中，对火候、时间等要素都有严格的控制。

（2）中国对食材的加工方法也已经非常成熟。中国的刀功包括切片、切丝、切丁、切柳、切碎、去皮、去骨、去壳、刮鳞、削、雕等各种技法。中国的烹调方法就更多了，有煎、炒、烹、炸、烧、蒸、爆、煮、炖、煨、焖、熏、烤、烘、白灼等等，真是数不胜数。

（3）中国各地的菜肴就地取材，因地制宜，根据风味的不同可分为京菜、川菜、鲁菜、粤菜、湘菜、徽菜、苏菜、闽菜八大菜系。厨师常常根据季节的变化来变换渊料的种类或数量，烹制出口味有别的菜肴。比如，四川、重庆地区气候湿热，菜肴常以麻辣为特点，这样既能刺激胃口，又能发散人体内的湿热，有益于健康。

（4）同一种食材可以通过不同的加工方式制作出变化无穷的菜肴。据史书记载，南北朝时期梁武帝萧衍的厨师可以把一个瓜变出十种式样，将一个菜做出几十种味道，烹调技术的高超令人惊叹。山西面食以白面为基本原料，却能变幻出刀削面、包皮面、猫耳朵、拉面、剔尖、剥面、切面、饸饹、揪片等几十种花样，充分体现出中国人丰富的想象力。

2. 西方的烹饪方式

相比较而言。西餐的烹饪方式较为简单，食材的分类也很简单，如烤、炸、煎等可以用于各种食物的制作，而且各种食材常常混合在一起进行制作，如将面食与肉类、蔬菜甚至水果混在一起。可见，西方的食物的烹调方式虽然可以保持其营养成分但却缺乏一定的艺术性。值得一提的是，西方不少国家的中小学校都有营养师，以保证青少年的营养充足和平衡。中国在这个方面的关注明显不如西方。

（三）中西菜式命名方式的文化内涵差异

中西方菜式的命名方式的文化差异主要体现在：中菜命名追求文雅、含蓄和吉利。注重表情和联想功能，所以常常用修辞手法，除了一些大众化菜肴以原料直接命名外，有很多是以创始人、景物、典故、传闻等命名的。比如"叫花鸡""麻婆豆腐""东坡肘子""贵妃鸡翅""宫保鸡丁"等，它们均蕴含了中国久远的历史和丰富的文化。相反，西式菜肴的命名方式则更加直截了当，会令人们一目了然，突出原料，很少用类似中式菜肴命名的修辞手法，虽然缺少一些艺术性，但实用性很强。比如，麦当劳快餐中的汉堡包、麦乐鸡、炸薯条等，均是采用原材料与烹饪方法相结合的方式命名的。

（四）中西饮食对象的文化内涵差异

1. 中国的饮食对象

中国自古就是一个农业大国，直到现代。由于人口压力不断增大，粮食作物的需求也在不断增加，这就造就了中国人饮食上的特点。从饮食结构上看，农作物是中国人的主要饮食对象。中国人的传统饮食习惯就是以植物性作物为主，以蔬菜为辅，外加少量的肉食，这就是典型的中餐的饭菜结构。具体来说，中餐的主要饮食对象包括五谷杂粮，五谷包括稻、粟、黍、麦、豆。随着社会的发展，人们越来越注重健康饮食，中餐中蔬菜的比例在不断增加，人们对于素菜的需求量更大。荤菜只会在节假日的时候才会吃得比较多。另外，在中国，虽然人们对于肉类的摄入量并不大，但是人体所需的蛋白质可以通过豆制品来进行补充。因此，这样的饮食结构也是合理健康的。中国人普遍信奉一种说法，认为吃什么就会补什么，因此从吃的对象上来说，中国人的饮食对象范围很广，不仅是通常的农作物，还有动物的内脏以及鲨鱼鳍即鱼翅、燕窝等都是中国人食物选择的对象。中国人的饮食可谓是无所不包。

2. 西方的饮食对象

西方多数国家都属于典型的游牧民族、航海民族，他们多以渔猎、畜牧业为主要食物来源，所以西方国家的食物多以肉类为主。同中国的饮食相比，西方国家的饮食对象就相对少一些，西方人在吃的方面也有很多禁忌，有些东西西方人是不会吃的，如在中国很受大家欢迎的动物内脏。西方人认为动物的内脏很脏，所以他们的食物中绝对不会包括动物内脏。虽然随着社会的发展，其种植业的比重也在不断增加，西方国家的人在饮食上大大增加了对蔬菜的摄入量，但是其肉食在饮食中的比重仍然高于中国。

（五）中西就餐方式的文化内涵差异

1. 中国的就餐方式

中国的就餐方式主要是圆桌与合餐制。圆桌可以营造一种团结、礼貌、共趣的气氛。美味佳肴放在一桌人的中心，既可以作为大家欣赏、品尝的对象，又可以当作大家感情交流的媒介。人们相互敬酒、相互让菜、劝菜，在美好的食物面前，既体现了彼此之间相互尊重、礼让的美德，又符合中华民族"大团圆"的普遍心态。此外，在一些较为正式的宴会上，人们座席的安排、斟酒的次序、敬酒的规矩也都有着严格的规定，这些均反映了中国人长幼尊卑、上下先后的等级观念，发挥着别亲疏、别尊卑的伦理功能。

2. 西方的就餐方式

相反，西方人就餐时多采用方桌和分餐制。分餐制是指每人都有一份餐具和一份摆放在自己面前的属于自己的食物。另外，西方还很流行自助餐，即将所有食物一一陈列出来，大家各取所需，不必固定在位子上吃，走动自由。自助餐既可以体现西方人对个性、自我的尊重，又给大家的交流留下了空间。概括来说，西方人就餐的核心在于交谊，在于通过与邻座客人之间的交谈，达到一定的交际目的，而食物只是一种方式。

（六）中西饮食特点的文化内涵差异

1. 中西方主要的象征性食物

中国的象征性食物主要有两大类：一类是谐音象征，另一类为类比象征。谐音象征食物主要包括鱼、枣、栗子、花生、桂圆等。

（1）鱼象征着吉祥，这种意义是由古代图腾崇拜演变而来的。中国人每逢过节，家家户户都有吃鱼的传统。这是因为鱼有着"连年有余"的寓意。

（2）枣的谐音是"早"，象征着"早"。另外，由于枣树多实，所以也有"多子"的意思。枣与花生、桂圆放在一起就构成了"早生贵子"的象征。枣同栗子或荔枝放在一起就构成了"早立子"。

属于类比象征的食物主要有饺子、桃子、杏、石榴等。

（1）饺子是中国春节不可缺少的食物，其有三种寓意：首先，饺子的谐音为"交子"。其次，饺子的形状像元宝一样，所以吃饺子是为了"招财进宝"。最后，饺子里有馅，人们可以将各种有吉祥寓意的东西包进去，寄托了人们对新一年的希望。

（2）桃子之所以是中国的象征性食物，主要有两个原因。第一，桃树的栽培较容易，产量很高，果实也多，所以多指收获大、人才辈出等。第二，"桃"具有一定的宗教和神话色彩。《太平御览·汉东朔·神农经》记载："玉桃服之长生不老。若不得早服之，临死服之，其尸必天地不朽。"传说，西王母的花园中有一种仙桃，人们吃到它就能延年益寿，这种桃要三千年才能开一次花，所以吃一枚就能增寿六百岁。

（3）在古代，杏常与读书、科举、功名联系在一起。

（4）由于石榴多籽，所以常常象征多子多孙、子孙满堂。

西方的象征性食物主要有面包、葡萄酒、牛奶、蜂蜜、苹果等。

（1）面包（bread）是西方人十分喜爱的食物，特别是大洋洲和北美洲等国家。在古代，欧洲人就认为面包是"生命之粮食"。面包还是贯穿《圣经》和基督教的象征符号。可见，面包既是生命之粮，又是人的精神食粮。

（2）葡萄酒（wine）与面包一样，也是基督教文化中的重要象征符号。《圣经》将面包看作是耶稣的肉，将酒当作耶稣的血液。人们将葡萄酒看作是大自然的力量的标志。西方人在祭奠死去的人时，将葡萄酒洒在地上，象征着生命的繁衍。

（3）蜂蜜（honey）是神仙、先知和诗人喜爱的食物，多与纯洁、灵感、雄辩、上帝的祝福有关。

（4）牛奶（milk）同蜂蜜一样，也象征着美好、富饶。

（5）苹果（apple）多象征欢娱享乐和欲望。

（6）蛋（egg）是西方的吉祥符号。多象征生命、好运、富裕、健康。

2. 中西方象征性食物所具有的文化特征

（1）中国象征性食物所具有的文化特征

中国人注重的是现世。肯定人的世俗生活，强调人的生命价值。因此，中国人的饮食观念多是求生、乐生，保佑后代幸福平安。具体体现在如下几个观念。

生育观：中国人具有极强的"家国一体"思想。家族首先是一个血缘系统，其次是一个基本的社会单位。这就需要每个中国人首先应维系家族的繁衍，然后再考虑"齐家、治国、平天下"。这就导致中国人长期坚持一种观念，即将关注血统的繁衍和物质资料的生产相提并论。生殖繁衍成了中国人最重要的一个观念。在过去的一段时间内，中国是以家庭为单位的农耕经济，对劳动力的需求极为迫切，这就使生育成了每个家庭想要富足起来的一个手段。于是，涌现出了各种求子的食物象征物。

家庭观：中国人还具有极强的家庭观念。重视家庭就意味着要与家庭成员建立起良好的关系，保持高度的和谐统一。家庭成员的和睦与团结是实现家庭兴旺的基本前提。于是，一些圆形的食物就成了象征家庭团圆的重要物质载体，如正月十五的汤圆。

人生观："禄"在民间五福中排行第二，它充分体现了古代中国人的官本位意识和对功名利禄的追求。

在中国传统文化中，"修身、齐家、治国、平天下"是重要的价值取向。然而，想要达到这一目的，就要从从政当官开始。对于社会底层的百姓来说，科举考试是他们改变现状、实现理想的唯一途径。因此，人们在考试的过程中逐渐将希望寄托于食物的象征意义上。比如，"三元汤"是由鱼丸、肉丸、汤圆三种网形食物做成的，图的是"元"的谐音，具有"连中三元"的美好寓意。

长寿观：长寿几乎是每一个中国人所向往的。所以，人们在庆祝生日时会烹饪一些带有长寿寓意的食物，比如寿桃、长寿面等。

财富观：财富是保证人类生产、生活和发展的重要基础。尽管中国儒家的理论观念有"重义轻利"一说，但在现实的生活中，人们一直对财富有着执着的追求和向往。人们对财富的追求同样可以体现在食物上，如饺子、鱼。

（2）西方象征性食物所具有的文化特征。文化研究领域习惯将中国文化称为"乐感文化"，而西方文化则称之为"罪感文化"。在西方有这样一个传说：人类因偷吃禁果背叛了上帝，被驱逐出乐圆，这就是人的"原罪"。西方人的原罪思想使他们一生都在为赎罪而斗争，改造自己以得到神的眷顾，重新回到上帝的怀抱和失去的乐园。因此，人类必须遭受各种苦难。痛苦成了人类获得快乐的一种手段。由于宗教是英美国家象征性食物的一大来源，所以其通常具有"节制"和"隐忍"的意思。

（七）中西餐饮礼仪的文化内涵差异

1. 中国的"敬长"礼仪

中国人在吃饭时特别注重座位的安排，多按照长幼有序、尊重长者的标准排座，位高权重者或年长者常常先入座并坐首席。入席时，年长的、尊贵的客人一般要入上座，年幼者通常也会受到特殊关照。开餐时，一般是长者和贵客先来，然后再轮到年轻人动手。这种谦虚、含蓄、尊老爱幼的餐饮礼仪，也正是中华民族的传统美德，体现了家和万事兴的审美原则。对于吃饭的座次安排，中国古代有着特别多的讲究。魏晋南北朝之前，中国人吃饭通常是席地而坐，坐西向东为主席，坐北朝南为次席，接着就是坐南向北，最后是坐东向南。直到胡人的胡床引入中原，桌椅板凳等家具逐渐出现，座次才成为人们关注的一项重要礼仪。如今，座次多是以"北"为大。皇帝是国家的老大，其座位多是坐北朝南，所以人们就习惯将坐北朝南的座位当作上座。中国人还习惯以"右"为大。上座的右边坐西朝东就是次座，上座的左边坐东朝西也是次座，坐南朝北就是下座。当无法辨别方向时，通常将距离门口最远的地方当作上座，距离门口最近的地方当成下座。下座通常是上菜的地方，也是陪客人的座位。

古代中国的宴会上缺少一些对女性的尊重，很多地区至今还有"女人不上席"的习惯，即便上席，女性的座位也不是特别显眼。

另外，中国的就餐礼仪中还有一个特点，即"让"。宴会开始时，所有人都会等待主人，当主人请大家开动时，方可开始宴会。当上来一盘新菜时。主人电会请主宾或年长者先用以示尊敬。吃饭时，不能只顾自己吃，也不能将剩余的饭菜放回锅里，更不能在盘子里搅动着挑自己爱吃的吃个不停。主人一般要给客人夹菜，时时招呼大家不要客气，频频为客人夹菜、劝酒。吃饭完后，主人也不会要求客人收拾碗筷。

2. 西方的"尊女"礼仪

在西方，人们通常按照女士优先、尊重女士的标准来安排宴会的座位。在安排座位之前，主人会先按性别列出名单，然后按照名单安排座位的形式和具体的座位。如果参加宴会的有男有女，那么男女主人要一起主持，要将男女宾客的名单分开列出，一般的座位安排形式是：男女主人正对面，男主人的左有两侧都为主宾，然后按时针方向朝外侧排列。需要注意的是，夫妇的座位应该在同一边但不相连；男宾应根据地位而非年龄来安排。此外，如果男士与女士同时入场，男士应该为女士开门，做到女士优先；当主人将女宾客们带入大厅，男主人应该邀请第一女主宾入席，然后帮她拉椅子、入座，女主人则要跟着男贵宾最后进入。在上菜和进餐时，应该先从左侧开始给女士上菜，然后按照顺序为其他女士上菜，最后给女主人上菜；接着，以同样的顺序给男士上菜。当所有女士拿起餐中、刀叉开始进餐时，男士们才可以开始享用美食。进餐结束后，必须待女主人起身离席，其他人才能离席，男士们同样也要为女士们拉椅子，让她们先行，以表示对女性的尊重。

三、中西社交习俗的文化内涵差异

（一）中西问候方式的文化内涵差异

中西方的问候方式均包括语言问候和非语言问候两类。前者是通过语言行为进行的问候，如"您好"、Hello；而后者则是指人们见面或相遇时，由于各种原因，通过点头、微笑或挥手致意等面部表情、体态语言进行的问候。下面就对中西方问候方式进行研究。

1. 语言问候方式的差异

中西方的语言问候方式均可以分为五类：关心式问候、交谈式问候、称谓式问候、称赞式问候、祝愿式问候。但是，在这五类问候方式中二者又存在一些差异。

（1）关心式问候。所谓关心式问候，是指打招呼者的问候体现了他对对方身体或生活、工作等方面的关心。比如，汉语中的"你吃了吗？""你到哪儿去？"；英语中的"How are you？""How are you doing？""How is everything？""How is your family？"等均属于关心式问候。不同的是，汉语中的"你吃了吗？""你到哪儿去？"等并不要求被问候者给予回答，问话者并不关心最后的答案，它只是一种中国人特有的问候方式。如果将汉语中的关心式问候直译成英语后是无法被欧美人士接受的，他们会认为对方在打探自己的隐私。

（2）交谈式问候。中国人常常以对方正在做的事情为话题，进行一些问候，如"上班去？""忙什么呢？""出去呀？""回来了？""打球呢？"等。然而英美国家的人们，特别是英国人，常通过谈论天气来打招呼，如"It's a fine day today，isn't it？"。此外，中国人寒暄时可能会互相谈及年龄、工资和婚姻等问题，显示自己对他人的关心。但是，如果中国人与西方人讨论这些问题，就会被认为是在打探他们的隐私，容易造成误解，让人产生戒备心理。

（3）称谓式问候。称谓式问候指在人们见面或相遇时只以某种方式称呼对方，而不说或省略那些正式的问候语。在中国，人与人之间通常用对方的姓氏、名字或者用"姓氏＋通称"来问候对方。比如，"张老师""白大夫""刘处长""赵大爷""小李""老王"等。当然，在英语国家也有这种类似的称呼方式，但没有汉语中的数量多，如 Jane，Tom，Mr Smith 等。

（4）称赞式问候。称赞式称呼对拉近人与人之间的关系有重要作用。在中国，两个时隔很久没见面的朋友，尤其是女士，相见时会说"你变苗条了""你气色不错"等。同样，西方人在一段时间没有见面偶尔再次相遇时，也会用称赞语相互问候，以表达见面的喜悦心情，但却不如中国人说的那么具体。需要注意的是。在中国说一个人没怎么变是对他的赞美，但是在西方人眼中，这是一种不高的评价。表示此人一直没有进步，安于现状。

（5）祝愿式问候。祝愿式问候基本上是一种期望对方平安无事、一切都好的良好祝愿。这种问候语在中西方都很常见，如汉语中的"您好""新年快乐"等，英语中的"Good morning！""Have a nice day！""Merry Christmas！"等。

2. 非语言问候方式的差异

体态式问候是非语言问候的最常见形式。这种问候通常包括举手致意、点头致意、欠身致意、脱帽致意、微笑致意等动作。世界通行的握手礼等都是人们见面时必要的礼仪行为。此外，人们在使用语言问候时也会伴随一些形体动作，如中国人的鞠躬、作揖，英美等西方国家的拥抱、吻面。

（二）中西送礼方式的文化内涵差异

1. 送礼观念上的差异

中西方都有赠送礼物的习惯，但是对于送礼有着不同的讲究。中国人比较注重礼品的实用价值。比如，送给新婚夫妇的礼物常是一些生活用品或一些小的家用电器，为新生儿庆生或抓周则常常送包装精美的小衣服等。即使是送高雅礼品，中国人也十分注意其实用价值。比如，中国人送字画、邮册，看重的是字画、邮品的收藏价值，而不在乎对方是否欣赏。

相反，西方人对礼物的轻重或礼品价格没有太多的要求，却将礼品的纪念意义和包装当作主要考虑的因素。某人被邀去做客时，通常送给女主人一束鲜花，送给男主人一瓶葡萄酒。

2. 对礼物反应方式上的差异

在中国人的传统观念里，在客人面前打开其送的礼物是很不礼貌的，或让人感到对所接受的礼物过分在意。因此，人们接受礼物时往往并不喜形于色，且不当面打开礼品。在客人离开后，主人才回到家打开礼品。

相反，在西方国家，人们在接受礼物时，往往会当面小心地打开礼物并称赞一番，若礼物非常合心意还会拥抱一下。

四、中西婚礼习俗的文化内涵差异

（一）中西婚礼过程的文化内涵差异

1. 中国婚礼过程

中国有一个特别的婚礼传统，即农村结婚的日子多选择在秋冬季节。之所以会选在这两个季节，主要有两个原因：（1）因为秋冬季节已经基本忙完所有农事，人们有更多的闲暇时间；（2）因为在秋冬季节，天气情况也比较适宜，结婚所需要的食物等都准确齐全，且便于很好地保存。此外，秋冬季节之后，新年将至，此时可谓喜上加喜。但是随着经济的发展，越来越多的年轻人已经脱离了黄土地，他们更愿意到大城市工作，由于休息时间发生改变，所以他们对结婚时间的选择也有所变化，现代的年轻人越来越倾向于选择在国家法定节假日举行婚礼。虽然人们对于结婚时间的选择有了很多变化，但是对于传统的婚礼习俗仪式仍很重视。

中国拥有 55 个少数民族，不同的民族有着各自的婚礼习俗，如在云南的少数民族摩梭族就流行一种"走婚"习俗，这种习俗与我国其他地方传统的婚姻观念和结婚过程不同，在"走婚"习俗中。情投意合的男女通过男到女家走婚的方式，维持感情并生养下一代。最为中国人所熟知的就是汉族人的结婚传统，下面就以汉族的传统婚礼过程为例，对中国婚礼过程进行分析。

在汉族传统婚礼中，婚礼前一天，女方有送嫁妆（南方称"铺房"）的习俗，通常是女方家属亲眷到男方家里送嫁妆，如柜箱、衣服、被褥、首饰等，用于新郎、新娘成家立室之用。

在婚礼当天，新郎、新娘双方家中张灯结彩，燃放鞭炮，摆宴席以招待亲朋好友。新郎在亲朋好友的陪同下前往女方家中迎娶新娘。新娘在出嫁时，一般会精心打扮一番，一般会将发式梳成成年妇人型。此外，新娘出嫁就意味着即将与异性结合，难免会有些害羞。鉴于此，汉魏时的汉族便有了为新娘遮面的习俗，并流传至今。遮面所使用的那块红巾，俗称"红盖头"。

通常，新娘在上花轿之前，会请一位福寿双全的老太太在花轿的里里外外都撒上一些谷子和豆子。这一习俗大概始于两宋时期，撒谷豆的行为主要是为了避邪免灾。新娘上轿时还不可以让双脚沾地，所以会请其父亲、哥哥等将其抱或背入花轿。此外，汉族中还有新娘哭嫁的习俗，新娘在出嫁时大多啼哭。新娘由伴娘搀扶进入男方家中。在一些地区，新娘入门之后有传递布袋的习俗，寓意为"传宗接代"。在有的地区，新娘进入男方家中时要跨过马鞍，"鞍"与"安"谐音，期望日子可以过得"安安稳稳"。

新娘进入婆家之后，会与新郎举行隆重的拜堂仪式。拜堂也称"拜天地"。拜天地的具体程序为：拜天地，男女结合延续后代，应该拜天神地祇；拜高堂，女方嫁入男方，成为男方家中的一员，所以要拜"高堂"；夫妻对拜。现代有些地区，新郎和新娘还要拜自己的亲朋好友以及列祖列宗。

拜堂结束后，新郎、新娘同牵"同心结"进入洞房。进入洞房之前，由亲属中长辈妇女选一名吉祥人，手执盛枣、栗子、花生等的托盘，走进洞房，并把这些果子撒向寝帐，同时还要吟唱"撒帐歌"。其中，"枣"具有"早生贵子"的意思；栗子是"立子"或"妮子"的谐音；花生的寓意是"早得贵子""儿女双全"。撒帐结束后，新郎、新娘进入洞房，喝交杯酒。新婚之夜，中国很多地区都有"闹洞房"的习俗。通常，闹洞房的人多是男方的亲密朋友以及邻里小伙，他们通常会出一些题目来难为新郎新娘。比如，让新郎新娘同啃一个用红线拴起的糖果；让新郎新娘从一个板凳的两端走向中间等。

新婚第二天到来之际，一对新人要拜见本家长辈。婚后第三天，新郎偕同新娘去岳父家，俗语称"回门"。此时，女方家会大摆筵席，招待亲朋好友。至此，婚礼环节基本完毕。

2. 西方婚礼过程

在西方，尤其是美国，年轻的男女在婚礼之前通常会有一个比较正式的订婚仪式。订婚仪式完毕之后，新娘的父母会写一些邀请信以通知双方的亲朋好友，凡是收到邀请信的人都要回函以表示祝贺并开始准备贺礼。如果有特殊原因届时无法参加婚礼的，也应回函表示歉意。

在西方国家，举办婚礼的场所一般为教堂，这是因为西方人多信奉基督教，他们认为教堂是神圣的地方。参加婚礼的除了新郎以及新娘的亲朋好友外，还有主婚的牧师。婚礼上，新娘会穿白色的婚纱，它象征着清白无瑕。与中国新娘的装扮有些类似，西方的新娘一般也会佩戴面纱，因为在西方面纱有辟邪之用。

在《婚礼进行曲》响起之时，新娘会在其父亲的陪伴下，踩着圣洁的红毯，缓缓走向圣坛，女傧相、花童等在旁边陪伴，此时新郎已在圣坛边。当新娘的父亲偕新娘走到圣坛时，牧师会向新娘的父亲问话，新娘父亲同意后将女儿的右手递给牧师，随后，牧师再将新娘的右手递给新郎。接着，牧师分别向新郎、新娘提问，问他们是否愿意结为夫妻并永远忠于自己的伴侣，无论贫穷还是疾病都不离不弃。在得到新郎以及新娘的肯定回答后，牧师就会正式宣布两人结为夫妻。之后，牧师引导新人宣读婚誓。接着，新郎、新娘开始交换纯金的结婚戒指，戒指一般戴在左手无名指上，据说该手指通向心脏的血脉。然后，新郎、新娘互相亲吻对方，同时牧师宣布婚礼结束。最后，新人走出教堂，来宾们则把一些玫瑰花瓣、五彩纸屑和大米等撒向新人，祝福他们早生贵子。

婚礼仪式的结束并不意味着整个婚礼的结束，他们还会举行宴会，邀请亲朋好友来参加。婚礼宴会的场面都会很宏大，热闹非凡。新娘的父亲、新郎、男傧相陆续祝酒致辞，最后还要吃结婚蛋糕，在西方婚礼上的蛋糕也有着一定的寓意。在古代的西方，结婚时宾客们各自都会带来一片面包，并且将这些面包堆在一起，新娘和新郎站在面包堆中接吻，预示着婚后生活甜甜蜜蜜、早生贵子，这些面包就是结婚蛋糕的前身。婚礼中的蛋糕通常都会有很多层，且多用一些容易长久保存的食材来制作，其中每一层都有不同的用意，最底层的蛋糕是为参加婚宴的远房亲戚所准备的，最顶端的应该被新人精心保管，用来庆祝周年婚庆或是迎接爱情结晶的到来。在婚礼中，新郎和新娘还要互相喂蛋糕，用以增添婚礼的喜庆气氛，也寓意着夫妻双方永浴爱河。

婚宴结束之后还有一个重要环节，即新娘站在椅子上，将结婚时的捧花扔向年轻的未婚姑娘们。相传，谁抢到捧花就预示会有幸福降临于身，且将会成为下一个结婚的新娘。至此，结婚庆典圆满结束。

（二）中西婚礼细节的文化内涵差异

1. 媒人与牧师

中国自古就有一个说法："父母之命，媒妁之言"，媒人在中国传统婚姻制度中具有重要地位。事实上，媒人是在一夫一妻制形成之后才出现的。在中国传统社会里，媒人又称"冰人"，由于在古代习俗中，人们认为春秋宜嫁娶，所以媒人一般是在冰天雪地的冬季为男女撮合姻缘，牵线搭桥。媒人的主要职责在于撮合男女婚事，他们既为男女双方的婚事奔走，也在双方出现纠纷时从中调停。在封建社会中，媒人的地位特别高，是双方家长意志的代理人。媒人在中国传统婚礼中的作用不仅上升到了礼的高度，更被法律所规范。只有请媒人作证，男婚女嫁才算合法化，否则便被认为是可耻的、不光彩的。

与中国媒人的地位一样很高的是西方的牧师。在婚礼上，牧师会帮助新人主持婚礼，且让新人在亲朋好友的见证下，接受一些提问："你愿否接受此女人（男人）为你合法之妻子（丈夫），与你共同生活在圣洁的婚姻中吗？无论在生病还是健康时，你愿热爱她（他）、珍视她（他）、保佑她（他）、尊敬她（他），并摒弃一切，唯她（他）是赖，共度生活吗？"待得到双方的肯定答案后，牧师就会正式宣布他们成为合法夫妻。尽管牧师在婚礼中出现的时间很短暂，只有几分钟，而且他们在婚礼上所说之辞都是相同的，从未发生改变，但是他们的存在不仅给婚礼增添了一种神圣感，同时还见证着这对新人结合的合法化。因此，牧师在西方婚礼习俗中的重要性不可忽视。

2. "早生贵子"与撒米粒

在中国的传统婚俗中，人们常常会祝福新人"早生贵子"，这在新人"铺床"的方式中就有所体现。"铺床"在婚礼中是非常重要的一个环节。提到"铺床"，必然与被褥有关。在中国，新人的被褥多是由福寿双全的妇人缝制而成，在缝被褥期间不允许孕妇和寡妇的参加。与一般的被褥注重舒适不同的是。在为新人缝制被褥时，会往套被里放入一些具有美好寓意的坚果或物品，如红枣、核桃、莲子等，它们均有"早生贵子"的意义。待被褥制作完成后，就到了铺床的环节。在中国，为新人"铺床"也是特别有讲究的，新人的床褥多是长辈中儿女双全的人来铺，边铺床边唱念吉语，同时也会在床上抛撒一些吉祥物，祝福新人和和美美、早日得子。

在西方，婚礼上通常会撒米粒或五彩碎纸，这一习俗起源于希腊人在新婚夫妇头上撒甜肉的风俗。西方的很多国家多有在婚礼上撒谷物的习俗。比如，在苏格兰，人们向新郎新娘头上泼洒燕麦粥；在英国早期，人们都是撒小麦和玉米，到了公元 9 世纪中期出现撒米粒的习俗。

在西方婚礼上，人们向新人播撒米粒象征着昌盛富饶。因为，米粒象征谷物的收成，寓意新人能多生贵子。近年来，越来越多的"丁克"家庭出现了，少生优生的思想也已经深入人心，所以撒米粒的寓意也渐渐发生了微妙的变化，其象征着新婚夫妇的财产像丰收的谷物一样多，具有兴旺发达的意思。

3. 闹洞房与小夜曲

中国传统婚礼习俗中，"闹洞房"是不可缺少的调节气氛的一个环节。"闹房"又称"吵房""戏心""戏妇"等。在中国，闹房一般在结婚当晚，新郎、新娘喝过交杯酒之后开始。新人的亲朋好友，不论是平辈的、晚辈的、长辈的，都可以参与进来。他们纷纷涌进新人的房间，想出各种让新人难为情的游戏，让他们当众表演，以逗乐取笑。新婚，与其说是新郎新娘的节目，不如说是一切相关人们的共同节目。民间有"三日无大小"之说，来宾贺客可以不讲礼法，对新郎新娘恣意戏谑取乐，进行一场新房中的嬉闹。应该说，"闹洞房"与中国的民族心理有密切关系，中国人认为不闹不发，愈闹愈发。"闹洞房"也是对新郎和新娘的一种祝福，希望新郎、新娘以后的生活能红红火火。在现代，"闹洞房"不可违反道德与法律。

在西方，特别是美国，在结婚之夜，宾客们聚集在新房的窗口外，为新郎、新娘演唱小夜曲，表达对他们的祝福。有时，还会邀请一支乐队来为其庆祝，宾客们通过敲打水壶、水桶等发出声音来伴奏，以使婚礼显得随意、热闹。这项活动一直延续到新人打开窗门，并扔下谢礼后才会终止。

第二节 中西节日文化对比探索

节日作为文化的一个重要组成部分，是一个民族历史文化的长期积淀，是随着人类社会的进步而逐渐形成和发展的。节日的由来和习俗与人们的生活密切相关。中西方民族文化不同，节日文化和习俗自然也不相同，现对中西方节日的由来和庆祝方式加以对比。

一、中西节日文化概述

（一）节日的定义

节日就是指一年中被赋予特殊社会文化意义并穿插于日常之间的日子，是人们丰富多彩的生活和社会活动的集中展现，是国家、民族、各地区的政治、经济、文化、宗教等的总结和延伸。节日是世界人民为适应生产和生活的需要而共同创造的一种民俗文化，是世界民俗文化的重要组成部分。

节日由于是生活中一些值得纪念的日子，因此具有群众性、周期性的特征，并伴随一些相对稳定的活动。节日不仅是一个国家文化长期积淀的产物，同时也是识别一个民族身份的重要特征。如果人们想要了解一个民族的文化，了解它们的风俗习惯、禀性习气，观察、参与他们的节日活动无疑是最好的途径。

节日随着时间的推移，越来越丰富多彩。不同民族的人通过他们各自的周而复始的民间传统节日，将民间的文化传统进行复现、传承，并发扬光大。

（二）节日的意义

节日的重大意义集中体现在以下两个方面。

1. 有助于加强民族凝聚力

通过节日，人们可以互相表达良好祝愿，联络感情。因此，节日文化有助于维系人们之间的情感，加强人际沟通与交流。节日民俗能使人在社会生活的迅速变化与发展之中，有一种亲密感和聚合感，通过对人们的身心进行调整使其适应快节奏的现代社会生活。

一个民族的亲和力往往可以从该民族节日期间的向心力体现出来，因此节日文化有利于民族凝聚力的增强。可以说，节日文化是增强一个民族凝聚和向心力的重要途径和枢纽。通过将特定日期和特定功能联系在一起的办法，可以对一个民族群体发出巨大的号召力，让人们能在同一个时间、同一个地点，选择一种社会行为、举办一个社会活动。

2. 有助于发扬民族文化

节日是民族文化的荟萃，是一个民族的象征之一，也是民族中的族群进行文化沟通与交流的重要方式。我们可以从一个民族的节日文化中看出该民族文化的理念和价值观，以及民众的文化趣味和文化情感。

节日既是对既有文化系统诸要素之间关系的民俗式的记录与解读，又是对历史的抽象化的现实反映或折射。节日与一定的民俗活动有着十分紧密的关系，节日通常借助于多种多样、仪式化的民俗活动，十分鲜明地对既定文化的价值观进行再现与强调。这些民俗活动通常会依据一定的程序有条不紊地进行，并表现出一定的关联。节日是文化民俗式的集中体现。

节日是文化传播与传承的桥梁，也是文化横向共时性传播和纵向历时性传承的桥梁。随着时间的推移，一个民族的节日文化不断地沉淀，并不断保存、丰富民族的优秀文化，使民族文化发扬光大。节日文化有助于扩大民族文化影响力。正如中国民俗学会理事长刘魁立（2005）所说："节日是历史和文化传统的积淀和再现；节日是民族性格、民族文化的集中展示；节日是社会群体和谐团结的黏合剂；节日是文化认同、民族认同、国家认同的重要标志；节日是提升美好情操和培育丰富情感的熔炉；节日是广大民众展示美好心灵和表现艺术才华的舞台。"

二、中西节日的起源

（一）中国节日：时令为主

中国的大多节日都与时令节气有着密切的关系，最早可以追溯到《夏小正》《尚书》。到战国时期，一年中划分的二十四个节气已大致成型，这对后来的传统节日影响极大。宋代陈元靓的《岁时广记》中说，一年中的节日有元旦、立春、人日、上元、正月晦、中和节、二社日、寒食、清明、上巳、佛日、端午、朝节、三伏、立秋、七夕、中元、中秋、重九、小春、下元、冬至、腊日、交年节、岁除等，其中多数节日都为时令性节日。我国之所以有这么多的时令性节日，与我国农业文明的影响是分不开的。

此外，中国人比较看重世俗，在节日期间，很多人抱着求平安幸福的心理，会对各种各样的神进行参拜和答谢活动，既拜观音菩萨，又供奉玉皇大帝，既有道教的太上老君，又有门神、灶神等，中国人的这种"泛神"思想一定程度上消减了浓厚的节日气息。比如，十二月初八被佛教徒奉为"成道节"，纪念释迦牟尼佛证悟成道。该节日原本是为了弘扬佛教教义，但是它在传入中国后，却逐渐世俗化。在中国，每年农历十二月初八，人们将米和果品煮成粥，即我们所说的

"腊八粥",预示着新年即将来临。

(二)西方节日:宗教为主

与中国节日的起源相比,西方节日虽然或多或少也跟节气有关,但是由于西方国家具有浓厚的宗教性,因此西方节日的形成主要与宗教有着密切的关系。比如,一月的主显节,二月的情人节(也称"圣瓦伦丁节")、封斋节,四月的复活节,五月的耶稣升天节、圣灵降临节,八月的圣母升天节,九月的圣母圣诞节,十一月的万圣节、万灵节,十二月的圣诞节等,这些节日都与一些宗教传说有关。

此外,西方的西方一些宗教节日也是从世俗活动演变形成的。比如,"感恩节"原本是移民北美大陆的清教徒庆祝丰收的节日,后来被华盛顿、林肯等规定为"感谢上帝恩惠"的节日,这样"感恩节"就带上了一定的宗教色彩。

三、中西节日的庆祝方式

(一)中国节日看重饮食庆祝

在中国,几乎每一个节日都可以与饮食联系在一起,如春节的年糕/饺子、元宵节的汤圆、端午节的粽子和雄黄酒、中秋节的月饼、腊八节的粥等。可见,这些节日都有一种独具文化意蕴的饮食作为承载或依托。而这些饮食又一般具有两大特征。一是全家共享,即以饮食为中心进行,多以家庭为单位开展。中国自古就有逢年过节之时回家团圆的传统,为了表现团圆的寓意,人们所吃的食物多是圆形的,如春节的汤圆、元宵节的元宵、中秋的月饼等。二是饮食名称内涵丰富。中国传统节日中的饮食往往具有丰富的寓意和内涵。比如,冬至节人们有吃馄饨的习俗,因为该时节正是阴阳交替、阳气发生之时,暗寓祖先开混沌而创天地之意,表达对祖先的缅怀与感激之情。

(二)西方节日看重交际庆祝

虽然西方人的节日中也有很多食品,如感恩节的南瓜馅饼、圣诞节的火鸡等,但是与中国的节日饮食相比,西方的食品种类比较少,而且食物本身及其名称上基本没有特别的含义,如美国人吃火鸡只是因为当时北美是火鸡的栖息地,而南瓜也是北美地区一种十分常见的植物。当然也有例外的情况,如在复活节中,由于蛋和兔子是复活节最典型的象征,美国所有的糖果店在复活节时都会出售用巧克力制成的复活节小兔和彩蛋。

西方的节日庆祝更多的是注重交往与欢乐。比如,在复活节时,人们通常会玩滚彩蛋比赛。在英国北部、苏格兰等地,人们把煮好的彩色鸡蛋做上记号从斜坡上滚下,谁的蛋先破,就被别人吃掉,谁就认输。如果彩蛋完好无损,就是好运的象征。在这项节日活动中，重要的是人们活动的过程中收获了快乐，而不是比赛的胜负。

四、中西节日文化差异的根源

（一）价值取向不同

西塔拉姆（K. S. Sitaram，1976）通过调查认为，"西方文化在个性、金钱、救世主、标新立异、进取精神、尊重青年、效率和守时这几方面名列第一；而东方文化在感激、谦逊、因果报应、集体责任、尊重长者、好客、土地神圣感以及和平这几方面名列第一。"从中可以看出，中西方节日之所以存在差异，不同价值的取向是重要因素。

中国社会以礼治为价值取向。"礼"是华夏主文化特征的核心文化。"礼"是从社会成员的内在行为规则中引申出来的范畴。这种礼治思想以集体本位主义为中心，注重个体的义务，提倡集体利益高于个人利益，个体为了集体利益要做出一定的牺牲。受这种思想影响，中国节日更加注重节庆活动中的集体参与和娱乐。

西方社会以法治为价值取向。"法"是反映西方主文化特征的核心文化。"法"是从社会成员外在行为规则中引申出来的范畴。这种法治思想以个体本位主义为基础，提倡人文主义，也就是以个人利益为中心，自己为自己负责。自己的事情自己做，不希望别人介入，也不习惯关心他人。受法治思想的影响，西方节日更加注重个人的情感释放与宣泄。

（二）信仰体系不同

节日除了其本身的节日意义之外，还承载着丰富而又复杂的信仰内容。

具体来说，中国传统文化是一种氏族农业文化的历史继承。人与人之间的关系一般都较为狭隘，仅限于氏族内部及相邻的氏族之间。因此，中国的宗教形态也局限于这个范围之内。一般来说，氏族宗教的内容主要是由鬼魂崇拜、祖先崇拜、自然现象的崇拜构成。人们把历史上的祖先和宗族赋予神话的色彩，供宗族社会景仰和依赖。到了后来，这种氏族社会对于神话中的祖先崇拜，逐渐演变成各家族对自己真正的始祖的崇拜。比如，春节祭神、祭祖的习俗就是对传统信仰的全面展示。由此，人神关系建立起来，人们期望得到神灵的庇护，这也标志着中国宗教文化的开始。

在中国，没有真正统一的神系和信仰体系，人们一直处于泛神信仰形态，允许任何宗教的并存，同时对外来宗教也持十分宽容的态度，因而没有国家统一的宗教。中国宗教的信仰具有明显的世俗化特征。人们信仰宗教的目的十分明确，有"以神道设教""祭神如神在"之说。一些人请尊神来净化人的思想情感，帮助实现愿望，对神的有无并不真正关心。人们通常也可以同时信奉两种或多种宗教。此外，一些中国人对祖先、神和宗教的态度有时也不仅仅是单纯的信仰，有很多功利的成分存在。从节庆活动中的祭神和禁忌等方面就可以看出这种功利主义态度：几乎一切节庆活动都体现了国泰家安、人丁兴旺的愿望；所有的禁忌都为了消除灾祸、祈求平安好运。

而对西方很多国家来说，人们把基督教的上帝视为至高无上的存在、终极的真理、独一的神。基督教要求信徒信仰虔诚、坚定，不允许基督教徒信仰其他宗教，否则便被视为异教徒。基督教要求信徒追求上帝而非现实功利，不准在信仰中掺杂现实功利的欲望，以获取永生的幸福为信仰的目的，而不是为了实现现实的功利。在西方，大多数人都把宗教作为人生的规律，宗教信仰和宗教教会指导着人生的一切，因而宗教与社会生活及私人生活都有着十分密切的关系。西方的这种浓厚基督教色彩也深刻地体现在其各种节日文化中。

五、中西重要节日文化的对比

（一）中国春节与西方圣诞节

春节和圣诞节分别是中西方最重要的传统节日，这两个节日的共同之处是都突显了家庭大团圆而营造的一种欢乐、祥和的氛围。中国人的春节通常会伴随着多种多样的风俗活动、举家同庆新年的快乐，表达了深深的思亲情结，包含着无限的天伦之乐。而西方的圣诞节则具有浓厚的宗教色彩。下面就分别介绍这两个节日。

1. 春节

在中国，春节是一个古老的节日，也是最富有特色的传统节日。关于春节的起源有很多说法，但人们普遍接受的说法是春节是南虞舜时期兴起的。从时间上看，春节一般是指农历的正月初一，也就是一年的第一天，因此春节俗称"过年"。但在民间，一些习俗活动一进入腊月就开始了，有民谣可反映春节期间的准备和忙碌："腊月二十一，不许穿脏衣；腊月二十三，脏土往外搬；腊月二十五，扫房掸尘土；腊月二十七，里外全都洗；腊月二十八，家具擦一擦；腊月二十九，杂物全没有。"春节在千百年的历史发展中，形成了一些较为固定的风俗习惯，其中有许多还相传至今。下面就介绍一些春节期间的习俗或庆祝方式。

（1）扫尘。从腊月二十三的祭灶"过小年"开始，家家户户开始打扫房屋庭院，并谓之曰"扫尘"。据《吕氏春秋》记载，我国在尧舜时代就有春节扫尘的风俗。因"尘"与"陈"谐音，新春扫尘寓意"除尘（陈）布新"，也就是要把一切穷运、晦气统统扫出门。这一习俗寄托着人们破旧立新的愿望和辞旧迎新的祈求。

（2）贴春联。春节期间人们要贴春联。春联也叫"门对""对联""对子"等，它以工整、对偶、简洁、精巧的文字描绘时代背景，抒发美好愿望，是我国特有的文学形式。据传这一习俗起于宋代，在明代开始盛行，到了清代，春联的思想性和艺术性都有了很大的提高。在民间，每逢春节，家家户户都要精选一副大红春联贴在门上。不仅如此，人们还会在门上或墙壁上贴个"福"字。"福"字寓指福气、福运，寄托着人们对幸福生活的向往和对美好未来的祝愿。值得一提的是，很多人喜欢将"福"字倒过来贴，表示"幸福已到""福气已到"。

（3）爆竹。中国民间素有"开门爆竹"一说。爆竹至今已有2 000多年的历史。在中国古代没有火药和纸张时，人们通常用火烧竹子以驱逐瘟神。竹子焚烧发出"噼噼叭叭"的响声，"爆竹"因此得名。可见，爆竹反映了人们渴求安泰的美好愿望。此外，放爆竹也可以创造出喜庆热闹的气氛，是春节期间的一种娱乐活动。随着时间的推移，爆竹的应用越来越广泛，品种花色也日见繁多，每逢重大节日及喜事庆典，及婚嫁、建房、开业等，都要燃放爆竹以示庆贺，图个吉利。当然，爆竹因其环境污染及易发事故的缺点也受到很多人的诟病，对于春节期间燃放爆竹，有人主张取消这一活动，也有人主张限制爆竹数量，可以说见仁见智。

（4）团圆饭。在中国，春节也是与家人团聚的时刻，这也是中华民族长期以来不变的传统习惯，在外的游子都争取在大年夜之前赶回家与家人团聚，吃团圆饭。团圆饭也称"年夜饭"，即全家人聚齐进餐，济济一堂，有吉祥和谐的寓意。在北方，人们吃"更年饺子"，而南方人吃年糕，预示一年比一年高。此外，甜圆饭的饭桌上，鱼是必不可少的一道菜，因其有年年有"余"（鱼）之意。

此外，在春节期间，中国人既重视与在世亲友间的团聚，还注重与祖先的"团聚"。因此，每逢除夕，人们都到坟地烧香、烧纸、放鞭炮，寓意请祖先回家过年，与家人"团圆"。

（5）拜年。从大年初一开始，人们都早早起床，穿上最漂亮的衣服，在过年的欢乐祥和的气氛中，出门去走亲访友，恭祝来年大吉大利，这就是"拜年"。拜年时，通常是晚辈要先给长辈拜年，祝长辈长寿安康，长辈可将事先准备好的压岁钱分给晚辈，因"岁"与"祟"谐音，因此压岁钱被认为可以压住邪祟，让晚辈可以平平安安度过一岁。

2. 圣诞节

圣诞节源于《圣经》里的一个传说故事。《圣经》记载，圣母玛利亚受圣灵而怀孕，在返家路途上经过一座名为伯利恒的小城，所有的旅店客满，就在客店的一个马槽里产下耶稣。据说，那天在遥远的东方有三个博士追随着天上一颗明亮的星星找到耶稣，并且膜拜安详地睡在马槽里的耶稣。后人把每年的12月25日定为圣诞节，以纪念耶稣的诞生。

圣诞节是西方国家一年中最隆重的节日。在美国，很多人从平安夜（Christmas Eve）开始准备过节，一直延续到1月6日的"主显节"（Epiphany），这段时间就称为"圣诞节节期"（Christmas Tide）。在英国，按照当地的习俗，圣诞节后还要连续欢宴十二日，这段时间统称为"圣诞季节"（Yuletide）。在这期间人们一般不劳动，直到1月7日的节（St. Distaff's Day），人们才开始从娱乐的节日气氛中走出来。西方很多国家的人们都十分重视这个节日，并把它和新年连在一起，而庆祝活动的热闹与隆重程度大大超过了新年，成为一个全民的节日。与中国人过春节相同的是，西方的圣诞节也很注重家人的团圆，人们围坐在圣诞树下，全家共享节日美餐，吃火鸡，并齐唱圣诞歌，祈求幸福。

圣诞树是圣诞节中必不可少的。西方人以红、绿、白三色为吉祥的圣诞色。人们用一些如彩灯、气球、礼物和纸花等饰物来装饰绿色的常青树，点燃起红色的圣诞蜡烛，期盼着穿着红衣、留着长长白胡子的可爱的圣诞老人。圣诞老人是圣诞节活动中最受欢迎的人物。圣诞节的那一天，圣诞老人会送给孩子们一份礼物，寓意吉祥、快乐。此外，人们也会互赠礼物，共同感受节日带来的欢乐。

（二）中国七夕节与西方情人节

中国的七夕节和西方的情人节（圣瓦伦丁节）都是表达爱的节日，都有着一段美丽又忧伤的爱情故事传说。

1. 七夕节

在中国传统节日中，七夕节可以说是最具浪漫色彩的一个节日。七夕节又称"乞巧节""七巧节"，体现着年轻男女对美满姻缘的向往和追求。

七夕节来自牛郎与织女的传说。相传，牛郎是一个聪明忠厚的小伙子，父母早逝，常受到哥嫂的虐待。牛郎只有一头老牛相伴。这只老牛本是天上的灰牛大仙，因触犯了天庭中的规定被贬到凡间。有一天，老牛给牛郎出了计谋，要他娶织女为妻。有一大，美丽的仙女们从天上下凡间沐浴。这时牛郎偷偷地跑出来拿走了织女的衣裳，仙女们急忙上岸穿好衣裳飞走了，唯独剩下织女。牛郎织女因此结缘，后来结为夫妻。牛郎织女男耕女织，相亲相爱，并育有一儿一女。后来，老牛在即将死去时，叮嘱牛郎要把它的皮留下来，到急难时披上以求帮助，夫妻俩忍痛剥下牛皮。好景不长，织女和牛郎成亲的事被天庭的玉帝和王母娘娘知道后，他们勃然大怒，因为神仙是不可以与凡人结合的。因此，王母娘娘亲自下凡抓回织女。牛郎回家不见织女，伤心欲绝，急忙披上牛皮，带上一对儿女去追。在快要追上时，王母娘娘拔下头上的金簪一挥，就出现了一道银河，牛郎再也过不去了。从此，牛郎和织女只能隔河相望，对目而泣。喜鹊被他们忠贞不渝的爱情所感动，每逢七月初七，人间千万只喜鹊就要飞上天去，搭成鹊桥，让牛郎织女通过鹊桥相会。玉皇大帝和王母娘娘对此也很无奈，就准许他们每年七月初七在鹊桥相会。

我国古代词人秦观的《鹊桥仙》可谓是赞美牛郎织女忠贞不渝爱情的佳作："纤云弄巧，飞星传恨，银汉迢迢暗度。金风玉露一相逢，便胜却人间无数。柔情似水，佳期如梦，忍顾鹊桥归路。两情若是久长时，又岂在朝朝暮暮。"

后来每逢七月初七，人们都会仰望天空，试图找到在银河边相会的牛郎和织女星，并为他们的爱情祈祷、祝福。传说七夕夜深人静之时，人们还能在葡萄架下听到牛郎和织女在天上的脉脉情话；又说秋天晴空里飘浮的游丝，是喜鹊上天为牛郎和织女搭桥时献身所化。此外，在这一天，年轻的姑娘们也会以一种含蓄的方式，默默地祈祷自己能获得像牛郎和织女一样坚贞的爱情与幸福的婚姻，七夕节便由此产生了，也因此被称为"中国的情人节"。

2. 情人节

对于西方情人节的来源，一直有不同的说法。其中一个说法是，公元 3 世纪，古罗马的战事一直连绵不断，暴君克劳多斯征召了大批青年前往战场。人们对此怨声载道，他们不愿离开家庭，年轻的小伙子们也不忍心与情人分开。克劳多斯大发雷霆，传令人们不许举行婚礼，甚至连已订了婚的也要立刻解除婚约。一位神庙的修士叫瓦伦丁，他对暴君的虐行感到十分悲愤，也为年轻的恋人们感到难过。当一对情侣来到神庙请求他的帮助时，瓦伦丁在神圣的祭坛前为他们悄悄地举行了婚礼。很多人闻讯，也陆续来到这座神庙，在瓦伦丁的帮助下结成伴侣。最后，消息传进了宫殿，克劳多斯非常愤怒，他命令士兵们将瓦伦丁抓走，投入地牢。瓦伦丁在监狱中与典狱长的女儿产生了感情，后来，瓦伦丁被处以死刑，这一天是 2 月 14 日。行刑前，他曾给典狱长的女儿写了一封信，表明了自己光明磊落的心迹和对她的一片情怀。

从此，人们便将每年的 2 月 14 日定为情人节。这个节日既是恋人之间表达爱意的最佳时刻，也是向心爱的人求婚的最浪漫时刻。情人节时，恋人间会互送表达情愫的礼物，如情人节卡片、玫瑰花和巧克力等。

（三）中国中秋节与西方感恩节

1. 中秋节

中国的中秋节在农历八月十五，正值三秋之半，故名为"中秋节"。此外，中秋节还有很多名称，如"月夕""仲秋节""团圆节""八月会""八月节""玩月节""拜月节""追月节""女儿节"等。

中国人很早就开始观察天象。在远古时期，人们就因为对天象的崇拜而产生了一些敬拜月亮的习俗，而中秋节正是这一活动的遗痕。据说在中秋节这一天，地月距离达到最小值，因而月亮看起来也是最大最圆的，由此形成了饮宴赏月的习俗。根据《周礼·春官》的记载，我国早在周代就已有"中秋献良裘""中秋夜迎寒""秋分夕月（拜月）"的活动；到了汉代，人们常在中秋或立秋之日敬老、养老。晋朝虽有中秋赏月之举却并不普遍；唐代时，嫦娥奔月、吴刚伐桂、玉兔捣药、杨贵妃变月神、唐明皇游月宫等神话故事与中秋有机结合在一起，赏月之风开始兴盛。

从气候上看，中秋节时秋高气爽，又正逢收获季节，在明月的映照下，人们坐在一起赏月、吃月饼、品美食，好不惬意。需要说明的是，举行中秋祭月活动时，月饼和西瓜是必不可少的，有的地方还会把西瓜切成莲花状。此外，人们还常常摆放一些时令水果，如苹果、葡萄等。

在中国，与中秋节有关的诗句有很多，最脍炙人口的莫过于"海上生明月，天涯共此时"与"但愿人长久，千里共婵娟"。这些诗句表达了人们希望花好月圆、人间团圆的美好愿望。此外，与中秋节相关的习语也有不少，如"月到中秋分外明""月半十六正团圆""八月十五月儿圆，西瓜月饼摆得全"等。

2. 感恩节

"感恩节"的英文是 Thanksgiving Day，这个节日来源于北美早期移民的真实经历。

1620 年 9 月，102 名清教徒及其家属乘坐"五月花"号轮船经过两个多月的艰难航行踏上了北美大陆。由于时值冬天，天气寒冷、食物不足，再加上过度疲劳，这批清教徒死亡过半。第二年春天，当地印第安人给清教徒送来了种子并教他们耕种、打猎、捕鱼。当年秋天，清教徒们获得了大丰收。为感谢印第安人的帮助，也为了感谢上帝的恩赐，清教徒于当年 11 月下旬的星期四邀请印第安人与他们一起庆祝，这场庆祝共持续了三天，这就是美国历史上的第一个感恩节。从这一年起，感恩节的传统就沿袭下来。后来，美国首任总统乔治·华盛顿把感恩节设定为全国性节日，但并没有固定日期。1863 年，美国总统林肯正式确定感恩节的日期为每年 11 月的第四个星期四。

由于感恩节最初是为了庆祝丰收，因此直至今天，感恩节大餐仍是主要的过节方式。这一天的主菜是烤火鸡，南瓜派也是必不可少的传统食物。一家人与亲朋好友围坐在一起，一边品尝美食，一边表达自己的感恩之情。此外，这一天的活动也异彩纷呈，如化装游行、体育比赛、戏剧表演等。

（四）中国清明节与西方万圣节

1. 清明节

上元、清明、立夏、端午、中元、中秋、冬至和除夕是中国传统意义上的"八节"，这其中就包括清明。可见，清明节在中国是非常重要的一个节日。

要了解清明节的来历就不得不提介子推。春秋战国时期，晋国的重耳曾在外流亡 19 年，介子推一直跟随着他。有一次，他们到了一座荒山，又累又饿，找不到一点吃的，介子推就把自己腿上的肉割下来煮成汤给重耳充饥。19 年后，重耳回国当上了晋文公，在犒赏官员时却偏偏把介子推给忘了。于是，介子推便带着母亲去了绵山。晋文公听到消息后，就去绵山请介子推。无论晋文公怎样劝说，介子推就是不下山。晋文公没有别的办法，只好放火烧山，想把介子推逼下山来。等到山火被扑灭后，仍然没有看到介子推的身影，晋文公急忙上山寻找，结果发现介子推已与母亲在一棵柳树下被烧死了。晋文公为了纪念介子推，便把这一天定为"寒食节"。第二年的同一天，晋文公来祭奠介子推时，惊奇地发现那棵老柳树死而复活，于是便为老柳树赐名"清明柳"，并把寒食节后的那一天定为清明节。

清明是中国二十四节气之一，通常在公历的四月五日，介子推的故事使其上升为一个重要的节日。在这一天，人们通常要扫墓并祭祀先人，以表达自己的哀思。同时，还要禁火，吃冷食。为了防止冷食伤身，人们常举行一些体育活动，如荡秋千、放风筝、蹴鞠等。此外，由于清明时逢阳春三月，风清物宜，正是郊游的大好时光，于是，踏青也成为清明的重要活动。因此，在清明这一天，既有思念亲人的悲伤泪，又有踏青游玩的欢笑声，不能不说是一大特色。

2. 万圣节

传说在中国农历七月十五日这一天，地狱之门会被打开，已故的祖先可以回家团圆，因此这一天又被称为"鬼节"。在西方国家也有类似的传说，人们常通过万圣节来进行庆祝。

在基督纪元以前，凯尔特人为了感谢上苍和太阳的恩惠，常在夏末举行仪式来驱赶传说中四处游荡的妖魔鬼怪，这一仪式通常以占卜者实施巫术的方式进行。后来，这个仪式与罗马人的丰收节（即用苹果和果仁来庆祝丰收的节日）相融合，就演变成了今天的万圣节，日期确定在每年的 10 月 31 日。

中国人对鬼魂常怀有敬畏之心。与此不同的是，西方的万圣节多了一层好奇与狂欢的意味。人们往往带着愉快的心情来庆祝这个节日。具体来说，在这一天，人们常常把自己装扮成鬼怪的模样，或者戴上面具，或者穿上鬼魂的服装，甚至还有人在脸上画一些吓人的图案。孩子们则去邻居家敲门，嘴里喊着"不给糖就捣乱"（Trick or Treat）。不管是否受到惊吓，邻居一般都会准备一些糖果、水果或点心。年轻人在这一天一般会去参加最酷的化装舞会，或者去吃一顿恐怖的万圣节大餐。值得一提的是，南瓜灯是万圣灯的保留节目。南瓜灯的具体做法是：把南瓜掏空，在表面刻上鬼怪脸谱，然后在里面放上灯点亮。

第三节 中西宗教文化对比探索

英语中的religion（宗教）一词，源于拉丁语religare。其中，re– 表示强调，ligare 是 to bind（捆绑）的意思，因此religare指的是 bind tightly（紧紧地结合在一起）。该同源很好地解释了religion 的意义：用某种教义、教规和道德观念把教徒们束缚在一起。

在汉语中，关于"宗教"一词的来源，说法不同。华鸣在《"宗教"一词如何定义》一文中认为，"宗教"一同是日语借用汉字"宗"和"教"二字而造的一个新词。宗教就是奉祀神祇、祖先之教。《景德传灯录》十三《圭峰宗密禅师答史山人十问》之九曰："（佛）灭度后，委付伽叶，展转相承一人者，此变盖论当为宗教主，如土无二王，非得度者唯尔数也。"这种说法认为"宗教"二字合并起来使用始于佛教术语。《辞海》给出的"宗教"的含义是："宗教，社会意识形态之一。相信并崇拜超自然的神灵。"

综上所述，"宗教"一词在英汉两种语言中有着不同的出处，但其基本的含义是相通的，即宗教是人对神灵的信仰。

宗教化是人类思想文化的一个重要组成部分。宗教具有民族性的特征，宗教是由各民族的信仰、意识等所形成的。不同宗教是不同文化的表现形式，反映出不同的文化特色。下面就对中西宗教的文化内涵差异进行分析。

一、中西宗教中神的来源对比

每个民族都有自己的宗教，而不同的宗教有各自的体系。主神在这个体系中占有最为突出的位置。关于神的来源，中西方宗教存在很大的差异。西方的神是先天就存在的，来自人类之外，东方的神则是由世俗的人物修炼而成的。

（一）西方的神是先天存在的

摩西是古希伯来人的宗教领袖。希伯来人最为重要的宗教典籍就是摩西所传的《十诫》。实际上，摩西原本是一个十分普通平凡的人，后来由于他接受了上帝耶和华的谕示，耶和华指定他来当希伯来人的领袖，带领希伯来人建立他们新的生活，就成了希伯来人心目中的神。《圣经》写道："上帝晓谕摩西说，我是耶和华……所以你要对以色列人说，我是耶和华。""这些律例、典章和法度，是耶和华与以色列人在西奈山借着摩西立的。""摩西将以色列众人召了来，对他们说……耶和华在山上，从火中，面对面与你们说话。（那时，我站在耶和华和你们中间，要将耶和华的话传给你们……）"由此可以看出，摩西之所以成为神，不是由于自身的因素，而是由于外在的因素。

西方文化中真正的宗教是基督教。由于基督教是西方人对古希伯来教进行改造的产物，因此它保留了古希伯来人的许多宗教因素。耶稣是基督教的神。耶稣是上帝耶和华同民间女子玛利亚之子，是上帝作为自己解救人类、替人类赎罪的使者，是上帝与普通人类之间联系的纽带。作为耶和华之子，"耶和华的灵必住在他身上，就是使他有智慧和聪明的灵，谋略和能力的灵，知识和敬畏耶和华的灵"。耶和华是无上的神，是超出人类世俗的神，是先于人类，而且独立于人类而存在的。它是永恒的，绝对的，是一切存在终极原因。

由此可见，西方文化中的宗教，所有的神都是上帝赐予的，是先天就存在的，超越世俗人事。

（二）中国的神是由世俗的人物修炼而成的

中国的神都是由现实的、世俗的人修炼而成的。儒教的教主孔子，只是一个少时生活贫困的私生子，后来成为收徒讲学的教师；道教的主神太上老君是老子，他是春秋时代的一位智者，一位东周朝廷的史官，他们都是历史上真实存在的人。孔子、老子是凭借他们自己深刻的思想、渊博的学识和伟大的人格成了神，而不是得到了神的谕示。他们以其思想、学识和人格的力量赢得了民心，赢得了人们的信仰，才逐渐得到神性，并最终变成神。

此外，中国的佛教源自印度。释迦牟尼是印度佛教的主神，他也是世俗中的一个王子。释迦牟尼因厌倦了王宫里的生活，想探索人生的真理，解救无数处于痛苦之中的人民，经过四十九天的冥想，终于开悟，成为一个得道之人。因此，他吸引了大批的信徒，并成为信徒们的思想导师。

由此可见，在东方，神一般是一个得道之人，它不是由天外之神加冕而成，而只是一些杰出人物通过精神探索和人格修行的产物，这也体现了中国宗教中神的来源与西方之间的差异。

二、中西宗教中的人神关系对比

（一）忏悔与接受忏悔

在西方，人们对基督教的主神上帝持有一种信仰和膜拜的态度。与中国宗教的心理基础不同，罪感是西方宗教的心理基础，其内容是深切地认识到自己及其祖先对于上帝犯有不肖之罪。《圣经》中提到："遮掩自己罪过的人，必不成功。无论是谁忏悔和放弃罪过，都将得到宽恕。"因此，对于西方人来说，向上帝忏悔是一个必不可少的宗教社会活动。西方人面对上帝时抱有一种忏悔的心态，是一种无条件的、绝对的屈从。西方人信仰、膜拜上帝，正是这种无条件的皈依。

（二）祈福与赐福

畏感是中国宗教的心理基础。这种畏惧心理主要是人类意识到自己力量薄弱，无法独立面世而产生的。因此，一些中国人在面对自己信仰的神灵时有一种虔诚、恭敬的态度，而不是无条件的信仰和膜拜。他们之所以信仰神，主要是想真诚地去祈福，去祈求神灵的保佑，期望神能降福于自己，而不是去忏悔。一些中国人对于自己信奉的神的基本态度是"信而不仰"。换句话说，人们只是相信神，敬畏它，但并不仰视它。

三、中西宗教的社会地位对比

（一）西方宗教的至上性

西方的宗教是处于世俗文化之上的，属于超文化的一个领域。在中世纪的欧洲，教权高于一切。是罗马教皇而不是皇帝掌控着国家的最高统治权。罗马教皇既控制和管理宗教事务，也管理生活中的其他领域，包括政治、经济、法律、文化、教育、医疗、科学等。罗马教皇甚至对国王，乃至皇帝的任命拥有最终决定权。由此可见，教皇的权力高于一切，凌驾于其他一切权力（如政治、法律等）之上。此外，西方的宗教也是衡量一切价值的最高准绳。

（二）中国宗教的世俗性

与西方文化中的宗教不同，中国一些宗教的领袖来源于世俗社会，是由一些杰出人物修炼而成的，这也决定了宗教在社会中的地位是世俗性的。在中国，宗教是文化的一个重要组成部分，因为它本身就是文化伟人对人生的感悟和理解，是文化伟人对人生思考的结晶。作为一种文化现象，宗教具有强烈的世俗性质。

长期以来，中国的宗教都没能与皇权相抗衡。尽管在印度佛教中，佛教还拥有至高无上的神权，佛教传入中国的初期阶段，也表现出藐视皇权的倾向。但这种倾向很快就发生了变化，最终教权屈服于皇权之下。

四、中西宗教对异教的态度对比

（一）西方宗教的绝对性与排他性

西方的基督教具有明显的排他性，一个人只能信奉一个神、一个宗教。在基督教之外，不允许其他宗教的存在，其他宗教都是非法的；而信奉这些非法宗教的人被称之为"异教徒"，是要受到惩罚的。帕斯卡尔说："凡是到耶稣基督之外去寻求上帝并且停留在自然界之中的人，要么便不能发现任何可以使他们满意的光明，要么便走向为自己形成一套不要媒介者就能认识上帝并侍奉上帝的办法，并且他们便由此不是陷入无神论便是陷入自然论，而这两种东西几乎都是基督宗教所同样憎恶的。"因此，为了要消灭异教徒，维护自身宗教的唯一性，西方历史上经常出现迫害异教徒的事件以及频繁的宗教战争。

值得一提的是，基督教对待异教的态度与他们的教义是自相矛盾的。基督教的教义主张宽容、博爱，但在卫教问题上则却没有做到宽容、博爱。就基督教的性质本身而言，它不可能接受一个与它地位平等的宗教。否则，就意味着对上帝权力的否定，动摇了上帝的至高无上性。

（二）中国宗教的相对性与相容性

中国一些宗教较之于西方的宗教，更具有一种相对性、相容性和多元性，它允许其他宗教的存在。在中国，各宗教之间是互相平等、互相尊重、互相交流的关系。除了个别时期曾发生过利用皇帝的权力排斥异教的事情之外，在大部分时期，三教是并存的。从唐代起，儒、道、禅三教逐渐走向融合；到宋代，便出现了合流之后的宋明理学，形成了中国思想史上的又一个高峰。

中国一些教徒一般也很尊敬其他宗教的领袖，很少有持敌对态度的。因为他们是人类中的最高智慧和最高人格的象征，是一个社会、一个民族、一个时代的灵魂。佛教的领袖释迦牟尼就教导那些投奔他的异教弟子，让他们仍然尊敬原来的宗教首领。阿育王遵照释迦牟尼的这一教导，恭敬供养在其统治区内的所有宗教，并发布法文："不可只尊重自己的宗教，而菲薄他人的宗教。应如理尊重他教。这样做，不但能帮助自己宗教的成长，而且也对别的宗教尽了义务。反过来做，则不但替自己的宗教掘了坟墓，也伤害了别的宗教。因此，和谐才是好的，大家都应该谛听，而且心甘情愿地谛听其他宗教的教义。"

由此可见，中国宗教中的教义都比较开放、包容，并且宗教领袖们都对其他宗教具有十分宽广的胸襟。这些都证明了中国宗教的相对性与相容性。

五、中西宗教对世俗的态度对比

（一）罪恶的与自然的

西方基督教将人的世俗生活看得极其低下，认为一切感官的满足（包括饮食、性、娱乐、舒适等）都是带有罪恶的和不净的，因此都被压缩到最小的限度，以仅能维持个体生命存在和人类的生命延续为度。

与西方宗教不同，中国一些宗教对世俗的、感性的满足十分肯定和尊重，认为世俗的满足是自然的。因此，中国人对饮食、养生之道、娱乐以及生命过程的体验都给予了充分的重视。

（二）重视灵魂与重视肉体

中西宗教对待肉体的不同态度是他们对待世俗态度的集中体现。

西方宗教对灵魂极其重视，而蔑视肉体。在基督教中，人的肉体被看作是自我暂时寄住其中的一个住所，是灵魂的一个偶然且短暂的躯壳，并非真正属于人类自己的东西，而灵魂才是真实永恒的东西。人死之后，灵魂便会从这个住所离开，升入到天堂或地域。西方宗教远离世俗、远离感性可以从这种灵魂对肉体的蔑视中达到体现。

而一些中国人十分重视自身的感受，重视肉体，重视感官的满足，重视生命的享受。在一些中国人看来，真正属于我自己的东西就是肉体，而不是灵魂。人死之后，身体没有了，"我"就因此而不复存在了。正是基于这样的观念，一些中国人往往是紧紧抓住现实，抓住现世，享受世俗，对"身"后之事很少关注。

六、中西宗教的教义对比

（一）西方的基督教教义

在西方文化中，基督教是主要的宗教形式，每个国家都有80%以上的同民信仰基督教，基督文化已深入人心。

基督教的教义主要包括如下内容。

（1）十诫。除了我（上帝）以外你不可有别的神；不可为自己雕刻和敬拜偶像；不可妄称耶和华你上帝的名；当守安息日为圣日；当孝敬父母；不可杀人；不可奸淫；不可偷盗；不可作假证陷害人；不可贪恋别人妻子和财物。

（2）三位一体。这是基督教的基本信条之一。相信上帝唯一，但有三个"位格"，即圣父——天地万物的创造者和主宰；圣子——耶稣基督，上帝之子，受上帝之遣，通过童贞女玛利亚降生为人，道成肉身，并"受死""复活""升天"，为全人类做了救赎，必将再来，审判世人；圣灵——上帝圣灵。三者是一个本体，却有三个不同的位格。

（3）信原罪。这是基督教伦理道德观的基础，认为人类的祖先亚当和夏娃因偷食禁果犯的罪传给了后代子孙，成为人类一切罪恶的根源。人生来就有这种原罪。此外还有违背上帝意志而犯种种"本罪"，人不能自我拯救，而要靠耶稣基督的救赎。因而，原罪说以后逐渐发展为西方的"罪感文化"，对欧美人的心理及价值观念影响深远。

（4）信救赎。人类因有原罪和本罪而无法自救，要靠上帝派遣其独生子耶稣基督降世为人做牺牲，成为"赎价"，做了人类偿还上帝的债项，从而拯救了全人类。

（5）因信称义。人类凭信仰就可得救赎，而且这是在上帝面前成为义人的必要条件。

（6）信天国和永生。人的生命是有限的，但人的灵魂会因信仰而重生，并可得上帝的拯救而获永生，在上帝的天国里得永福。

（7）信地狱和永罚。人若不信或不思悔改，就会受到上帝的永罚，要在地狱里受煎熬。

（8）信末世。相信在世界末日之时，人类包括死去的人都将在上帝面前接受最后的审判，无罪的人将进入天堂，而有罪者将下地狱。

（二）中国的佛教教义

在中国的三大教派中，佛教对中国人的影响较大。

佛教的教义主要提倡"无神"（uncreativeness）、"无常"（no everlasting existence）、"无我"（anatma）、"因果相续"（the interdependent nature）等思想。佛教使人相信生死轮回，相信善恶有因果报应，并认为人们来到这个世界上就是为了受苦，所有的苦难也都源于人们的欲望，因此教化人们去抵制各种各样的诱惑并抑制自己的欲望，如贪、嗔、痴、慢、疑、恶等。在现实生活中，佛教倡导人要用好智慧、向好学好、有善意的目的和符合伦理的言行、谨慎处事、感情专一等。

佛教的基本教义主要是"四圣谛""八正道"等，被称为"释迦牟尼的根本教法"。

1. "四圣谛"

佛教中的四圣谛对中国人的信仰和思想有着极其重要的影响。四圣谛的主要内容如下。

（1）苦谛：指万物众生的生死轮回充满了痛苦烦恼。苦难始终贯穿人的一生，包括生、老、病、死等，人活着就是受苦受难。

（2）集谛：指造成众生痛苦的根源是欲望。人总是摆脱不了各种欲望和诱惑，这是给人们带来苦难的根源。

（3）灭谛：指消除世间众生痛苦的途径是放弃欲望。

（4）道谛：指通向寂灭的道路。人们消除欲望，最终脱离苦海，到达极乐的境界。

2. "八正道"

八正道，即合乎正法的八种悟道成佛的途径，又称"八圣道"。其包括如下内容。

（1）正语：正确的言语，也就是不妄语、不慢语、不恶语、不谤语、不绮语、不暴语，远离一切戏论。

（2）正见：正确的见解，离开一切断常邪见。

（3）正思维：正确的思维，离开一切主观分别、颠倒妄想。

（4）正业：正确的行为活动，也就是不杀生、不偷盗、不邪淫等，诸恶莫做，众善奉行。

（5）正命：正确的生活方式，即远离一切不正当的职业和谋生方式，如赌博、卖淫、看相、占卜等。

（6）正精进：正确的努力，去恶从善，勤奋修行，不懒散度日。

（7）正念：正确的念法，即忆持正法，不忘佛教真理，时时以惕厉自己。

（8）正定：正确的禅定，即专注一境，身心寂静，远离散乱之心，以佛教智慧去观想事物的道理，获得人生的觉悟。

佛教对中国文化的影响主要体现在两大方面：善恶因果的道德说教和生命与宇宙之间循环协调关系的哲学思辨关系。

（三）中西宗教教义的差异

除了上面所提到的差异外，中西宗教教义还在以下几个方面存在差异。

1. 宇宙观不同

基督教认为是上帝创造了宇宙。宇宙是受上帝统治，且依据上帝的目的而运行的。依据佛教的观点，一切是因缘和合而生，认为世界的成因是依循成、住、坏、空的自然定律循环。

2. 修行观不同

基督教主张，只有依赖信仰上帝以及耶稣基督的救赎才能得救，也就是"因信称义"（基督新教），赎罪获救是其目的所在。基督教是信仰型的外在超越，主张信奉上帝。而佛教认为，众生皆有佛性，所有要努力自我修行，只要挖掘出压抑遮蔽的佛性，就可以觉悟，解脱烦恼，离苦得乐是其目的所在。佛教是智慧型的内在超越，主张发挥人自身的潜能。

3. 苦难观不同

基督教认为人生是苦的，人的罪是其根源，人类祖先犯的罪是"原罪"，会一代一代地遗传下去，人类自己所犯的罪是"本罪"，个人无法从因双重的罪而造成的生命苦难中解脱出来，只能信赖上帝的解救。而佛教四谛中有"苦谛"，认为人生的本质是苦的，其根源是来自人性中的贪、嗔、痴，只有"降伏其心"，内修开掘佛性，了悟人生究竟，克制欲望，才能使烦恼得到消除，从而实现解脱。

第八章 中西人名与习语文化差异探索

第一节 中西人名文化对比探索

人名是一个民族文化中的重要组成部分。作为一种特殊的语言现象，人名受到各民族的语言习惯、社会制度、风俗等因素的影响，有着独特的历史发展轨迹和文化内涵。本节就来分析中西人名的文化内涵差异。

一、人名的含义

人名是语言与文化结合的产物。因此，人名既是一种语言符号，又是一种文化符号。

（一）人名是一种语言符号

众所周知，语言是人类社会交际的一种十分重要的工具。为了适应人类社会成员之间相互交际、相互识别的需求，人名逐渐就产生了。人名可以说是人类语言系统中一种独特的语言现象。波特（Potter，1950）曾说，"很容易理解，在语言的初期阶段，最早出现的词语就是名称（names），而且主要的是专有名称（proper names）。非特有的通称或类属词，如 man，animal，tree 等随后发展起来，再往后才出现抽象名词，如 courage，ferocity。"人名是专有私词中的一种。人名作为一种语言符号，是语音、语义和语法的结合，有其独特的语言表现形式，同时指称特定的人物。正如索绪尔（Saussure）所言，"人名是能指和所指的结合。"总的来说，人名是语言的产物，并随着语言的发展而发展。同时，语言又是一种文化现象，是思维的工具和文化的载体。可以说，自从有了人类社会就出现了语言，语言又随着社会的发展而发展。人名作为一种语言符号，体现了社会变迁和文化发展的轨迹。

（二）人名是一种文化符号

同时，人名还是一种文化符号。如上所述，人名是社会的产物，反映了特定的社会现实以及文化内涵。与一般的语言符号不同，人名现象作为人类文化的一个重要组成部分，有着十分悠久的历史。人名的产生可以追溯到氏族社会，并随着社会的发展变化而变化。此外，人名的起源、结构、组合方式等还受一定的文化机制影响，并以一种特定的形式传承下来。因此，人名在一定程度上反映了文化的内涵。

二、中西人名的文化内涵对比

（一）姓名结构对比

中西姓名在结构上存在一定差异。

1. 中国姓名结构

在中国，汉语姓名的结构是"姓＋名"的形式。更为具体说，汉语三字姓名其实更多的是"姓＋辈分＋名"。可以说，用专字表辈分是汉语人名所独有的一种现象，这体现了个人在家族中的排行顺序。

随着社会的不断发展和思想的不断解放，我国传统的家族观念也受到了很大冲击，正在不断地淡化，而且辈分也不像从前那样受到人们的重视，名字中对于辈分的体现已经不那么普遍。目前的汉语姓名可以分为两种，即显性名（二三字姓名）和隐性名（两字姓名）。

2. 西方姓名结构

在英美等西方国家，人们的姓名顺序是名在前，姓在后，如 Shakespeare 是姓，William 是名。英语姓名一般由三部分构成，即教名（the Christian name/the first name/the given name）＋中间名（the middle name）＋姓（the family name/the last name），如 Eugene Albert Nida（尤金·阿尔伯特·奈达）。但很多时候，英语的中间名仅写首字母或不写，如 Eugene Albert Nida 写成 Eugene A. Nida 或 Eugene Nida。

（二）姓名顺序对比

从上面中西姓名的结构中可以看出，中西人名一般都由姓与名组成，但姓与名的顺序却正好相反。具体来说，中国人名采取"姓前名后"的顺序，如在"曹操"这个名字中，"曹"为姓，放在前面，"操"为名，放在后面，包括越南、日本、朝鲜等在内的东方国家基本也都使用这种"姓前名后"的排列结构。与此相反，英国、美国等印欧语系的大多数国家都按照"名前姓后"的顺序来表示人名。例如，Roman Jakobson 中，放在前面的 Roman 是名，放在后面的 Jakobson 是姓。

（三）姓氏来源对比

1. 中国姓氏的来源

中国人姓氏的来源主要有下列几种。

（1）远古母系氏族社会，以母为姓，以"女"为旁。例如，姜、姬等。

（2）以原始部落图腾的动物、植物为姓。比如，牛、马、羊、鱼、龙、熊、杨、柳、花等。但需要注意的一点是，汉语中的人名一般不以凶狠的动物为姓，如狼。

（3）以古国名或地名为姓。比如，周、夏、齐、鲁、晋、秦、楚、赵、屈等。

（4）以居住地为姓。比如，春秋时期齐国公族大夫分别居住在城郭四周，就以东郭、西郭、南郭、北郭为姓。再如西门、柳下、东门、欧阳、南宫、百里等。

（5）以官职、职业为姓。比如，司马、司徒、石、屠、陶、卜、巫、贾等。

（6）由帝王赐姓。比如，周穆王的一个宠姬死后，其为了表示哀痛之情，便赐她的后代姓"痛"；周惠王死后追为"惠"，他的后代便姓"惠"。又如，唐为李家天下，"李"就是国姓，唐太宗赐有功之臣为"李"姓。

（7）以借词为姓。这些借词由少数民族姓音译而来，一般为双字姓，如贺兰、长孙、耶律、呼延等。

（8）以数字为姓。比如，伍、陆、百、万、丁等。

（9）以神话中的传说为姓。比如，传说舜时有个纳言是天上龙的后代，其子孙便以龙姓传世。又如，传说神仙中有个青鸟公，便有了复姓青鸟。

（10）以古代同音字的分化为姓。比如，"陈"由"田"姓分出，"何"由"韩"姓分出（《华夏文化词典》，1988）。

除了上述介绍的姓氏来源外，中国人的姓氏还有以乡、亭之名为姓氏的，如阎、郝、欧阳、陆等；以山河名称为姓氏的，如乔、黄、武等；以家族次第为姓氏的，如孟、仲等。还有一些姓氏在一般人看来则非常不可思议。例如，据2005年9月7日《羊城晚报》记载，一些人以"虫、酱、兽、妖、尸、犬、仄、炕、鸡、兔"等为姓。

2. 西方姓氏的来源

西方英语国家的姓氏来源主要有以下几种。

（1）以表示血缘继承关系的词及其所构成的词为姓。比如，Clinton（克林顿），Jones（琼斯）等姓都是直接把自己的名字作为后代的姓氏使用的。还有一些是在名字上加一些前缀或后缀转为姓氏来使用。常见的前缀有 Mac-（表示父子关系），Fits-（表示父名）等，如 Mccarthy（麦卡锡），Mac Arthur（麦克阿瑟），Fitzgerald（菲茨杰拉德）等；常见的后缀有 -s，-son（表示某人之子或后代）等，如 Adams（亚当斯）、Johnson（约翰逊）、Robertson（罗伯逊）等。

（2）以职业为姓。例如：

Clerk 克拉克（办事员）

Barber 巴伯（理发师）

Thatcher 撒切尔（盖屋顶的人）

Weaver 威弗尔（织布工）

Turner 特纳（车工）

Carter 卡特（马车夫）

Cook 库克（厨师）

Smith 史密斯（铁匠）

Tailor 泰勒（裁缝）

Cooper 库伯（制桶匠）

Hunter 亨特（猎手）

Fisher 费舍尔（渔夫）

（3）以颜色名称或个性特征为姓。例如：

Brown 布朗（棕色）

Black 布莱克（黑色）

White 怀特（白色）

Short 尚特（矮个子）

Red 雷德（红头发者）

Whitehead 怀特海（白色的头部）

Grey 格雷（面色铁灰或头发银灰者）

Strong 斯特朗（身体强壮者）

Campell 坎佩尔（歪嘴）

（4）以居住地附近的地形、地貌为姓。比如，住在小溪边的姓 Brook（布鲁克），住在田地边的姓 Field（菲尔德），居住在山中的就姓 Hill（希尔）等。事实上西方的姓氏有很多都是由表示地貌特征的词汇衍化而来的。再如：

Bush 布什（灌木丛）

Well 韦尔（水井）

Pond 庞德（池塘）

Ford 福特（渡口）

Green 格林（草地）

Cliff 克利夫（悬崖）

Forest 福雷斯特（森林）

Moor 穆尔（小山）

Churchill 丘吉尔（山丘）

Wood 伍德（丛林）

（5）以官衔为姓。例如：

Marshall 马歇尔（元帅）

Judge 贾奇（审判官）

King 金（国王）

（6）以地名为姓。比如，住在伦敦的就姓 London，住在华盛顿的就姓 Washington。再如 Kent（肯特），Oxford（牛津），York（约克），Sheffield（雪菲尔德）等。

（7）以动物或植物名称为姓。例如：

Wolf 沃尔夫（狼）

Rice 赖斯（大米）

Lamb 拉姆（羔羊）

BulI 布尔（公牛）

Rose 罗斯（玫瑰花）

Fox 福克斯（狐狸）

Flower 福拉沃尔（花）

Cock 科克（公鸡）

（8）以民族名称为姓。例如：

German（德国人）

Angles（盎格鲁人）

Welsh（威尔士人）

（9）以武器、器物或货币名称为姓。例如：

Coffin 科芬（棺材）

Sword 索德（剑）

Pike 派克（长矛）

Pound 庞德（英镑）

（10）以人体部位名称为姓。例如：

Temple 坦普尔（太阳穴）

Arms 阿姆斯（手臂）

Foot 富特（足）

（11）以自然现象为姓。例如：

Frost 弗罗斯特（霜）

Rain 雷恩（雨）

Snow 斯诺（雪）

（12）以《圣经》中的人物名和基督教中的圣徒名为姓。例如：

James 詹姆斯

John 约翰

Elliot 埃利奥特

Lawrence 劳伦斯

Gregory 格雷戈里

Michael 迈克尔

由上述对中西姓氏来源的介绍可见，中西姓氏的来源存在很大的差异。当然，二者之间也有一些相同之处，如都有以职业和地名作为姓氏等现象。

（四）姓氏数量对比

西方人的姓氏在数量上要远多于中国人的姓氏。根据《中华古今姓氏大辞典》所收录的情况，目前汉语的姓氏（包括少数民族的姓氏）共有 1.2 万个。而英语的姓大约有 15.6 万个，常用的有 3.5 万个左右。英语民族的多姓现象与他们的社会、经济状况有密切关系。郑春苗在《中西文化比较研究》中解释了造成这一现象的原因。

18 至 19 世纪，欧洲的资本主义经济有了广泛发展，宗法大家庭越来越被小家庭所代替。征兵纳税以及各国之间贸易往来和人口频繁迁徙等因素使个人的地位和作用越来越突出，于是作为解决财产所有权和承担社会权利和义务的姓就必然成为广泛的社会问题，迫使各国政府下令每人都必须有姓。在这种个体小家庭广泛存在的社会条件下，姓氏数量就自然比中国人多。

（五）姓氏作用对比

从所起的作用来看，中国人的姓氏所负载的内容比西方人的姓氏所负载的内容要多。中国人的姓氏主要有以下两方面的作用。

（1）承载宗族观念。姓氏既是有血缘关系的家族或宗族的标志，还可以用于对不同族群进行区分。家族或宗族依姓聚居。姓在心理上起到了宗族归属感的作用。传统中国强调宗族观念，姓反过来又对宗法观念和制度起到了加深的作用。

（2）区别婚姻。中国有"同姓不婚"的习俗。这种习俗不仅是出于优生的考虑、延续血缘的需要，更是巩固家族的需要。如果不同姓氏的宗族集团结成姻亲，双方的家族势力就会得以加强。

与中国人姓氏不同，在西方，英语姓名中"姓"没有"名"那么重要，所以其姓氏的作用似乎没有中国人姓氏的作用明显。

（六）姓氏的概括性与表述性

在中国，汉族姓氏具有概括性。姓以单字词为主，也有复姓为双字词。从同源上看，中国人的姓氏一般表示族群，而不是表述个体的特征，而西方人的姓则具有表述性。

如上所述，中西姓氏中均有来源于动物的姓氏，但它们的意义却不同。中国人所用的动物姓如"龙""熊""牛"等，是原始部落图腾的标志；而西方人所用的源自动物的姓氏多为对个体特征的描述。如，Bull（牛）描述的是"忠实厚道或力气过人者"，Wolf（狼）表述的是"凶残者"，Fox（狐狸）为"奸诈狡猾者"。再如，Davidson 表述的是 the son of David，意思是"大卫之子"，Longfellow 表述的是 a long fellow，意思是"身子长的人"。

（七）姓氏的求美性与随意性

中国人对姓氏的要求极为严格，追求姓氏的美感。比如，汉语姓氏中不会出现"丑""恶"等字眼。汉语中源自部落图腾的姓，如"狼""猪""狗"，为了避丑后来分别被改成了"郎""朱"和"苟"。

而西方人的姓氏千奇百怪、五花八门，一些中国人认为不雅的、不吉利的、不悦耳的词都可以作为他们的姓氏而代代相传。比如，Wolf（狼），Poison（毒药），Fox（狐狸），Tomb（坟墓）等。

（八）"重姓轻名"与"重名轻姓"

1. 中国"重姓轻名"

在中国，姓源于母系氏族社会，最早用于指"女生"，与女性生子有关，相同的姓表示同一个母系的血缘关系。最早的姓通常以"女"为旁，如姚、姜、姬等。"姓氏"在早期有不同的所指。氏是在姓之后产生，是按父系来标识血缘关系的产物，只有在父权确立之后才使其变为可能。春秋时，一般是男子称氏，女子称姓。春秋之后，受战争的影响，姓与氏的界限逐渐变得模糊，姓与氏渐渐结合在一起统称"姓"或"姓氏"，代表的是血缘、群体和宗族。与姓相比，名的产生晚一些，虽然在原始部落已有雏形，但其固定是在夏商出现文字之后。这也是中国文化传统"重姓轻名"心态的一个很好体现，中国人的姓与宗族、氏族、群体和血缘有着十分密切的关系。中国传统文化强调共姓至上、三纲五常。正是在这样的传统文化的影响下，汉语人名中的"姓"必然在前，因为它代表宗族、家族、群体，而代表个体个性符号的"名"则位于"姓"之后。比如，司徒建华，其中"司徒"是复姓，位于表示辈分名的"建"和表示名的"华"之前。

2. 西方"重名轻姓"

在西方，英语民族的姓产生于 11 世纪，直到 14 世纪才固定下来。由于西方文化重视个性和个体，因此英语中姓没有名重要。摩尔根（Morgan）在《古代社会》一书中指出，"我们的祖先撒克逊人直到被诺曼底人征服时，还只有个人名字，而没有代表宗族的姓氏。"由此可见，西方人"重名轻姓"。因此，西方人名把代表个性的名放在前面，而把代表共性的姓放在后面是理所当然的。

可以说，中国"重姓轻名"与西方"重名轻姓"的民族观念是中西人名文化最明显的差异。

（九）"男女各姓"与"妇随夫姓"

1. 中国"男女各姓"

传统中国妇女在社会中的地位低下，很少出入社交场合，人们在称呼已婚妇女时通常以其夫名加上表示尊称的亲属称谓，如京剧样板戏《沙家浜》中的"阿庆嫂"。在封建社会，称呼已婚妇女通常以其夫家姓加上"氏"字，如王氏、赵氏等。这一方面反映了中国封建社会女性地位的卑微，另一方面也体现了重姓轻名的文化心态。当今已婚中国女性延用娘家姓，其地位与男性趋同。

2. 西方"妇随夫姓"

在西方，称呼已婚妇女通常要放弃自己的家姓，而使用夫姓，如 Mary White 与 John Brown 结婚后，女方姓名就变为 Mary Brown。这里值得提及的一点是，有些女作家、女演员往往会因职业原因，并不使用夫姓。随着妇女解放运动的发展日益深入，为了体现男女平等和妇女独立的观念，西方很多女权主义者提倡妇女婚后继续使用自己的家姓。现在，很多西方国家的女性结婚后开始采用夫妇二人的合姓作为其新姓，并用连字符连接男女两姓。例如，Marie Brown 和 John Williams 结婚，婚后女方姓名就是 Marie Brown-Williams。

（十）人名所折射的亲子关系对比

从英汉民族姓名中可以发现其折射出的不同人伦关系。这种差异具体表现为亲子关系的不同，即中国的"孝"和西方的"爱"。

1. 中国的"孝"

在古代中国，汉民族的人名体现了家族本位与血缘宗法观念。在宗法制的社会里，维护家庭的稳定和谐成为基本的伦理目标。作为宗法制的伦理基础和家庭伦理的核心，"孝"首先可确保家族得以顺利延续和发展，规定"不孝有三，无后为大"，"生儿育女、传宗接代"是同一姓氏家族血脉传承者极其重要的义务；其次，"孝"也是调节几世同堂的大家族复杂的人伦关系的伦理规范，在国家为"君君臣臣"，在家族为"父父子子"，强调子辈对亲族的绝对顺从。这种以"孝"为核心的关系体现着亲子之间上下的不平等关系。尽管这种"孝"中也包含着爱，但这种爱更多的是子对亲的敬爱。而在"父慈子孝"的伦理规范中的"慈"却有时则被忽视，而"孝"却被强调至无以复加的地步。

2. 西方的"爱"

在英美等西方国家，子女可以直接称呼他们父母的名字。西方亲子关系是一种平等、友爱的关系，"爱"是西方人伦关系的核心。此外，同中国的宗法社会不同，西方社会的家族观念则比较淡漠，家庭结构简单，一般都是以夫妇为核心的家庭，子女成人后便离开父母，独立生活，父母与子女之间不用互相牵挂。西方文化强调自由，子女的意志会得到父母的尊重而不是加以抑制。

（十一）人名避讳对比

避讳主要来源于中国封建制度。在封建社会，避讳的成规是臣民对君主及其亲属，晚辈对长辈，普通人对圣人、贤者都要尊敬，不能直呼其名。

在中国，人名存在比较严格的避讳。在古代是对帝王避"国讳"，即全国上下所有臣民都避讳使用帝王的名字；对圣人避"圣讳"，即避讳孔子等圣人的名字；对祖辈则是避"家讳"。虽然在现代社会已经没有所谓的"国讳"或"圣讳"，但是人们在给孩子取名时一般仍然会遵循避"家讳"的制度，即禁止使用长辈（包括父母、祖父母等）名字中的字，甚至也不会使用这些字的同音字。万建中先生在解释名字的避讳时，总结道："名字的避忌，最初的原因是为保密起见；名字的保密与巫术崇拜及恐惧有直接关系。西周以后，统治者一方面为了自身的安全，不让人们随便诅咒伤害自己，尤其是运用自己的名字来施行巫术；一方面又为突出其至高无上的地位，维护森严的等级制度，表示自己神圣不可侵犯，便对远古民间积淀下来的避用人名的风习加以传扬和完善，使其带有浓重的'尊祖敬宗'的宗法伦理色彩，逐渐形成一种举国上下普遍遵循的完备的避讳制度。"

与之相反，西方在名字选择上没有太多的避讳，他们常常使用父辈名字，以表达某种纪念意义，或是为了表达父母的骄傲。或是为了纪念家族中的某一位成员，或是因为表达对家族中某个成员的爱戴和敬仰等。因为在西方，家庭成员之间的关系比较松散，他们更注重人与人之间的平等。

第二节 中西习语文化对比探索

习语是某一语言在长期使用的过程中所形成的独特、固定的表达方式，在语言方面呈现出通俗、精辟、寓意深刻等特点。作为语言中的精华，习语不仅孕育着多姿多彩的文化内容，而且反映出不同民族独有的文化特色。本节先对中西习语文化进行对比，然后对其互译进行分析。

一、中西习语文化对比

（一）中西习语结构形式对比

从结构形式方面来看，中西习语存在着诸多不同，具体体现在以下几个方面。

1. 英语习语的结构形式

就英语习语而言，其结构形式的灵活性特点比较明显，可松可紧、可长可短。例如：

What one loses on the swings one gets back on the roundabouts.

失之东隅，收之桑榆。

Hair by hair you will pull out the horse's tail.

矢志不移，定能成功。

One boy is a boy，two boys half a boy，three boys no boy.

一个和尚有水吃，两个和尚挑水吃，三个和尚没水吃。

2. 汉语习语的结构形式

就汉语习语的结构形式来看，整体呈现出用词简练、结构紧凑的特点，并且大多为词组性短语。从习语的字数来看，多为两个字、三个字或四个字的结构形式。当然，也有少部分字数较多的对偶性短句。例如：

踏破铁鞋无觅处，得来全不费工夫。

螳螂捕蝉，黄雀在后。

但是，这类汉语习语实属凤毛麟角，也有很多采用四字结构，偶尔有二字或三字组成的情况，但相对来说并不多见。

（二）中西习语对应程度对比

整体而言，中西习语在对应程度方面存在着对应、半对应和不对应这几种情况。下面就对这几种情况进行具体分析。

1. 中西习语的对应性

虽然英汉民族在思维方式、生活习惯、认知能力等很多方面存在着诸多差异，但是二者赖以生存的外部条件，包括地理状况、季节更迭、气候变化等仍存在着种种共性。这种共同的认知反映在语言层面便可通过习语表达出来，英语和汉语都是如此，英语有许多习语在字面意义、喻体形象和比喻意义方面与汉语习语有很多一致性。这些习语在两种语言中不仅具有相同的语义，在表达方式与结构上也高度相似，并且这种对应关系从字面意义上便一目了然，这些习语被称之为"相互对应的习语"。例如：

pour oil on the flame 火上浇油

throw cold water on 泼冷水

to draw a cake to satisfy one's hunger 画饼充饥

A beggar's purse is bottomless.

乞丐的钱袋是无底洞。

A bird is known by its note and a man by his talk.

闻其歌知其鸟，听其言知其人。

Think with the wise，but talk with the vulgar.

同智者一起考虑，与俗人一起交谈。

A burden of one's choice is not felt.

爱挑的担子不嫌重。

2. 中西习语的半对应性

英汉两种语言属于不同的语系，属于不同民族的母语，不同环境的人们在生活经历和对外部世界的看法上也不可能完全一致。语言是客观事物在人们头脑中的具体反映，客观外部环境不同，对外部世界的认知也会引起习语的部分不对应。

英语习语和汉语习语都是在其文化的发展过程中，经过长期的社会实践所提炼出来的短语和短句，是文化中的精华。因此，在具体的习语表达形式上也会呈现各自特有的文化内涵。

中西习语与其民族的文化历史渊源密切相关，并在社会、历史、心理、民俗等各类现象中得以反映。中西习语的意义兼顾字面意义和文化意义。我们在理解习语的同时，也要对其意象加以转换，用合适的目的语阐释其内涵。这些不完全对应的习语被人们称为"半对应的中西习语"。例如：

plentiful as blackberries 多如牛毛

as silent as the graves 守口如瓶

castle in the air 空中楼阁

fish in the water 水中捞月

between the devil and the deep sea 进退维谷

to hit someone below the belt/to stab someone in the back 暗箭伤人

Beat the dog before the lion.

杀鸡给猴看。

Take not a musket to kill a butterfly.

杀鸡焉用宰牛刀。

A word spoken is past recalling.

一言既出，驷马难追。

3. 中西习语的非对应性

由于英汉两个民族之间的差异，有的事物或现象，你有我无，反之亦然。在语言词汇或表达习惯上难免会出现各种各样的偏差。在英语习语中，存在大量与汉语习惯用法和汉文化特征大相径庭的习语，即非对应的习语。例如：

good luck 红运

one's face glowing with health 红光满面

二、中西习语文化翻译

（一）保留形象释义法

在对中西习语进行互译时，保留形象释义法就是保留原文中的人物、事件等的原有形象，为了方便译入语读者的理解，对这些原有形象进行进一步解释的方法。例如：

蛮夷小丑，如何瓜分得中国了，劝你不必"杞人忧天"，天不会垮的。……（李六如《六十年变迁》第二章）

How in the world could those despicable foreign barbarians "partition" a country like ours？…The sky will not fall apart mind！It is not necessary to worry about that!

在对本例中的"杞人忧天"这一习语进行翻译时，就采用了保留其原有形象的译法。

（二）变换形象意译法

变换形象意译法是指在翻译习语时，为了使译入语读者完全理解原文意思，采用不再保留原文中人物等原有形象的方法进行变换形象意译。例如：

这都是汪太太生出来的事，"解铃还须系铃人"，我明天去找她。（钱锺书《围城》）

Mrs．Wang is the one who started it all．"Whoever ties the bell around the tiger's neck must untie it．" I am going to see her tomorrow． （珍妮•凯利、茅国权译）

在对本例中的"解铃还须系铃人"这一习语表达进行翻译时，采用了变换形象意译的方法。

（三）舍弃形象意译法

舍弃形象意译法就是将原文中的人物等形象完全舍弃掉，纯粹采用意译法进行翻译。例如：

姐姐通今博古，色色都知道，怎么连这一出戏的名字也不知道，就说了这么一串子，这叫"负荆请罪"。（曹雪芹《红楼梦》第三十回）

Why，cousin，surely you're sufficiently well versed in ancient and modern literature to know the title of that opera. Why do you have to describe it？It's called Abject Apologies. （杨宪益、戴乃迭译）

在对本例中的"负荆请罪"进行翻译时，舍弃了其原有形象进行了意译。

（四）转换形象套译法

由于中西两种语言的差异和的不同，习语在翻译时需要转换为译语读者所熟悉的形象。这些习语在内容和形式上都相符合，即对某一具体问题的思维方式和结果以及具体的表达形式有不谋而合的情况，两者不但有相同的隐义，而且还有大体相同的形象和比喻。因此，可以使用套译，以达到语义对等的效果。例如：

虎口拔牙 / 太岁头上动土 beard the lion

spend money like water 挥金如土

While there is life，there is hope.

留得青山在，不怕没柴烧。

Fools rush in where angles fear to tread.

初生牛犊不怕虎。

参考文献

[1] 鲍志坤. 情感的英汉语言表达对比研究 [M]. 西安：陕西师范大学出版社，2004.

[2] 邓炎昌，刘润清. 语言与文化：英汉语言文化对比 [M]. 北京：外语教学与研究出版社，1989.

[3] 都颖. 英汉语言多维对比与翻译 [M]. 北京：中国时代经济出版社，2014.

[4] 傅轶飞. 英汉网络语言对比研究 [M]. 北京：国防工业出版社，2013.

[5] 关丽，王涛. 英汉语言对比与互译指南 [M]. 哈尔滨：东北林业大学出版社，2008.

[6] 何善芬. 英汉语言对比研究 [M]. 上海：上海外语教育出版社，2002.

[7] 侯广旭，孙雁冰. 英汉对比语言学史 [M]. 南京：南京大学出版社，2013.

[8] 金铠，田慧芳，唐希. 英汉词汇模式对比研究 [M]. 成都：西南交通大学出版社，2014.

[9] 李成明，杨洪娟. 英汉语言对比研究 [M]. 徐州：中国矿业大学出版社，2013.

[10] 李华钰，周颖. 当代英汉语言文化对比与翻译研究 [M]. 长春：吉林人民出版社，2017.

[11] 李建军，盛卓立. 英汉语言对比与翻译 [M]. 武汉：武汉大学出版社，2014.

[12] 李瑞华. 英汉语言文化对比研究 [M]. 上海：上海外语教育出版社，2000.

[13] 刘瑞琴，韩淑芹，张红. 英汉委婉语对比研究 [M]. 银川：宁夏人民出版社，2016.

[14] 刘晓林. 历史语言学视野下的英汉语序对比研究 [M]. 上海：上海外语教育出版社，2015.

[15] 罗左毅. 英汉语言文化对比概要 [M]. 北京：中国社会科学出版社，2005.

[16] 梅明玉. 英汉语言对比分析与翻译 [M]. 杭州：浙江大学出版社，2017.

[17] 宋引秀. 英汉语言与文化对比研究 [M]. 北京：中国商业出版社，2014.

[18] 孙霞，谢建国，吴箫言. 当代对比语言学探索研究 [M]. 北京：中国纺织出版社，2017.

[19] 仝益民. 说词解句 英汉语言对比与翻译 [M]. 大连：大连理工大学出版社，2009.

[20] 王武兴. 英汉语言对比与翻译 [M]. 北京：北京大学出版社，2003.

[21] 王宗炎. 语言问题探索 [M]. 上海：上海外语教育出版社，1985.

[22] 吴越民. 文化话语视角下的英汉语言对比研究 英文 [M]. 杭州：浙江大学出版社，2015.

[23] 武成，裴雯. 英汉常用修辞格对比与跨文化语言研究 [M]. 长春：吉林大学出版社，2012.

[24] 武恩义．英汉语言结构对比研究 [M]．西安：西安交通大学出版社，2017.

[25] 闫丽君，杨林．英汉语言文化对比与翻译 [M]．银川：宁夏人民出版社，2013.

[26] 张良军．实用英汉语言对比教程 [M]．哈尔滨：黑龙江人民出版社，2006.

[27] 张尚信．英汉语言美的对比研究 [M]．长沙：湖南大学出版社，2008.

[28] 张新凤，胡富茂，焦丹．英汉性别语言学对比研究 [M]．苏州：苏州大学出版社，2013.

[29] 郑野．英汉文化对比与互译 [M]．北京：中国水利水电出版社，2016.

[30] 周玉忠．英汉语言文化差异对比研究 [M]．银川：宁夏人民出版社，2004.

[31] 朱山军．英汉语言文化对比与广告翻译 [M]．北京：中国对外翻译出版公司，2007.

[32] 魏婷，孙丽．英汉语言对比与中西文化差异研究 [M]．北京：中国书籍出版社，2016.

[33] 翁治清．英汉对比翻译研究 [M]．北京：中国书籍出版社，2016.

[34] 吴坤．英汉对比与译作赏析 [M]．银川：宁夏人民出版社，2016.

[35] 吴越民．文化话语视角下的英汉语言对比研究　英文 [M]．杭州：浙江大学出版社，2015.

[36] 习晓明．英汉语言共性研究 [M]．成都：四川大学出版社，2008.

[37] 熊兵．英汉对比与翻译导论 [M]．武汉：华中师范大学出版社，2012.

[38] 熊德米．英汉现行法律语言对比与翻译研究 [M]．长沙：湖南人民出版社，2011.

[39] 许余龙．对比语言学 [M]．上海：上海外语教育出版社，2010.

[40] 闫丽君，杨林．英汉语言文化对比与翻译 [M]．银川：宁夏人民出版社，2013.

[41] 杨丰宁．英汉语言比较与翻译 [M]．天津：天津大学出版社，2006.

[42] 张良军．实用英汉语言对比教程 [M]．哈尔滨：黑龙江人民出版社，2006.

[43] 张尚信．英汉语言美的对比研究 [M]．长沙：湖南大学出版社，2008.

[44] 张威．英汉互译策略对比与应用 [M]．北京：北京语言大学出版社，2011.

[45] 张维友．英汉语词汇对比研究 [M]．上海：上海外语教育出版社，2010.

[46] 郑野．英汉文化对比与互译 [M]．北京：中国水利水电出版社，2016.

[47] 周玉忠．英汉语言文化差异对比研究 [M]．银川：宁夏人民出版社，2004.

[48] 朱山军．英汉语言文化对比与广告翻译 [M]．北京：中国对外翻译出版公司，2007.

[49] 朱永生．英汉语篇衔接手段对比研究 [M]．上海：上海外语教育出版社，2001.

[50] 庄绎传．英汉翻译简明教程 [M]．北京：外语教学与研究出版社，2002.